JN074450

エビデンス
から考える
マネジメント
入門

中本龍市・水野由香里
NAKAMOTO Ryuichi 著 MIZUNO Yukari

中央経済社

はじめに

　「エビデンス」という言葉をタイトルに入れました。ここでのエビデンスとは，根拠を指しています。ですので，難しく考えすぎずに根拠と読み替えて読み進めていただきたいと思います。

　ここでは，あえて統計学的な意味でのエビデンス，特に因果関係（統計的因果推論）を特定するエビデンスに限定して用いているわけではありません。なぜ統計学的なエビデンスだけに限定しなかったのかというと，マネジメントのテキストで紹介されている理論や枠組みの根拠は，その主張に合わせてさまざまな水準のものが混在しているからです。これは，テキストが世界標準のものであれ，日本のものであれ，同じです。

　しかし，テキストに掲載されている理論や枠組みは，何らかの根拠とセットになって提唱されています。これらの根拠まで示されることはほとんどありません。きれいな理論や枠組みとなった，いわゆる，結果だけが同列に並べられているだけです。ですから，読み手にとっては，すべてがある程度の共通した強いエビデンスがあるように見えてしまいます。ただし，実際にはさまざまな根拠のレベルが混在しています。

　短時間でより多くの理論や枠組みを伝えていくという学習効率性を優先すれば，わざわざ，深く根拠まで立ち戻って学ぶ機会がありません。そこで，このテキストでは，いくつかの代表的な理論や枠組みに触れながら，それらが依拠するエビデンス，すなわち，根拠について考えます。強いて言えば，この根拠とは，「科学的な根拠」を指すと限定できます。これは服部泰宏先生（神戸大学）も『組織行動論の考え方・使い方』（有斐閣，2020年）で用いられている定義です。

　このように深掘りして学んでいくことで，研究者やコンサルタントなどの提唱者が，どのような立場，方法論，そして科学的な根拠によって，その理論や枠組みを提示したのかを理解できます。これを深く理解しておけば，同じ方法を模倣すれば，自分の置かれた文脈で追試することができます。ここに，このテキストの狙いがあります。

　多くの理論や枠組みは提唱されてから長い時間が経過しています。ですから，

理論や枠組みを使うときには注意を要します。自分が置かれた文脈で，追試するという見方を持つことが大事です。たとえば，ボストン・コンサルティング・グループ（BCG）のブルース・ヘンダーソンが提唱したプロダクト・ポートフォリオ・マネジメント（PPM）は必ずと言ってよいほどマネジメントのテキストに収録されています。PPMは洗練された枠組みですから，そのまま用いて分析できそうです。しかし，現代の競争環境ではそのまま用いるのは注意を要します。これについてはBCG自身も注意すべきだと指摘しています。

　経営学について広く学ぶことを目的とするのであれば国内外に多くの優れたテキストがすでに存在しています。標準的な経営学の学習はそちらに譲ります。このテキストで取り上げるトピックはほんのごく一部でしかありません。ただし，それらが導出される科学的な立場と方法論，そしてエビデンスに至るプロセスについてまで遡って説明しています。この手続きには共通点があります。ですから，これらの共通の手続きを理解しておけば，ここで扱わなかった理論や枠組みについても応用すれば，どのような過程をたどって導出されたのかがわかるようになります。

　このテキストの狙いは，経営学の一般的なテキストと，経営学の方法論のテキストの間をつなぐ役割を担うことです。完成品としての理論や枠組みと，それを導出するための厳密な方法論の間にあたります。教員が講義中に補足するものであり，与太話や脱線のように捉えられがちです。講義時間は限られているため，結論だけを効率的に伝えることに注力してしまいますから，このような補足を伝える機会が限られています。それを補おうというのが狙いです。この意味では副読本の位置づけになります。

　エビデンスという言葉は，科学の場だけでなく実務の現場でも耳にするようになりました。何かを意思決定しなければならないときに，いったん立ち止まって，「この根拠は何だろうか」と考えることは，根拠に基づいた意思決定を行う一歩です。これまでは，根拠を確認するためのデータを集めるためのコストが高くつきましたから，理論や枠組みという結果だけを手がかりに，自分の持ち場に当てはめてみて，論理的に推論することで科学的な知見を用いてきました。

　ところが，昨今は，オンラインプラットフォームの調査サービスを使えば，これまでよりも安価に，定性および定量のデータが集められるようになりました。また，自社の活動からも比較的安価にデータを蓄積できるようになりまし

た。定性および定量データが増えたことで，私たちは，きれいに整理されている理論や枠組みの根拠から，もう一度，見直す機会を手にしました。言い換えれば，さまざまなマネジメントの理論や枠組みを現場で追試あるいは再調査できる時代になったということです。

　このような時代の恩恵を受けて，卒業論文や修士論文のための調査がしやすくなりました。マネジメントのテキストに掲載されている理論や枠組みがどのように出てきたのかまで理解しておけば，自らの手元にある定性的あるいは定量的データを使って分析を進めることができます。

　読者の皆様が，結果としての理論や枠組みだけを知って，持ち場に応用するだけでなく，それらが出てきた過程まで理解して，自分の持ち場へ応用するときに微調整できるようになればよいと考えています。そして，どのように追試や再調査をすればよいかと頭を使う中で新たなヒントを得られればさらに嬉しいことです。

　本書の執筆にあたっては，共著者の水野由香里先生（立命館大学大学院経営管理研究科：ビジネススクール，RBS）が極めて大きく貢献していただきました。執筆分量の点でも筆頭著者よりも多大な貢献をしてくださいました。また，原稿の進捗管理の点でも温かくしかし厳しく時間を厳守するように導いてくださいました。大変お世話になったことをここに記して感謝を申し上げたいと思います。

　また，受講者の皆さんには大変お世話になりました。五十音順で，安倍秀明さん，干克英さん，江頭宏之さん，大島梢さん，甲斐慶一郎さん，河﨑勇輝さん，佐藤愛桔さん，溝上聡士さん，原美咲さん，春野英理さん，松原武志さん，孟斌さん，森聡之さん，劉阿婷さん，そして，個別にお名前を挙げられない方が多数いらっしゃいます。

　最後になりますが，中央経済社の納見伸之編集長にも，やや変わったテキストを出版する機会を与えていただきました。企画の段階から出版まで大変お世話になったことを感謝いたします。

2022年6月

中本　龍市

目　次

第 I 部　個人に関するマネジメント

第1章　ワーク・モチベーション　　　　　　　4

第2章　リーダーシップ　　　　　　　　　　17

第Ⅱ部 組織に関するマネジメント

第10章　現代的な技術水準の変化Ⅰ：
技術以外の要素に焦点を当てたエビデンス（ユーザー・イノベーション）

153

第13章　経営学研究の３つの型Ⅱ：マクロ編　　　210

第III部　経営学と実務の対話

第14章　論文執筆により鍛える分析力, 洞察力, 慧眼　230

第 **I** 部

個人に関するマネジメント

　第Ⅰ部では，「個人に関するマネジメント」を中心に学びます。組織の基礎単位は，個人です。個人が集まって，（1）目的を共有し，（2）貢献する意欲を持ち，（3）コミュニケーションをとることによって組織として機能します。最初に，個人を理解することから組織のマネジメントを学んでいきましょう。

　第Ⅰ部は，5つの章で構成されています。

　第1章では，ワーク・モチベーションを扱います。前半に，マズローの欲求階層説，後半に，目標達成理論を中心に取り上げて科学的立場，方法論，エビデンスの違いを説明しています。研究領域としては，心理学に位置づけられるので，一見するとわかりにくいですが，これらの理論には明確な立場の違いがあります。

　第2章では，リーダーシップを扱います。前半に特性論，後半に，PM理論を主に取り上げています。同じように，それぞれの理論が，どのような科学的立場，方法論，エビデンスを用いて導出されたのかを重点的に説明しました。第2章もまた，すべて心理学領域に入っているため，一見すると違いに気づきにくいものの，同じ心理学でもこれらの理論には明確な立場の違いがあります。

　第3章では，意思決定を扱います。前半に事例研究をベースにした意思決定，後半に心理学をベースにした意思決定を説明しています。ここでは，前半と後半で，同じ意思決定というテーマでも，異なる方法論を採用していることが明確です。1つのトピックに，複数の立場によって研究が行われていることを理解していただけると考えます。

　第4章では，個人の経験と学習を扱います。学習理論の中で，日本でも特に広がっているコルブの経験学習モデルを取り上げています。この章では，さまざまな研究者が提示した理論やモデルを取り上げるのではなく，コルブ先生が，最初に提示した概念的なモデルを，どのように定量的な実証研究へ発展させたのかを追って説明しています。同じ研究者でも，異なる方法論を採用し，研究を発展させていった過程を理解することができます。

　第5章では，第1章から第4章までの内容を，経営学研究の3つの型として改めて整理します。具体的には，経営学の研究を分類と機能と条件の3つに分けて理解します。標準的なテキストで取り上げられているトピックも，この3類型のいずれかに当てはまります。皆さんが，卒業論文や修士論文を執筆する際にも，最終的なアウトプットが，どの類型になるのかを明確にすれば，より効率的に執筆を進められるでしょう。いずれの類型を狙うかによって，方法論

や集めるべきデータ，エビデンスも異なります。

　すでに触れましたように，このテキストは標準的なテキストと比べて，一風変わった内容になっています。さまざまな理論や枠組みをたくさん取り上げて並べるというよりも，どのようにして導き出されたのかという科学的立場や，方法論，エビデンス（根拠）を重点的に解説しています。

　ですので，手元にもう一冊，経営学の標準的なテキストを置いておくことをおすすめします。経営学のテキストは，先達がすでに優れたテキストを世に送り出されています。たとえば，第Ⅰ部の中でも触れていますように，世界的なテキストでは，Robbinsのものがあります（Robbins & Coulter, 2021）。日本で出版されているテキストでも同様に良書がたくさんあります。いくつか手に取ってみて相性の良いものをお選びください。

　そして，1章読み終わるごとに，その標準的なテキストでも同じトピックを探して，書かれている理論やモデルのエビデンスに考えをめぐらせてください。これには2つの意味があります。

　1つは，理論やモデルの限界を知ることです。たとえば，本書のワーク・モチベーションの章では，取り上げていないコンセプトや理論がたくさんあります。それらについても，本書と同じように，どのように，観察したのか，インタビューを使ったのか，質問紙を配ったのか，あるいは実験をしてみたのかを考えてみてください。具体的な根拠を考えることで，理論とモデルの有効な範囲を知ることができます。たとえば，1960年代の人々を対象としたインタビューならば当時の時代背景に影響を受けているでしょう。どこまでが，現代に有効と言えるでしょうか。

　もう1つは，自分の論文をどう執筆するのかを考えることです。皆さん自身が，気になったトピックは，すでに多数の研究があって新しい発見はできないとお考えになるかもしれません。しかし，同じトピックに，別のアプローチで迫ることができます。少し工夫をして，アプローチをずらしていくことで，オリジナリティが生まれます。どのような方法論やアプローチで研究を進められるのかを考えるきっかけにしてください。

参考文献

Robbins, S. P. and Coulter, M. A.(2021) *Management*(15th edition, global edition). Pearson.

—————— 第**1**章 ——————

ワーク・モチベーション

　ワーク・モチベーションは世界中のマネジメントの教科書で必ず触れられるテーマです（たとえば，Robbinsらのテキスト[1]）。このテキストでも同様に，ワーク・モチベーションから学びます。ワーク・モチベーションとは，仕事に向けられたやる気のことです。

　第1節では，マズローに代表される人間性心理学の研究，第2節では，スキナーに代表される行動主義心理学とその後の認知心理学の研究を紹介します。あえてこのように立場が違うということを強調したのは，ワーク・モチベーションを理解するためには，それぞれの研究の立場が全く違うということを理解する必要があるためです。

　教科書に掲載されているテーマは科学的な方法によって抽出された知見です。とはいえ，社会科学には立場の違いがあります。こうした立場の違いによって，学者がどのような手順に従ってどのような証拠を集めるのかが異なります。この節で示すように，大別した2つの立場では，研究の依拠する根拠，つまりエビデンスが異なります。

　このような科学的立場，方法論，エビデンスの違いを合わせて理解しておくと，学んだことを応用して，現実を解釈し示唆を引き出すことや，自分自身の修士論文を執筆することにも役立ちます。

1　ウェブサイトには，"I am widely acknowledged as the world's best-selling textbook author in the areas of management and organizational behavior." と書かれています（2020年5月2日閲覧）。

1 人間性心理学の考えるエビデンス： 内容理論とインタビュー

(1) マズローの根拠は何か

　マズローは，ワーク・モチベーションを説明する際に避けては通れない学者です。彼の研究を含む初期のモチベーションの理論は，内容理論と呼ばれています。初期の研究が明らかにしようとしたことは，人間に行動を起こさせる基本的欲求は何か，ということです。つまり，「何か」という内容に着目した研究ですから，内容理論という名前がついているのです。ただし，マズローの研究は，正確には，仕事に向けられたやる気に限定せず，人間の基本的な欲求の内容を明らかにしようとした包括的なものです。

　仕事の中での行動に限定して考えてみましょう。何が，働く際の動機になるのか，答えは人それぞれです。仮に，数万人単位の人々を対象として調査をしたとしましょう。これらの回答をすべて挙げて記述しても，個々人のばらつきが大きすぎて，理解できないでしょう。

　そこで，そのようなさまざまな回答の結果を，どのように分類して，縮約するのかということが問題になります。情報が，多いことは物事が詳細にわかる可能性がありますが，多すぎると私たちの理解力を超えてしまいます。

　マズローの大きな貢献は，それまでの調査で明らかになっていたさまざまなモチベーションの内容を縮約し，分類を行ったことです。それが，有名な欲求階層説です。階層説という名前の通り，まずは，ピラミッド状の欲求の階層性を示した図を思い起こすでしょう（**図表1－1**）。

　この図表は，マズローの研究の結論です。それぞれピラミッドの下から順に，次のようになっています（山口・金井，2007，pp.26-27）。

　1）**生理的欲求**：食べたい，眠りたいなどの肉体的欲求
　2）**安全欲求**：病気や災害などから身を守ろうという欲求
　3）**所属と愛の欲求**：集団の一員としての立場を確かなものにしたい，愛情のある人間関係を築いていきたいという欲求
　4）**承認欲求**：まわりの人々から高く評価され，尊重されたいという欲求
　5）**自己実現欲求**：理想的な自分になりたいという欲求

図表1−1　マズローの欲求階層説

自己実現欲求

承認欲求

所属と愛の欲求

安全欲求

生理的欲求

出所：山口・金井（2007）と服部（2020）を参考に筆者作成。

　先述したように，世界中のマネジメントの標準的なテキストの最初に掲載される
のが，ワーク・モチベーションとマズローの欲求階層説です。しかし，現
代的な心理学の研究では，マズローの研究はほとんど言及されていません。な
ぜでしょうか。

　次の節でご説明するテーマと合わせていただくと理解が深まりますが，先に
答えを示すと，「科学的」な根拠が不十分であるから，ということになるで
しょう。誤解を恐れずに簡単に言えば，次節でみるような主流派の心理学の方
法論を採用していないからです。

　では，マズローは，どのような研究方法を通して，どのようなエビデンスを
得て，欲求階層説を導出したのでしょうか。マズローは，自分の頭の中だけで
考えた机上の空論，あるいは，ある日たまたま思いついた，ただの思いつきで
結果を提示したわけではありません。マズローが用いた根拠は，マズローが
行ったインタビューや，観察あるいは歴史上の偉人についての調査などでした。

　この意味では確かに根拠に基づいて出された理論です。とはいえ，このよう
な根拠に対してどのように捉えるべきかについては判断が分かれるでしょう。
皆さんも，調査対象者のワーク・モチベーションについての人々の「語り」を
みせられるよりも，定量的なデータ，つまり数字に加工された，多くの人々を
対象とした調査結果をみせられたほうが，「科学的」だと思われると考えられ
ます。

⑵　根拠となるデータの集約方法

　マズローが，テキストデータや観察データをもとにして，図表1−1のよう

な結果をまとめたことは理解できたと思います。そこで，もっと深く考えていきましょう。テキストデータは，どのように分析すればよいでしょうか。

　卒業論文や修士論文では，インタビューを用いたいという学生が必ず出てきます。研究計画段階では，インタビューデータは簡単に集められると思われるのかもしれません。

　しかし，分析段階ではどうでしょうか。インタビューを文字起こしした，テキストデータを人間の頭だけで処理するのがいかに大変か，想像しにくいと思います。それを，「体験」を通じて理解していただくために，講義では実際に他の複数の受講者にインタビューを行い，それを文字起こしして分析してもらいます。ここでおわかりいただけたと思いますが，具体的には，インタビューを実施し，それを分析することは，文字起こししたテキストデータを分析することです。

　対象者が語ったインタビューデータやテキストとして記録した観察データを，どのように整理するかは現在でも唯一絶対の正解がありません。ただし，先に述べたように，大量のテキストデータをみせられても，私たちはすぐに理解することはできません。テキストデータを1つずつ読み込んでいくことでしか理解ができませんから，時間がかかります。

　現代では，計算機の能力が高くなったため，計算機にテキストデータを処理させることが可能になりました。しかし，当時は，現代のように，計算能力が高いコンピュータを用いた分析方法を適用することはできません。計算機の能力に制約があるとしても，マズローは研究しなければなりません。こうした時代背景を理解したうえで，マズローの研究を捉えてみましょう。現代的なデータサイエンスから，根拠となるデータを捉えるとわかりやすいです。マズローの分析対象は自然言語のテキストや音声で，これらは非構造化データです。これは，コンピュータが分析しにくいものでした。

　マズローは，コンピュータのない時代に，自分の頭で，動機付けの内容を5つに分類できると整理しました。今ならば，大量のテキストデータを，テキストマイニングの手法を用いて，言葉の頻度や共同出現の度合い（共起）をみることで欲求の内容を分類するためのヒントを得られるでしょう。計算機の能力が上がったことで，従来は時間のかかっていた研究を支援してくれるような技術が出てきました。

(3)　時間軸の長い研究

　マズローの欲求研究のその後の波及効果は，ワーク・モチベーションにとどまりません。そのほかにも，社会についての提言もみられます。彼自身が，行動主義心理学から離れて人間性心理学の立場を採用した後に，いずれも人間の生きる時間軸を意識して研究が書かれています。

　これは，マズローが，心理実験を主として用いる行動主義心理学では，人間を理解するには限界があると考えたからです。マズローは，外在的に行動主義心理学を批判したのではありません。マズローは，人間性心理学の立場に至る以前には，行動主義心理学の研究も行っていました。博士論文では，行動主義心理学の観点から，動物の行動を研究していたとされています（中野，2018；服部，2020）。

　具体的に動機付けを研究する場合を考えてみましょう。働く人間の動機付けを研究しようとすれば，実験はしにくくなります。心理学の用いる実験室で，仕事を行う場合と同じ状況を再現しにくいためです。そして，状況は刻々と変わりますし，人間自身も時間軸の中で考え方が変わっていきます。図表1－1にあるように，マズローの研究では，動機付けの内容に「時間」が含まれていることがわかるでしょう。つまり，高次へ移行していくという時間軸が前提になっているのです。ただし，このような欲求の階層性は当初のマズローの研究では明示されておらず，また，追試も十分に行われていないとされています（これについては章末のコラム1をご覧ください）。

　第1節では，マズローの立場と研究方法，根拠を説明してきました。人間の行動を個々の要素に分解して理解するのではなく，人間全体を理解するという立場を取り，マズローはインタビューや観察を行い，結論を出しました。そこには実在の人物がいて，彼ら・彼女らの実際の語りがありました。この点を踏まえれば，マズローが出した結論には，どこにも嘘はありませんし，学者の空理空論でもありません。

　ただし，このような立場と方法論から導かれた結論を科学的と考えるかどうか，これについては考え方が分かれるでしょう。立場が分かれるがゆえに，第2節でみるような別の心理学の立場が存在しています。

2　行動主義心理学・認知心理学の考えるエビデンス：過程理論と質問紙

(1)　Aという条件とBという結果

　マズローの科学的立場と方法論，根拠と比較すると，行動主義心理学などが採用する心理実験や質問紙による定量データの収集といった方法論は，非常に「科学的」にみえます[2]。それは数値によって裏付けられているようにみえるからです。

　行動主義心理学や認知心理学の基本的な考え方は，非常に明快です。Aという条件を与えると，Bという行動または心理的な反応がみられる，というものです。行動や認知をAという要素とBという要素に分解してそれらの間にある関係性を検証していきます。このような要素還元的な枠組みで，動物や人間を理解します。たとえば，**図表1－2**のようになります。

　たとえば，ネズミがある行動を促進する要因は何かを考えます。チーズなどの餌を見せると，ネズミは駆け出すという行動を取るでしょう。このように，報酬と行動を要素に還元して，この間の関係を検討します。

　これは極端な単純化にみえます。しかし，人間を対象とした，ワーク・モチベーションの研究でも，私たちは直接観察できるのも，行動と目標あるいは報

図表1－2　**人間を含めた行動の観察と結果（例：ねずみ）**

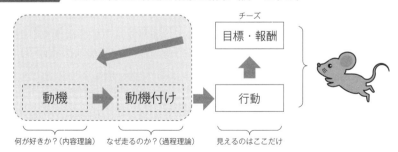

出所：筆者作成。

2　ワーク・モチベーションの一連の研究が，厳密に，行動主義心理学や認知心理学のカテゴリーに入れられるかについて，議論があるでしょうが，ひとまず，マズローの研究と対比して捉えるため，ごく単純化して話を進めます。

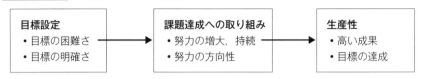

図表1-3 目標設定理論の構造

出所：山口・金子（2007），Robbins and Coulter（2021）を参考に筆者作成。

酬の間のみです。ただしこれだけでは，人間を相手にした研究は不十分です。

　図表1-2の左の網掛け部分は，この関係性を説明するための理論です。たとえば，目標設定理論では，目標と行動の間をつなぐ人間内面の心理的過程を想定してはいます（**図表1-3**）。あるいは期待理論では，期待の形成のメカニズムを想定しています。または，公平理論では，自分と他人を比較することによって，個人は行動を調整すると考えます。

　図表1-2と図表1-3では，動機付けの内容ではなく，動機付けられて行動に至るまでの過程が含まれています。ゆえに動機付けの「過程理論」と呼ばれています。

(2)　根拠となるデータと検証方法

　動機付けに至る「過程」について，どのようにデータを集めて，どのように検証すべきかというと，簡単です。1つは，実験で人間の行動を観察することであり，もう1つは，人間を相手に聞くことです。行動主義心理学は行動だけで説明するという立場ですが，認知心理学は認知を測定しようという立場です。

　マネジメント研究では，人間を相手にしていますから行動を観察するだけではなく，言語を通して回答を集めることで，ワーク・モチベーションの構造を理解しようとしてきました。ヒトに聞くという方法を取るとすると，インタビューと質問紙の2つの方法があります。インタビューは想像がつきますね。調査者が質問を準備して，調査対象者を集めて1人1人に問うて，回答を得ることです。この回答は自然言語で記述されたテキストです。では質問紙では具体的にどのように調査を進めるでしょうか。

　具体的には，調査者は質問を準備します。通常は複数の質問を準備します。それらの質問は，質問紙に印刷して，1から5の程度のうちから当てはまるもの（5段階から選択するため5件法と言います）を選択して回答するように依

頼します。このように回答を得て，心理的な概念を測定します。たとえば，モチベーションが高いか低いかという質問項目があるとすれば，回答者は，1から5のうちから1つを選びます。回答は，すでに数値になっています。コンピュータでも処理しやすいわけですね。

これはインタビューデータのような，自然言語のデータとの違いです。数値になっていれば，たくさんの質問項目を収集でき，複数の回答者の間で比較が容易になります。これによって，前節で述べたような，Aという条件があれば，Bという結果になっているという関係性を見つけやすいわけです。たとえば，図表1-3のような構造を検証するために，目標の明確さが高いと，生産性も高いといった傾向が得られるかどうかです。

このようなインタビューと質問紙という2つの方法を比較すると，インタビューの結果としてのテキストデータを人間が解釈して結論を出すよりも，多くの人を対象にして数値化して集めた質問紙のデータのほうが科学的にみえます。

(3)　時間軸の短い研究

この節では，行動主義心理学や認知心理学の立場に立ったワーク・モチベーションの研究をみてきました。Aという原因が，Bという結果をもたらすという見方は明快です。マズローと比較してみてください。明らかに，行動主義心理学のほうが，「早い」話であり，わかりやすい話です。

数値として得られた結果も，すぐに使えるようにもみえます。たとえば，前節の例では，ある会社の調査結果，社員には「目標の明確さが高いと，生産性も高い」という傾向があると「科学的に」明らかになれば，明日からマネジャーは明確な目標を指示するように行動を改善できます。

しかし，注意すべきことがあります。これらの結果は，時間軸を極端に圧縮してしまっているという点です。長期的に，「明確な目標」を指示することが，会社に何をもたらすのかは，短い時間軸では何も明らかになっていません。

これは，「早い」話や「わかりやすい」話の落とし穴です。「明確な目標」を提示することは，考えない社員を増やすことにつながるかもしれません。そうだとすれば，長期的には会社の中には主体的な人材がいなくなってしまいます。

現代的な心理学からすると，ある特定の時間軸から独立していることは，科学性を高めることを意味します。なぜなら特定の文脈に依存しない法則の発見

につながるからです。しかし，これで，人間を理解したことにならないという立場もあります。これはマズローなどの人間性心理学の立場です。ある部分ごとに分けて，それを後から総合していくと人間全体を理解できるのかという問いは常にあります。これは，分析と総合について考えたデカルトのような古典的な問題意識ですね。次節で整理しましょう。

③　ワーク・モチベーションの研究方法と明らかになること：立場の違いと結論の違い

⑴　科学的な立場の違いと研究の断絶を理解する

　第1章では，ワーク・モチベーションの研究を概観してきました。ここでは，ワーク・モチベーション研究を単純な二分法で整理しました。

　まずは，科学的な立場として，「人間性心理学」と「行動主義心理学と認知心理学」の2つの立場があるとしました。前者に属するマズローは，人間を全体として理解しようとしました。そこでインタビューや観察を行いました。

　一方で，現代的な「行動主義心理学と認知心理学」の研究者たちは，人間の行動を「刺激と反応」にばらばらにしたり，あるいは，それを「心理学的測定」によって数量化して，理解しようとしました。

　これは，現代までも続いているマネジメント研究の全般に共通する2つの立場の違いともつながっています[3]。前者は，長期的時間軸を用いて，個人を理解しようとします。そのうえで，帰納的に抽象化し最大公約数として研究結果をまとめます。内容理論をご覧になれば，人間をライフステージも合わせて総体として理解する立場であり，それに従って方法論が採用され，その主張に必要な根拠が提示されていることがわかります。

　後者は，時間軸を抜きにして個人を理解しようとします。もともと，文脈や個別具体的な個人を理解することには重きを置いていません。つまり，モチベーションの理論（過程理論）は，「要因Aがあれば，要因Bが起きる」とい

3　類似した立場の違いは，社会学でもみられます。実際に社会を構成する人々が持っている現実の理解の仕方を優先するのか，それとも，どこにでも通用する法則の発見と因果推論を優先するのかという立場の違いです。このような違いをわかりやすく解説したものに，稲葉（2019）や筒井（2021）があります。マネジメント研究での立場と方法論の違いを理解するための手助けになります。

う一部のみを取り出して人間行動を理解する立場でありそれに従って方法論が採用され，その主張に必要な根拠が提示されています。

　これらの立場の違いや，時間軸の扱いの違いを意識しておかなければ，なぜマネジメントのテキストにさまざまな結論が並べられていて，それらが異なるのかが理解できません。本書で扱う，他のトピックでも同じです。

　ワーク・モチベーションの解説を読んだときに，諸説が乱立しているようにみえて頭に入りにくいのは，こうした立場の違いまで遡って明示されていないためです。

⑵　どのように用いればよいか？

　ワーク・モチベーションの研究は時代によって科学的な立場は異なりますし，主張の裏付けとなる根拠に必要とされる科学的な水準が異なります。時間軸の長い話も，時間軸の短い話も，マネジメント研究には混在しています。では，私たちは何を学ぶべきでしょうか。

　マネジメントに関わる人たちにとって重要なことは，皆が，時間軸の中を生きているということです。短期的にワーク・モチベーションを上げることに成功しても，それは長期的な成功を保証するとは限りません。

　ここでの答えは単純です。現実的課題に直面するマネジャーは，長い時間軸の視点も短い時間軸の視点も持たなければならないということです。マネジメントのテキストに書かれているテーマは，相対的であるものの，短期的視点と長期的視点の2つに分けられます。

　例を挙げます。内発的動機付けと外発的動機付けのいずれがよいかという議論がしばしばあります。これも時間軸を導入してみれば，マネジャーにとっては単純な判断ができないテーマです。

　内発的動機とは，「行動自体が快楽や満足の源になっている行動に関与していると考えられる欲求」です。外発的動機とは，「課題を達成することにより与えられるお金，あるいはほめことばといった外的報酬への欲求」（外的報酬とはまわりの他者からもたらされる報酬）です。

　たとえば，北米から来たあるカフェチェーンは，昇給は非常に小さいですが，アルバイトで働く大学生は熱心に働いています。そこでは，いろいろな注文に応じたコーヒーを作る方法をマスターしたい，そのチェーンが好きなので働きたいという動機がみられます。しかし，これだけで大学卒業後もそのカフェ

チェーンでずっと働いてもらうのは難しいでしょう。

　長い時間軸の視点では，ワーク・モチベーションも，人間のライフステージ全体から捉える必要があります。古典であり，現代的な心理学の主流派の立場からすれば，「科学的」ではありません。しかし，マズローや，最近流行している人間性を重視した心理学者であるアドラーが考え続けたことは実務的には重要なことなのです。そうであるからこそ，書店でも彼らの書籍は人気です。

　実際に，名経営者たちは人間というものを考え続けてきました。たとえば，稲盛和夫氏，本田宗一郎氏，松下幸之助氏の書籍にはこれらについて必ず触れられています。人間は，どの段階にあるかによって，動機の内容，動機付けが異なってきます。たとえば，若いときには，お金がほしいという動機で働いていた人も，仕事に慣れてくれば，誰かの役に立ちたいという動機で働くようになるでしょう。同じように，ある程度仕事ができるようになると地位がほしいという動機が出てきても，さらに進めば，社会的インパクトを持ちたいという動機が出てくるでしょう。

　ただし，現場のマネジャーは，そのような長い時間軸で生きていけません。すぐに成果が求められる時代には，短い時間軸の視点も必要です。そうした場合，これまで短期的な時間軸を前提にした調査によって明らかになっている要因を知ることで，自らの経験以外の見方を試すきっかけになります。たとえば，営業職であれば，目標設定理論，もっと具体的なSMART目標の枠組みが有効です。

　しかし，マネジメントの階層を上がれば，短期的視点と同時に，その施策を採った場合に会社前提でどのような結果を長期的にもたらすのかも同時に考えておかなければならなくなります。現場で有効な施策は会社全体で有効だとは限りません。マネジメントのテキストに掲載されているテーマをこのように捉えると，学びを活かしやすくなります。

コラム1	欲求階層説か分類か

図表1-4	マズローの欲求の整理

欲求				
安全 欲求	自己実現 欲求	社会的 欲求	生理的 欲求	尊厳 欲求

出所：筆者作成。

　マズローは，階層性を強調していなかったといわれています。そこで，**図表1-4**のようにあえて，階層性を取り外して並べてみましょう。

　図表1-1と比較すれば，ずいぶんと印象が変わったのではないでしょうか。

　マズローの理論には批判が多いものの（服部，2020），基本的欲求を5つの要因に整理したことで理論は使いやすくなりました。マネジメントの枠組みでは3つや5つといった分類が好まれているようです。5つの欲求とすればポーターの五要因モデルを思い出すかもしれません。

　モチベーションの「何」が，の部分は，個別具体的にみていけば，さまざまなものが挙げられます。それを増やしていくのも1つの手ですが，ひとまずは既存の研究に当てはまるかを考えてみましょう。最近耳にする，ソーシャル志向のモチベーションも，自己実現欲求に入れられるとも考えられます。

考えてみよう

1．同級生や同僚5人以上にインタビューをして，自分自身のやる気について語ってもらいましょう。そこで語られたことを書き起こし，そのうえで，（1）書き起こしたテキストデータを自分で分析して，解釈してみよう。また，（2）同じデータをテキストマイニングのソフトで分析してみよう。

2．同級生や同僚10人以上に質問紙を配付して，ワーク・モチベーションについて定量的なデータを集めてみましょう。そのうえで，集められたデータを分析してみよう。

3．短期的に有用だが，長期的には効果が薄れていくようなワーク・モチベーションはどのようなものか考えてみよう。なぜ長期的に効果が薄れてしまうのか理由を考えてみよう。

参考文献

稲葉振一郎（2019）『社会学入門・中級編』有斐閣。

入山章栄（2019）『世界標準の経営理論』ダイヤモンド社。

須田敏子（2019）『マネジメント研究への招待—研究方法の種類と選択』中央経済社。

筒井淳也（2021）『社会学—「非サイエンス」的な知の居場所（シリーズ　ソーシャル・サイエンス）』岩波書店。

中野明（2016）『マズロー心理学入門—人間性心理学の源流を求めて』アルテ。

服部泰宏（2020）『組織行動論の考え方・使い方—良質のエビデンスを手にするために』有斐閣。

山口裕幸・金井篤子編（2007）『よくわかる産業・組織心理学』ミネルヴァ書房。

Maslow, A.H.（1970）*Motivation and personality*, 2nd ed., Harper & Row.（小口忠彦訳『人間性の心理学—モチベーションとパーソナリティ（改訂新版）』産業能率大学出版部，1987年）

Robbins, S. P. and Coulter, M. A.（2021）*Management*（15th edition, global edition）. Pearson.

―――――――――――― 第**2**章 ――――――――――――

リーダーシップ

―――――――――――――――――――――――――――――――――

　第2章では，リーダーシップについて考えていきます。何をリーダーシップとするのかという最も基本的な点について，さまざまな立場があります。そして，その立場の違いは，それぞれの立場の研究が主張する際に用いる根拠の違いにつながっています。

　以下では，第1章と同じ枠組みで説明します。厳密には，以下の整理は強引であることは事実ですが，理解しやすさを優先します。

1 特性論の考えるエビデンス：偉人研究

⑴　偉人研究の根拠は何か

　皆さんが，リーダーシップを研究しようとすれば，最初に考えるのは，優れたリーダーを何人か集めてきて，その共通点を抽出しようというものでしょう。たとえば，これまで一緒に仕事をしてきた上司の中で，良き上司の間にあった共通点を見つけ出そうとします。この方法から得られた結論は納得感がありそうです。

　このような研究方法は，これまでリーダーシップの研究でも用いられてきました。リーダーシップの研究は，偉人研究に遡ることができるとされています（服部, 2020）。偉人研究は，優れたリーダーシップを発揮したとされる人たちにどのような共通点があるのかを明らかにする研究です。

　服部（2020）は，Stogdill（1950）の非常に多岐にわたる既存研究をレビューしたうえで，偉人研究が発見したリーダーの特性を次のように整理しています。

- 知性：知性，学業，知識，など
- 性格：攻撃性，支配性，雄弁さ，情緒安定性，独立心，など
- 社会的バックグラウンド：教育水準，社会的地位，など
- 身体的特徴：身長，体重，恰幅，人種，など

このような4つの特性を持っていれば，リーダーシップを発揮できそうです。たとえば，性格の類型にある「雄弁さ」を備えている人であれば，リーダーとして振る舞いやすそうです。フォロワーも，雄弁なリーダーについていく可能性が高いかもしれません。

ここで考えていただきたいのは，上の4つの特性はどのように抽出されたか，ということです。偉人研究の対象には，歴史上のリーダーも含まれます。この場合，主に文書として残されている記録を中心に特徴を抽出していくことになります。

では，膨大な歴史上の文書や，それを知る人たちの評伝などが残っていればどのようにリーダーの特性を抽出すればよいでしょうか？　偉人研究が抽出する4つの特性は，結論だけ見れば「当たり前」のことで，納得できそうです。ただし，そこに至るまでの膨大な作業が背景にあります。

(2)　根拠となるデータと集約方法

歴史書を研究対象とすれば，必然的に自然言語で表現されているテキストデータを手作業で分析することになります。たとえば，KJ法によって，分類することや自分の頭で抽象化するという作業です。自然言語のテキストデータの扱いは，手間がかかります。どのように集めてきた資料を分析し縮約するか，とても難しい問題です。

この作業は，かつては人間の手作業に頼るしかありませんでした。これは第1章でも述べたことです。しかし，現代的な技術水準では自然言語で書かれた情報もテキストマイニングによって縮約できます。

このように偉人論の根拠まで遡って考えると，分析対象は自然言語で書かれたテキストデータであり，現代的な統計的な意味でのエビデンスではなく，エピソードの集積が主になっていることがわかります。では，このようなエピソードを根拠とするリーダーシップ研究は無意味なのでしょうか？　ここにも前章で述べたように時間軸が関わってきます。

(3)　時間軸の長い研究

　偉人を長期間観察するには時間がかかります。偉人が生きた時間軸でのイベントや意思決定，リーダーシップを分析したうえで結論を出します。偉人の人生を圧縮できませんし，過去の偉人に質問紙調査に協力してもらうことも，実験に参加してもらうことも難しいでしょう。

　偉人研究は，このように長い時間軸を踏まえて研究を行うことができます。何度も繰り返しますが，偉人研究で出てきた結論は，現実に存在した人間を根拠にしていますから，抽出された理論は嘘でも空想でもありません。

　批判されるのだとすれば，その分析のまとめ方が研究者の「主観」に依存するのではないかということです。これも部分的には，先ほどのテキストマイニングを併用すれば，主観的な偏りを抑制できそうです。

　リーダーシップの時間軸の長い研究では，偉人たちの「エピソード」が根拠になります。そしてエピソードからも，私たちは学ぶことができます。日本経済新聞の「私の履歴書」から学ぶマネジャーも多いでしょう。

　そうだとすれば，この研究方法は，歴史上の人物だけにとどまらず，現代の名経営者にも適用できます。実際に，現代の多忙を極める経営者を長時間拘束することは不可能です。一般的な研究方法として，実験，質問紙，観察，面接といった心理学的な研究方法を経営者に強いることは難しいことは想像がつくでしょう。

2 　心理学の考えるエビデンス：オハイオ研究，三隅研究

(1)　オハイオ研究，三隅研究の根拠は何か

　偉人研究によるリーダーシップと比較すれば，現代的な心理学の手法を用いて明らかにされてきたリーダーシップは，科学的にみえます。

　ここまで読み進められた方は，第1章で説明したことと同じ構造であることに気づかれたと思います。先に結論を述べれば，心理学をベースにしたリーダーシップ研究が，根拠を得るために行ったことは，実験，観察，そして質問紙調査です。このような手法によって集められたデータは，非常に科学的にみえます。加えて，偉人研究のような自然言語で書かれたテキストを解釈し整理

するといった方法よりも，役立ちそうに思いませんか？

　オハイオ大学の研究者や日本の三隅二不二を代表に，行動主義の心理学者たちの大きな貢献は，リーダーシップ研究で何に注目すべきかという点について，リーダーの「行動」に絞り込んだことです。オハイオ大学で行われたオハイオ研究も，三隅も基本的には同じ考え方を採用し同じ結果を発見していますので，ここでは三隅の研究をご紹介します。三隅の研究では，リーダーシップの二次元を発見したことが大きな貢献です。

　具体的には，リーダーの行動として繰り返し確認できたのは，パフォーマンス行動（P行動）とメンテナンス行動（M行動）です。これは，リーダーシップ不動の２軸と呼ばれています。

　P行動：チームメンバーに成果達成を意識させる働きかけをとる行動
　M行動：チームメンバーの人間関係に配慮する働き方をとる行動

　当然ですが，リーダーにはP行動とM行動の両方が必要です。三隅の研究は，PとMの行動の組み合わせがチームの成果にどのように影響を与えるのかを定量的分析で明らかにしています。P行動とM行動がとれているリーダーがいるチームの成果が高いことがわかっています（**図表２−１**）。

　この章で述べるように，リーダーシップは，さまざまな要因が関わる複雑な現象です。これらのすべてを一度に考えることは不可能です。そこで，行動だ

図表２−１　**PM理論とチームの成果**

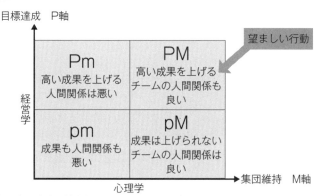

出所：三隅（1978）を参考に筆者作成。

けに着目することによって，リーダーの行動を具体的に測定でき，フィードバックを行うことができるようになります。PM理論がさまざまな研修で用いられ，現在でも呼び名は異なるものの同じ考え方を応用した研修が行われている理由も納得できます。測定結果から私たちはインサイトを得て，すぐに行動を修正することができます。

(2)　根拠となるデータと検証方法

行動主義心理学の一連の研究は，私たちが生きている時間軸から切り離すことで，行動と結果の間に科学的な関係性を見いだしたと言えます。この立場による科学的な根拠は，一般に，時間軸を無視することにつながってしまいます。

その個人の人生を追いかけていくことで，リーダーシップを分析する偉人研究と比較すれば明らかです。実際に，PM理論は，研修などによって一時的に職場から離れた文脈で検証されています。

具体的に考えてみましょう。リーダーシップ行動を「数字」に直して捉えるとはどのような方法か，三隅の一連の研究から，一部だけ質問項目をご紹介します（三隅，1978）。

たとえば，リーダーシップのP行動では，「部下に規則にしたがうことをきびしくいう」，「その日の仕事の計画や内容を知らせる」などの10項目が含まれています。一方でリーダーシップのM行動では，「部下と気軽に話し合うか」，「部下の個人的な悩み，家庭問題に気を配るか」などの10項目が含まれています。

PM行動の測定では，回答者は，これらの質問に5段階で答えます。すべての質問項目を回答すると，結果をリーダーシップのP行動およびM行動を表す数値に変換します。このように数値に置き換えて，リーダーシップを捉えることは非常に「科学的」にみえます。

さらにこの質問紙を何度も繰り返して用いることで，リーダーシップ行動の理論をさまざまな人を対象に何度も追試することができます。追試可能かどうかは科学の条件の1つですから，行動主義心理学によるリーダーシップ研究は科学的にみえます。

(3)　時間軸の短い研究

こうした研究は，確かに科学的な研究です。時間軸の短い研究は，数値に

なっている根拠を提供してくれます。しかし限界もあります。もう少し，方法論の視点から包括的に考えてみましょう。

　心理学の研究方法は主として4つに分類できます。それは，（1）実験法，（2）調査法，（3）観察法，（4）面接法です（三浦，2017：2020）。いずれも，同時代に生きている人を対象としています。ただし，偉人研究と異なり，長期間にわたって対象者を追いかけることには向きません。

　もちろん，近年は，2期間以上に分けて追跡調査を行うことが推奨されていますが，それでも偉人研究と比較すれば短いと言えるでしょう，1人の生涯を追跡することと，質問紙で尋ねることを比較すればおわかりになるはずです。

　こうした限界についてこれまでのテキストでは説明されてはいませんが，重要なポイントです。この点について服部（2020）は非常によくまとめられています。ご覧になれば，個人の組織内行動についての理論や枠組みの根拠がどのように集められているかわかります。

　実際の現場にいるマネジャーにとっては，時間軸から切り離して経営を行うわけにはいきません。その意味では，時間軸を短く取った研究は参考にできるが，それだけでは十分でないと言えそうです。

③　リーダーシップの研究方法と明らかになること：立場の違いと結論の違い

(1)　立場の違いと研究の断絶を理解する

　偉人研究が示したように，偉人の何らかの特性が，フォロワーに直接働きかけるのだとすれば，どのように考えられるでしょうか。

　たとえば，背が高いというリーダーの特性が，フォロワーを従わせてチームの目標を達成することにつながるのであれば，偉人研究の結果も利用できます。

　これに対し，三隅の研究でみたように行動主義心理学の研究は，全く異なるエビデンスを用いて研究結果を示しています。一般に，テキストでは，結果だけが並べられています。しかし，もともと，エビデンスが異なるものを，テキストで並べたうえで，結論だけを示されてもどのような背景でそれらが出てきたのか，十分に理解できません。

　このテキストでは，何度も繰り返していますが，世界中のテキストに掲載されている理論や学説は，空想でも机上の空論でもありません。読者が納得する

ようなエビデンスレベルかどうかは別として，何らかの根拠があって出てきた結論です。何を根拠とするかは，研究者の科学的立場によって決定されますし，もっと大きく言えば，その時代の研究の潮流によって異なります（須田，2019）。ですので，立場や時代による違いを理解したうえで，研究結果を用いる必要があります。

⑵　どのように用いればよいか？

　本章の冒頭で，リーダーシップを学ぶことを通して，研究の基本的な型を学ぶことができると述べました。研究の基本形という視点から，本章で説明したことを図に整理すると**図表２－２**のようになります。

　本章では，②の行動論までを説明しました。③はそれに加えて，リーダーおよびフォロワーが置かれた状況にまで視点を拡大したものです。②まで学べば容易に想像がつくでしょうが，行動論の視点だけではリーダーシップを捉えるためには不十分です。なぜなら，リーダーとフォロワーが置かれた状況を無視しているためです。その限界を克服するのが状況依存論です。リーダーとフォロワーの要因に加えて，状況の要因も考慮します。このように，リーダーシップの研究は，さまざまな変数を時代が下るにつれて追加してきたということがわかるでしょう。

　ここまでで，リーダーシップを考えるための枠組みはすべて揃ったと言えるでしょうか。もう１つ，このテキストで何度も指摘している時間軸が抜けてい

図表２－２　リーダーシップ研究の３類型

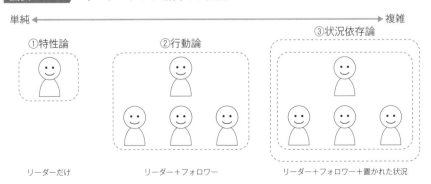

出所：著者作成。

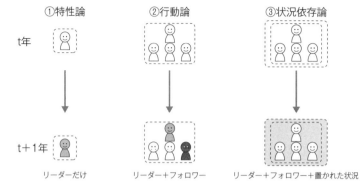

図表2-3　リーダーシップの3類型と時間軸

出所：筆者作成。

　ます。そこで，図表2-2にさらに時間軸を加えてみましょう。

　時間軸を長くとれば，それだけ話が複雑になりそうです。なぜならば，リーダー自身が経験を積むでしょうし，フォロワーも変化していくからです。さらに，そのチームや会社が置かれた状況も変化していくでしょう。

　マネジャーは，こうした時間軸から逃れられませんし，時間による変化に対処しなければなりません。一方で，時間軸を考慮することは，エピソードよりもエビデンスを重視するリーダーシップ研究では得意ではありません。

　結論だけ，結果だけを求める時代ですが，私たちはそれだけを聞いても，賛成か反対かのいずれかしか判断できません。時間軸を圧縮するということは，こうした問題があります。しかし，そこに至るまでの過程，すなわち根拠を理解すれば対話の糸口がみえてきます。言い換えれば，リーダーシップの研究結果の結論だけを羅列されても，私たちには正しいかどうかそもそも判断できません。

　根拠やエビデンスの重要性がさかんに主張される時代だからこそ，どのような調査が行われたのかまで根こそぎ理解する姿勢が大切です。そして根拠を得るまでの過程を根こそぎ理解することを通じて，私たちは，自分の置かれた状況に，それらを適用することができます。自分の置かれた状況をより深く理解することによってリーダーシップの理論を用いることができるようになります。

考えてみよう

1．（前提の確認）あなたの職場では，どのようなエビデンスが求められるか（具体的にはどのレベルのエビデンスか），考えてください。

　　例）　エビデンスは求められない，上司の直感，思いつきに合致するかどうか

　　例）　エビデンスよりも，声の大きな部門とその担当（営業部門，部長）が発端になるかどうか（何を言うか，よりも誰が言い出すか）

2．（エピソードが必要な方へ）あなたの職場では，リーダーとして他者を動かすためにどのようなエピソードが必要でしょうか？　あなたは，そのエピソードをどのようにして得ますか？

3．（エビデンスが必要な方へ）あなたの職場では，リーダーとして他者を動かすためにどのようなエビデンスが必要でしょうか？　あなたは，そのエビデンスをどのようにして得ますか？

参考文献

新井康平（2021）「エビデンス・レベルから考える経験的管理会計研究の「型」」．『管理会計学』，29（2），13-22．

須田敏子（2019）『マネジメント研究への招待―研究方法の種類と選択』中央経済社。

服部泰宏（2020）『組織行動論の考え方・使い方―良質のエビデンスを手にするために』有斐閣。

福井次矢・山口直人監修，森實敏夫・吉田雅博・小島原典子編（2014）『Minds 診療ガイドライン作成の手引き』医学書院。

三浦麻子監修・著（2017）『なるほど！心理学研究法（心理学ベーシック第 1 巻）』北大路書房。

三浦麻子（2020）『心理学研究法（放送大学教材）』放送大学教育振興会。

Greenhalgh, T.（2014）. *How to Read a Paper: The Basics of Evidence-Based Medicine,* 5th edition. BMJ Books.

Stogdill, R. M.（1950）. Leadership, membership and organization. *Psychological Bulletin,* 47（1），1–14. https://doi.org/10.1037/h0053857

コラム2　エビデンスのレベル

科学的根拠には，強い根拠から弱い根拠までさまざまなものがあります。

図表2－4　エビデンス・ピラミッド

出所：新井（2021），Greenhalgh（2014）を参考に筆者作成。

　図表2－4に示すように，最も強いものがピラミッドの頂点に位置しており，最も弱いものがピラミッドの底辺に位置しています。この図式は医学領域での科学的根拠を示すために用いられます。学問領域が異なりますし，エビデンスに対する扱い方も変わってきていますから（山口ほか，2014），そのままマネジメント研究に用いることには強引さが残りますが，この章で学んだことを再整理するために強引に当てはめてみましょう。

　マズローや三隅の立場から書かれた研究を，このエビデンスのレベルの図式に当てはめて考えてみましょう。マズローの研究結果を導出した根拠は，この図式に当てはまれば，専門家の意見となるでしょう。三隅の研究も，事例研究や観察研究の間に当てはまると考えられます。

　マネジメントのテキストに伝統的に掲載されている研究は，研究者らの何らかの観察や実験や，調査に基づいているものですが，ピラミッドの上方にあるような強い証拠にはなっていません。

　すべての主張に最も強い根拠を要するわけではありません。第5章で説明するように，研究の目的が，分類であるのか，どのようにという機能を記述するものであるのか，あるいは条件によった因果関係の特定であるのか，によって必要な根拠が異なります。この点は，新井（2021）が管理会計の領域で指摘していることに共通しています。

第**3**章

意思決定とコミュニケーション

　意思決定の研究領域は裾野が広く，事例研究から，規範的研究，実験やシミュレーション，データ分析等さまざまな方法が用いられています。これらの領域からさまざまな方法を借りてきているため，経営学の領域だけに限っても非常に多岐にわたります。すべてを扱うことは不可能ですので，以下では，意思決定について組織レベルの事例研究と個人レベルの定量研究が明らかにしてきた知見と根拠を掘り起こしてみていきます。

1 事例研究の考えるエビデンス：過去の意思決定の研究

(1)　意思決定の事例研究の根拠は何か

　ケース討議で用いられるように，意思決定の研究で，なじみが深いのは過去の意思決定の研究です。では，過去の事例研究の根拠はいったい何でしょうか？

　それは，過去に起こった一連の出来事です。その出来事には，出来事が起こるまでの時間および出来事が起こった後の時間が含まれます。過去に起こった出来事は，歴史的に１回限りで追試することはできません。ですから，事例研究は過去の出来事を史料やインタビューといった記録を集めつぶさに調べることによって研究の主張を支持する根拠を抽出していきます。具体的に研究例をみてみましょう。

　たとえば，キューバ危機を分析したAllisonの『決定の本質』は事例研究を用いた意思決定研究の典型例です。キューバ危機が米国政府内でどのような意

思決定を通じて解決されたかを記述しています。ここで示されているエビデンスは，キューバ危機を分析した一連の質的なデータです。この質的データをまとめ上げるために，Allisonは録音や外交文書，インタビュー，観察などさまざまな方法を用いています。

　同様に，しばしばビジネス書やリーダーの書棚で紹介される戸部らの『失敗の本質』も事例研究を用いた意思決定研究の典型例です。戸部らの『失敗の本質』でも歴史的な出来事が根拠になっています。ただし，Allisonのように1つの事例ではなく，日本軍という1つの組織を対象として，その複数の作戦の事例を分析しています。具体的には，ノモンハン事件，ミッドウェー作戦，ガダルカナル作戦，インパール作戦，レイテ海戦，沖縄戦です。ここでも，複数の研究者が，史料やインタビューを用いながら根拠となるデータを積み上げていきます。

　大事なことですから，繰り返しますが，過去に起こったことは1回限りです。ですから，同じ条件で，もう一度起こるかどうかを検証するといった実験のような手法は採用できません。ですが，過去の出来事は，実際に現実で起きたものです。過去の出来事を分析するための史料を集め，それらを研究者が整理して結論を出しています。

⑵　根拠となるデータと集約方法

　よくある批判は，過去の出来事について複数の見方ができるのではないかということです。実際に，一次資料が膨大であるため，私たち読者が直接確認して，事実を構成できません。もしくはできても時間がかかりすぎます。

　それを効率化するためにテキストマイニングを使えばよいではないかと思われるかもしれません。しかし，歴史的な時間軸を含んだ事例研究では，テキストマイニングによってデータを集約しようにも威力を発揮できません。出来事Aと出来事B，出来事C……というように連鎖が重要ですから，テキストマイニングによって何と何が一緒に起きているのかという共起関係だけを抽出しても，「時間軸」という必要な情報が抜け落ちます。時間軸を無視してしまうと，テキストマイニングをしても意味のある洞察を得られません。

　そこで，どうしても人間の頭脳によって史料からの情報を圧縮する必要が出てきます。この部分を担当するのが研究者です。研究者が頭を使って，実際に起きたことを記述した後に，それらを解釈することによって結論を導出する点

です。この過程が主観的かと問われると，第1章でみてきたように，出来事の記述とそれについての人間の解釈が入るという意味では主観的であると言えるでしょう。

　これはとても深い問題につながっています。ある出来事をどのように捉え，どのように分析するかは，観察者のすでに持っている見方に依存します（これを「観察の理論負荷性」と呼びます）。研究者も観察者ですから理論負荷性から逃れることはできません。

　ただし，少なくともこの点について，通常，研究者は非常に多くの注意を払います。実際に，Allisonは気を配っていて，キューバ危機という現象を，3つの視点から読み解いています。それらは，合理的選択，組織過程，政府内政治です。同じ「キューバ危機」という出来事を題材にしても，別々の視点から解釈し，描くことができ，別々の結論が得られるのだということを示しています。

　戸部らの『失敗の本質』では，Allisonの場合のように複数の理論から同じ事例を分析するというような構成にはなっていません。その代わりに，日本軍という1つの組織を対象として，そのいくつかの意思決定について，複数の研究者が分析を行っています。このように複数の研究者の目線で，複数の作戦の事例の分析をもとに，6つの作戦の共通点を指摘し，戦略と組織のそれぞれの面から失敗の原因が挙げられています。たとえば，戦略面では①戦略目的の曖昧性，②短期決戦の戦略思考など5つ，組織面では①人間関係の過度な重視，②学習の軽視など4つです。

⑶　時間軸の長い研究

　事例研究は時間軸から現象を切り離せないという立場です。キューバ危機や日本軍の失敗の本質の分析例から明らかであるように，事例の一部を分割して，個々の要素のみを分析してもキューバ危機全体を語ることはできないでしょう。

　先に述べたことと関連しますが，個々の要素のみを取り出すことによって，文脈から切り離し一般化できますが，文脈に備わった洞察を引き出すことも難しいわけです。

　たとえば，次節以降で述べるように，定量分析のためにいくつかの要素に分割して因果関係を特定したとしましょう。そうすると，出来事が起こった文脈が抜け落ちてしまいます。リーダーたちが過去の歴史上の偉人たちや昭和の名

経営者の物語を好むのも，そこにさまざまな意思決定が含まれているからです。

　意思決定の置かれた文脈とその固有の背景に意味があり，それを切り離しては意味がなくなってしまうからこそ事例研究の根拠が必要なのです。実際に，時間軸の中で生きているマネジャーにとって，1つの意思決定は，他の意思決定と独立しているわけではありません。時間的に先行するあるいは後続する他の意思決定と連鎖しています。

　事例研究の結論だけを聞くと，「当たり前」のことを述べているに過ぎないと思われるかもしれません。たとえば，『失敗の本質』では，「学習の軽視」が失敗の原因の1つでした。「学習を軽視したら，負けるのは当たり前だ」と思われるかもしれません。また『決定の本質』に対しても同じような感想をお持ちになるかもしれません。

　もともと時間軸を含んだ事例研究は，歴史を脱文脈するような過度な一般化を目標にしていません。そのとき，そこで何が起こっていたのかをそれが起きた文脈の中で理解することに重点を置いています。結論だけ，簡潔に，短くというような風潮がありますが，もともと事例研究で書かれていることを3行でまとめる，あるいは一言でまとめることと，歴史の事例研究の方法論とは，最初から立場の違いがあります。

② 行動主義心理学・認知心理学の考えるエビデンス：意思決定の歪み

(1) 心理学の分析する意思決定の根拠は何か

　意思決定が合理的に行われていないのは，A/Bテストの例を考えればわかるでしょう。画面上の画像やデザイン，売り文句などによってクリックされる比率が大きく変わります。

　定量的なエビデンスを重視する意思決定の研究は近年，大きく進んでいます。特に注目を集めている行動経済学も，心理学的な手法を取り入れています。

　こうした研究は質問紙や実験を用います。ということは，長期的に追跡調査するというよりも，その場限りでデータを集めることが一般的です（同じ個人を追跡しませんが，別の個人に追試することで仮説を検証します）。よって特定の事例を分析することによって，実際の意思決定がどのように行われたのかという記述から学ぶというよりも，人間の意思決定はどのようにゆがんでいる

のかを体系的に明らかにしてそこから学ぼうという立場です。言い換えれば，ゆがんでいることを前提にして意思決定を改善できないかということです。

　人間の意思決定は常に合理的に行われているわけではないことは私たちも経験的に理解できます。かつては「限定合理性」として論じられてきました。さらに細かいレベルで意思決定の歪みにはある程度の法則や一般性があることがわかってきました。これらについて，1つずつ紹介し始めるときりがありませんし，繰り返し追試されているものですので，「結果」だけみていきましょう。

　これらは経営学のテキストに一般に掲載されているものです。同じように世界的なベストセラーの経営学のテキストであるRobbinsの書籍をみてみましょう。**図表3−1**は，主として個人の意思決定についての歪みです。

　12個のバイアスの名前から内容は想像が付くと思います。例えば，自信過剰バイアスは，人間は自信過剰であるため自分の選択の正しさを過大に評価してしまうことです。あるいは，サンクコストバイアスは，人間がすでに回収できない費用に拘束され合理的な意思決定ができないことです。

　ここではすべての過去の研究のエビデンスを示すことはできませんので，1つだけエビデンスがどのようなものかみてみます。確証バイアスを例にします。確証バイアスとは，「人が新しい情報を探すとき，これらの情報探索プロセスは，情報探索者が以前に抱いていた信念や期待，望ましい結論に有利になるように偏っている」（Jonas *et al.*, 2001）ことを指します。私たちの個人的な経験に照らし合わせても確証バイアスは起こっているでしょう。長時間インターネットで自分が購入した商品のレビューを探したりする場合です。

　Jonasらの研究では，ドイツの学生36人（女性22名，男性14名，年齢は19歳から45歳）を対象に実験を用いて検証しています。この実験では，健康保険政策について，実験参加者が，①健康保険が代替療法もカバーすべきか，それと

図表3−1　意思決定の歪みの原因

(1)	自信過剰	(7)	利用可能性
(2)	安易な満足感	(8)	代表性
(3)	アンカリング効果	(9)	ランダム
(4)	選択的知覚	(10)	サンクコスト
(5)	確　証	(11)	自己奉仕
(6)	フレーミング	(12)	あと知恵

出所：Robbins & Coulter（2021）を参考に筆者作成。

も，②健康保険は伝統的な医療行為のみをカバーすべきか，のいずれかを選択しなければなりません。そのうえで，自分の選択について最終判断するための情報を選びます。具体的な選択方法などについて細かい部分は省略しますが，①あるいは②の選択をした後では，それを補強するような情報を集めるようにゆがんでしまうことが明らかになっています。

　他のエビデンスに詳しく知りたい方はRobbinsの『もう決断力しかない』をご覧いただき，参考文献に当たってみてください。エビデンスを得るために用いられる質問紙や実験では，方法そのものが，時間軸のある文脈から切り離されています。このように現実の出来事から切り離すことで何度も追試できますから，1回当たりの実験の人数は少なくても追試を合わせて対象者数を増やしていくことができます。

(2)　根拠となるデータと検証方法

　意思決定の歪みをどのようにみつけて検証してきたのでしょうか。これを考えるために，次にフレーミング効果の例をみてみましょう。情報の提示の仕方によって，同じ情報であっても意思決定の結果が異なってしまいます。先に与えられる情報が基準になって意思決定が影響されることを指しています。非常に簡単な例を依田（2016）のテキストから示します（p.28）。皆さんも実際に考えてみてください。

　「不治の病を治す画期的な新薬が開発されました。あなたはこの新薬の利用に賛成しますか。反対しますか」

フレーム①

　この新薬は，1,000人の病気に苦しむ人のうち，700人の命を救うことができます。その代わり，副作用のために300人が亡くなります。

フレーム②

　この新薬は，1,000人の病気に苦しむ人のうち，副作用のために300人が亡くなります。その代わり，700人の命を救うことができます。

　いずれのフレームも，同じことを意味しています。ということは，人間が合理的であれば，フレーム①でもフレーム②でも賛成と反対の比率はほとんど同

じになるはずです。しかし，フレーム①のほうが賛成が高くなる傾向にあると
されています。すなわち，フレーム①よりもフレーム②のほうが，賛成率が高
いことをもってして検証するということです。このように質問紙実験や協力者
を集めた実験によって意思決定の歪みの根拠が集められています。

　しかし，質問紙や実験では，意思決定の文脈に特有の原因を掘り起こすこと
ができません。根本的な疑問として，学生から協力者を募集して実験を行って
も，ビジネスの文脈に応用できないと思われるでしょう。文脈から離れられる
ことが実験という手法の良いところでありますが，それをもう一度，時間軸の
ある文脈に戻すことに大きなギャップがあり，工夫を要することがわかります。
マネジメントでは，もちろん，何度も追試されたうえで成立することがわかっ
た一般的な法則も大事ですが，一方で，その文脈特有で，そこでしかみられな
いメカニズムがわかることも重要です。私たちは双方から洞察を得て学ぶこと
ができるからです。

⑶　時間軸の短い研究

　このテキストを通して時間軸という視点を繰り返し述べています。前節でみ
たように，人間の意思決定にはいくつかの歪みがみられます。それは人間の意
思決定のくせのようなものです。

　これらの研究は，文脈よりも一般性を追究し，質問紙や実験を用います。と
いうことは，一般性を追究するために先行研究の質問紙や実験を追試すること
や，踏襲しながら少し条件を変えることを重要視します。

　この方法は，確かに一般的法則を重視して，人間の意思決定の歪みをみつけ
ることに有用な方法ですが，個々の現実の多種多様な問題や，意思決定の結果，
どのような結末に至ったのかについては十分に検証できません。仮に，12個の
意思決定の歪みを排除した決定ができたとしても，それだけで意思決定が良い
結果をもたらすことは保証されません。ここに時間軸を取り除いた研究の難し
さがあります。

　現実には，意思決定の最初は問題の定義です。よって，どのような問題に取
り組むかによって意思決定のその後の過程は左右されます。組織の中で繰り返
し過去から起こる問題や，ある特定の商品の購買行動などといった構造化され
た問題では定義が容易で定量的な評価も可能かもしれません。結果の評価も容
易でしょう。一方で，何が問題であるのか定義が困難で不確実性が高く，結果

がいつわかるのかも見通せない，構造化されていない問題では，いくら歪みを取り除いた意思決定を行ってもより良い結果が得られるとは限りません。

③ 現実は私たちと独立して存在するのか，対話によって生まれるのか：立場の違いと結論の違い

(1) 立場の違いと研究の断絶を理解する

どの時間軸で分析するか，時間軸の長短によって，研究の立場が違います。類似した問いを分析しようとしても，研究者の立場によって研究手法は異なります。そして提示されるエビデンスも当然異なります。

具体的に，これを理解するために，たとえば，『失敗の本質』で整理されていた，作戦目的の曖昧性を考えてみます。時間軸の長い研究では，実際に起きた実際の事例をみます。一連の出来事を観察した結果，作戦目的が曖昧であることが作戦の失敗をもたらしたとしましょう。

これを実験によって検証するとします。作戦目的の曖昧性を，構成員の大きな組織で検証することは難しいでしょうから，実験協力者を集めて5名で実験を行うとします。次に，何らかの課題を与え，「曖昧な作戦目的」と「明確な作戦目的」の2つの条件を設定し，実験を行うとします。与えた課題の結果の評価方法も確立したとします。

この結果，「曖昧な作戦目的」を与えたチームのほうが，「明確な作戦目的」を与えたチームよりも課題の結果の得点が統計学的に評価しても低かったとします。これを持ってして，「作戦は明確なほうがよい」というエビデンスを得られました。

ただし，過去の失敗の事例をエビデンスとして用いる立場と実験をエビデンスとして用いる立場には違いがありますし，何を主張のエビデンスとして用いるべきかについて断絶があります。

どの程度の強さの根拠を要するかはマネジャー次第です。

(2) どのように用いればよいか？

私たちは意思決定の歪みとそれによる失敗について，エピソードからもエビデンスからも学ぶことができます。時間軸の長い研究からも短い研究からも洞察を得ることができます。

　過去の意思決定のエピソードからは，過去の意思決定が成功したあるいは失敗した要因を振り返り学ぶことができます。しかし，過去の意思決定については，遡れば遡るほど十分な記録が残っていません。統計的な観点で強いエビデンスを引き出せるだけのデータが存在しない場合が多いでしょう。より最近の意思決定については，統計的評価が可能でしょう。意思決定に関するエビデンスは，十分なデータが残っている場合やこれからデータを集められる場合には有効な考え方です。

　エピソードについては「長い話」ですがその長い話を通して学ぶことができます。本章で取り上げたキューバ危機の分析でも，日本軍の分析でも私たち読者は，膨大な一次資料を直接1点1点確認することはできません。その代わりに，私たちは，研究者が整理して自然言語で記述したものを読みます。

　そこに研究者の主観が入るからといって事例研究が無価値ということにはなりません。というのは，新史料や新証言の発見によって，修正の可能性は常に残されていますし，また，示されている史実から，Allisonと同じように他の理論的視点から分析することは可能であるからです。この点で，研究者が膨大な時間を使ってまとめ上げた意思決定の事例を，自分なりの史料や視点を追加して，自分で追試を通して学ぶことができます。

　一方で，エビデンスについては「短い話」であり，繰り返し追試して検証されている結果から学ぶことができます。こうすれば失敗する意思決定をしてしまう，ということを知っていることはそうでない場合よりも起こりうる問題を回避する確率が高くなるはずです。

⑶　対話による現実の創出

　難しいことは省略して話を進めますと，私たちは他者との対話によって現実を作ることができます（詳しい話は，入山（2019）の第23章の「センスメイキング理論」をご覧ください）。

　マネジャーは，意思決定をして，後は丸投げでは現実を作ることはできません。集団の意思決定には，集団が共有しうる現実を要します。定量データは，科学的エビデンスとして有用であるように思われるが，それが集団内で「デコード」されなければ，集団で共有される現実は現れません。

　必要なことは，時間軸の含まないエビデンスを，時間軸のある定性的なストーリーへデコードすることです。それは，現実を創出し参加意識を高めると

いうことです。松下幸之助が「衆知の経営」として書き残しています。また，参加意識の向上によってコミットメントを高めることは，ドラッカーの目標管理にも共通する思想です。

　長瀬は次のように指摘しています。

　「経営者の意思決定が単独で企業の成果に決定的な影響を及ぼすという素朴理論は科学的妥当性が乏しい神話のようなものである。それらが現実に全く有効でないというわけではないが，実際の有効性よりも過大に評価されているきらいがある」（p.35）

　さらに重要な指摘を続けています。

　「経営者の意思決定と企業の成果には予言の自己成就的な側面が大きく利いていると考えられる。予言の自己成就が起こりやすい意思決定とは，管理者や従業員が共感し，高いモチベーションを発揮できるような意思決定である。……（中略）……人間はその物語に突き動かされるのである」

　ここにマネジャーの意思決定の議論の難しさがあり，また，面白さがあります。組織の中では，何を言うかよりも誰が言うかのほうが大事だとされる理由です。

考えてみよう

1. マネジャーがチームのメンバーに実験を繰り返すのは難しいでしょう。そこで次のようにこれまで経験した意思決定について思い返してみましょう。この方法そのものにバイアスがかかるという問題がありますが，ひとまずやってみよう。

　　• 失敗した意思決定について
　　• 成功した意思決定について

2. 言語化したうえで，それぞれの原因を個人と集団に分けて整理してみましょう。自分の経験の言語化から何らかの洞察を得ることはできましたか。さらに広げてみましょう。ビジネススクールなどで学んでいるならば，同級生や教員も含んで同じことを尋ねて言語化してもらいましょう。その後，簡単なテキストマイニングを用いて特徴を整理しよう。

　　このような方法は一見すれば，科学的でないと思われるかもしれません。しかし，実際に起きたことをその文脈から切り離さずに理解するためには，この方法を取っ

たほうが適切です。理解を優先すべきか因果関係を優先すべきか，この軸でも研究者の立場には大きな隔たりがあります。

2．得られた洞察について，調査票や実験によって追試するにはどのような方法があるかを考えてみよう。マネジャーは学者ではないので，わざわざ検証する必要はないですが，頭の体操として追試の方法を考えてみよう。

参考文献

依田高典（2016）『「ココロ」の経済学―行動経済学から読み解く人間のふしぎ』筑摩書房。

入山章栄（2019）『世界標準の経営理論』ダイヤモンド社。

長瀬勝彦（2008）『意思決定のマネジメント』東洋経済新報社。

戸部良一・寺本義也・鎌田伸一・杉之尾孝生・村井友秀・野中郁次郎（1991）『失敗の本質―日本軍の組織的研究』中央公論新社。

Allison, G.T. and Zelikow, P.D.（1999）*Essence of Decision: Explaining the Cuban Missile Crisis,* 2nd ed., Pearson.（漆嶋稔訳『決定の本質―キューバ・ミサイル危機の分析（1・2巻）（第2版）』日経BP社，2016年）

Jonas, E., Schulz-Hardt, S., Frey, D. and Thelen, N.（2001）. Confirmation bias in sequential information search after preliminary decisions: An expansion of dissonance theoretical research on selective exposure to information. *Journal of Personality and Social Psychology,* 80（4），557-571. https://doi.org/10.1037/0022-3514.80.4.557

Robbins, S.P.（2003）*Decide and Conquer: Make Winning Decisions and Take Control of Your Life.* F.T. Press.（清川幸美訳『もう決断力しかない―意思決定の質を高める37の思考法』ソフトバンククリエイティブ，2004年）

> ### コラム3　経営学は役に立たないという意見の意味

　さまざまな受講生と対話しているうちに，この意見の原因は，いくつかに分けることができることに気づかされました。

(1)　自分で考えて得られたという過程なしに結論だけでは納得できない
(2)　経営学で学ばなくても経験から同じ結論を得られる
(3)　目前の問題解決にすぐに用いることができない

　(1)は，NIH症候群や直接の経験による学習に似ています。これは経験を蓄積する過程で，キャリアのあるステージに達すると納得できるため，時間が解決してくれる問題です。

　(2)は，松下幸之助やグローブの著作を読めば，経営学の知恵と重複することが多く見つかるので理解できるでしょう。偉大な経営者たちの持論は，さまざまな国のさまざまな企業のさまざまな職場のさまざまな人々の衆知を合わせた経営学の結果と一致しているかもしれません。

　(3)は，自分で自分の目前の問題に合わせたベストフィットを作るしかありません。ベストプラクティスを探して適用するのではなく，それを改変するという学びを続けるしかないでしょう。経営学は，学者の絵空事ではなく，先人たちの経験をもとにした学問です。他者の経験は，役に立たないのではなく，直接の経験よりも，他社および他者の経験から学ぶにはコツがいるということです。

　大事なことなので，何度も繰り返します。マネジメント研究は，すべてが過去の題材を分析しそれらを根拠にしています。この方法は，松下幸之助が提唱していた「衆知の経営」に通じるところがあります。

　もちろん，過去のことばかりで，将来のことがわからないのではないかという批判もあります。ただし，過去の研究に依存していることに対して批判するのであれば，研究実施と研究結果の間の時間を0にしなければなりません。時間を0にするためには，現場で自分で洞察を引き出し，自分で適用するしかありません。

　リアルタイムで起こっていることからインサイトを得るには，マネジャー自身が自分の手で，現場で起こっていることをよく観察し，言語化するしかありません。そのためには自分の言葉を磨き，経営実践に対して持論を創出する必要があるのです。

第**4**章

経験と学習
―個人編―

　リカレント教育やリスキリングに注目が集まり，学びという言葉が流行しています。リカレント教育によって生産性向上を狙うという社会的な期待も高まっています。

　日本では中原（2021）や松尾（2011）に代表されるように，コルブが提唱した経験学習モデルが提示されることが多いでしょう。実際に，マネジメント教育では，最も影響力のあるものとされています。

　なぜこのようなことが起こるのかというと「学習」は何を指し，どのように起こっているのか私たちは直接観察できないからです。よって学習という概念の定義そのものに諸説がある状態です。この点は，必ず記憶しておいてください。なぜ，世の中には，さまざまな教育方法や，研修方法が乱立し，どれも成果を上げていると謳われているのかがわかります。

　どれも現象を部分的に説明できるが，どれも完璧に説明できるわけではないという状態です。本章ではこれを認めたうえで，コルブの経験学習モデルで個人の学習を説明します。

1　概念的研究の根拠は何か

(1)　コルブの経験学習モデル

　観察対象から概念を抽出するという意味では根拠は現実の個人です。ところが，そこからどのように概念を抽出し，それらの概念を使ってモデルを構築するのかは十分に開示されていません。**図表4－1**をご覧ください。有名なコル

図表4－1　コルブの経験学習モデル

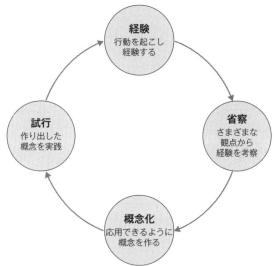

出所：Kolb（1984）と安藤（2019）を参考に筆者作成。

ブの経験学習モデルです。

　このモデルはどこからきたのでしょうか？　コルブは教育学や心理学の先人たちの研究をもとにこのモデルを作りました。では，その先人たちはどのように理論を組み立てたのでしょうか。そこには演繹的で，抽象的な思考も含まれますし，コルブ自身が個人が学ぶプロセスを観察した結果も含まれます。

　このように考えると，経験学習モデルには統計学的に強い根拠があるわけではありません。もともと，エビデンスを要するような研究結果を求めてもいません。詳しくは第5章に譲りますが，個人の学習というよくわからない現象に説明を与えるモデルを開発することがコルブの研究目的です。エビデンスを提示する研究とは，目的が異なります。

　私たちは，統計的なエビデンスのあるなしは別として，このモデルによって個人学習を記述し，理解することができます。このモデルがなければ記述も理解もできません。個人の内部や組織の内部で何が起こっているのか，それはブラックボックスのままです。

　たとえば，松尾が長年取り組んでいるように，営業職の個人がどのように仕事を学んで熟達していくのかを考えてみましょう。営業先の1件ごとに，個人

は経験を蓄積するはずです。その結果として，個人の営業能力は向上すると思われます。さらにそれが営業成績の向上という結果として現れるでしょう。

　しかしこのとき，営業職個人の中で，どのように「学び」が進んでいるのかは上司からはわかりません。わかったとすれば，もっとマネジメントしやすくなるはずです。たとえば，学びがいくつかのステップに分類でき，そのステップごとに躓きを特定できれば改善につなげられそうです。単に「あいつは覚えが悪い，能力が低いからだ」と大雑把，かつ，みえないものをバイアスで処理してしまうよりも現実的に対処できます。

　このブラックボックスを開けたモデルが，コルブの経験学習モデルです。大事なことですから，繰り返しますが，概念的研究の貢献は，複雑な現実を単純化して見えやすくすることです。混沌に秩序を与えることです。

(2)　根拠となるデータと集約方法

　コルブの経験学習モデルは，理論的研究です。しかし，研究者の空想や絵空事ではなくそれよりも前の過去の研究や観察に基づいています。ここまで読まれると，第1章と同じ構図だなと気づいたと思います。

　モチベーションの5要因説と同じです。私たちは，モチベーションも学習も直接目でみて観察することも物理的な機械で計測することもできません。

　個人の中というブラックボックスの中で何が起こっているのかを説明するために，もっともらしいモデルを作る必要があります。コルブは，巨人の肩と自らの観察によってこのモデルを提示しました。

　しかし，集団的に知識が生まれる現象を説明するために有用であり，かつ日本の職場で実際に起こっていたことを観察した結果，出てきたモデルなのだとしたら，どうでしょうか？　統計的なエビデンスはないとしても，根拠の中には実際の現場が含まれています。このように実際に起こっている現象をもとに，理論と合わせてモデル化を行うというのが，コルブの経験学習モデルで行われたことです。

(3)　時間軸を含む研究

　コルブの経験学習モデルでは，モデルの前提についてはあまり触れることはないでしょう。ここでは，コルブの考える学習の学説はどのようなものか前提をしっかりと学んでおきましょう。

　コルブは，「学びとは経験の変換によって知識が形成される過程である」と考えています。ここには，マネジメント研究が想定する行動や知識の変化は，学習の条件として明示されていません。知識を形成することを定義に含んでいますが，知識の変化は問題になっていません。

　コルブの考え出した経験学習理論は6つの特徴があるとされます（**図表4-2**）。図表4-2をご覧になるとおわかりになるように，第1に「プロセス」であるとされています。

　ここでも，「行動が変化する」という記述はありません。また，知識から学ぶ，知識移転によって学ぶという記述もありません。個人から個人へ知識が伝わる，つまり知識が移転されるという学習観も明示されていません。一見すると，組織学習論に類似点があるようにみえますが，細かくみていくと，出発点の立場が異なることがわかります。

　この点は大事ですので，付け加えます。コルブは，「2人の人間が同じ経験をしたとしても，経験の解釈次第で学習内容は異なり，その後の行動も変わる」（p.62）ことを認めます。このように，マネジメント研究で想定されているような知識移転と同じ立場と前提を共有しているわけではないのです。

２　行動主義心理学・認知心理学の考えるエビデンス

(1)　心理学の方法論でコルブの経験学習の根拠を引き出す

　コルブの経験学習モデルには批判があります。これに対応して，コルブは，経験学習をモデル化するだけでは終わらず，自らのモデルに基づいた実証研究を行っています。このときに用いられるのが，心理学的な方法論である質問紙

図表4-2　コルブの経験学習の6つの特徴

1　学びはプロセスであり結果ではない
2　学びは経験に基づく絶え間ないプロセスである
3　学びは社会に適応する過程で，相反するモードを通じて生まれるものである
4　学びは社会に適応するための全体的なプロセスである
5　学びは個人と環境の取引を含む
6　学びは知識を創造するプロセスである

出所：青木（2005）。

調査です。

　行動心理学あるいは認知心理学では，質問紙調査の定量的な分析結果が根拠です。この方法と，前節で述べたコルブの経験学習モデルは，実は相性が良くありません。そこでコルブは一工夫をします。

　図表4-3をご覧ください。図表4-1に情報を追加すると以下のようになります。

　コルブの着眼点の優れた点は，学習そのものではなく，個人の学習スタイルを測定しようとしたところです（図表4-4）。前提として，経験学習モデルを想定していますが，それを直接測定しようとはしていません。しかし，個人の学習スタイルは測定できます。

　何かに似ていると思われるでしょう。有名な知識創造理論のSECI（セキ）モデルに類似しています。SECIモデルでも，組織的な知識創造そのものを測定することはできそうにありません。そこで，研究者らは，どのような行動が起こっているのかを測定します。

　コルブの原著では，次のように示されています。

図表4-3　コルブの経験学習サイクルと対応する学習スタイル

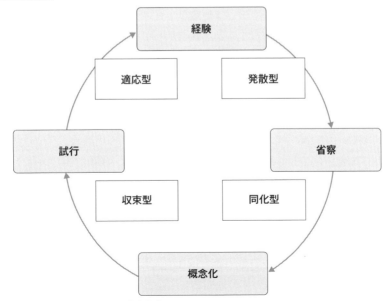

出所：青木（2005）を参考に筆者作成。

| 図表4－4 | 学習スタイルの類型 |

- 発散型：経験と省察から学ぶ傾向にある。グループでの作業を好み，異なる視点にオープンマインドで耳を傾け，また，個別のフィードバックを受けることができる。
- 同化型：省察と概念化から学ぶ傾向にある。読書や講義，分析モデルの探求，そしてじっくり考える時間を好む。
- 収束型：概念化と試行から学ぶ傾向にある。問題解決，意思決定，アイデアの実践に優れ，新しいアイデア，シミュレーション，実験課題，実践的なアプリケーションで実験することを好む。
- 適応型：試行と経験から学ぶ傾向にある。他の人と協力して課題をこなしたり，目標を設定したり，細かい作業をしたり，さまざまなアプローチを試したりしてプロジェクトを完成させることを好む。

出所：青木（2005）とKolb and Kolb（2005）をもとに筆者作成。

「学習者は，効果的な学習を行うために，4つの異なる種類の能力，すなわち，具体的経験能力（CE），反省的観察能力（RO），抽象的概念化能力（AC），積極的実験能力（AE）を必要とする」（1984, p.30）

そして，4つのうち，得意とする学習方法があるとされます。これがコルブのいう学習スタイルです（図表4－4）。右上の第1象限から時計回りの順に**図表4－4**のように名前がついています。

私たちは，どこかに好むあるいは得意な学習スタイルがあり，そこに位置付けられます。職場をよく観察すると，とにかくやってみる行動派の人もいれば，よく分析してから動く人もいるでしょう。

(2)　根拠となるデータと検証方法

コルブは，Learning Style Inventory（LSI）という測定方法を作り根拠を集めました。現在までに第4版が出ています。そして，現在は，9つの学習スタイルに詳細に分けられるようになりました。ただし，質問項目数が多いので使いにくいです。そこで，他の研究者が縮約版を作ろうとしていきました。

たとえば，Manolis *et al.*（2013）は短縮版の例です。そこには「私は，見ることや聞くことによって学ぶことを好んでいる」，「私は，アイデアについて考えることで学ぶことを好んでいる」などの17の質問項目があります。どのようなスタイルで学ぶことを好むのかという個人の内面は，「質問」しないとわかりませんから，内面についての質問をしています。

回答者は，これらに回答し，その後，スタイルに分けられます。何らかの実

験や講義を受講し，その後，どのような成果が上げられたかが測定されます。

　このようにコルブが改善を重ねてきたものの，コルブの経験学習モデルにはなお批判があります。もともとの出発点となっている経験学習モデルに内在する問題です。たとえば，個人が置かれている社会的状況について考慮が不足していることや，過去の認知科学の研究結果と乖離があるといった批判です。

　コルブの素晴らしい点は，それらに対していかに自分のモデルが，先行する心理学の研究と関連しているのかを丁寧に検証し提示していることです。たとえば，性格，そして職業とLearning Style Inventory（LSI）との相関関係を繰り返し検証しています。問題は残っているものの，心理学の伝統的な既存研究との接合を目指しているという点で，より強い証拠を提示しようとしています。

(3)　時間軸の短い研究

　どのように変化していくのかは時系列的にその個人を追跡しなければ，捉えられません。学習を突き詰めて考えれば，各人の中で，「経験」している具体的な現象は異なるはずです。

　このような時間軸の取り方が，行動，認知，人文科学のいずれをベースにした学習研究であるのかによって異なります。

　もちろん，マネジメント研究は，これらの学習研究から借りてきたうえで議論を展開していますから，立場の異なるものを同居させてしまっていることがあります。典型例は，経験学習モデルです。コルブは明確にプロセスを含むモデルだと主張しています。ところが，学習スタイルの実証研究を行う段階で時間軸を取り去る工夫をしています。

　実務では，マネジャーの仕事には期限があり目標もありますから，個人の学習結果が，観察可能なほうが望ましいわけです。Aという介入によって，知識あるいは行動が変化すれば学習が起こったという見方が最も使いやすいでしょう。

　このように，マネジメント研究に移っていくことで，介入による効果が測定しやすいことが重視されると，知識は移転可能であるという学習観に支配されることになります。しかし，知識あるいは行動が変化することが学習であり，知識は移転できるという考え方そのものが，学習論の諸説のうちの「1つ」に過ぎません。この考え方だけですべてが説明できるわけではないことに改めて

注意を払う必要があります。

③ 知識は伝えられるのか：立場の違いと結論の違い

⑴　立場の違いと研究の断絶を理解する

　学習理論は，実にさまざまな先祖を持っています。それぞれの先祖の影響を受けながら，後続する理論やモデルは発展してきましたから，それぞれに乗り越えられないような違いがあります。ここでは，話を単純化するためにそれらを省略しています。

　たとえば，日本発の経営理論に野中と竹内の知識創造理論があります。ここでは，知識を論じる際に，形式知と暗黙知という分け方を基本にしています。しかし，形式知と暗黙知の話は単純ではありません。それは単純な二元論ではなく，知識の哲学や個人の信念の問いに行き着きます。

　野中は，次のように指摘しています。

　「知識という概念をもっとも深く考究してきた学問が，哲学の一分野で知識論あるいは認識論と訳されるepistemologyです。したがって，知識について理解しようと思えば，哲学を無視できません。」（野中・山口，2019，p.5）

　「曖昧でわかりにくい，はっきり，わかりやすく説明してほしい」というご指摘を受けるかもしれません。しかし，深く考えると何でも「単純」な話に還元することはできません。

　この章の冒頭では，1つのモデルとして経験学習モデルを提示しました。わかりやすく使いやすいモデルです。しかし，もう少し深く考え始めると，現実はそんなに単純にできないことがわかります。

　マネジャーは期限が限られた時間の中で成果を上げることを優先し，「学ぶ」ことを「変わること」と言い換えているだけのことがあります。あるいは，「学ぶ」ことを，「個人が忖度して改善すること」というように言い換えている風潮もあるでしょう。

　学びの実証研究や効果検証などによってこうした風潮に拍車がかかっていますが，少なくともこれまでの学問の伝統では，そのような単純化した「わかりやすい話」で学びや知識を扱ってはいません。そうした矮小化がなされていることそのものに注意を払うべきでしょう。

⑵　どのように用いればよいか？

　見えないものを見る場合に，研究者らはお互いに，不確かであり，それぞれ良いモデルだと考えているわけです。では，どうするのか，というとひとまずは，コルブの経験学習のような最も数多く普及しているモデルを知っておけばよいでしょう。

　混沌に秩序を与えることが研究者の役割であり，研究成果です。偉大なる先人たちは，個人の学びという観察不可能で，混沌なる現象をモデル化することで秩序を与えました。

　悩ましいことに，マネジメントは，制御できないもの，みえないものだらけです。「歯切れの悪い」現実になんとか秩序を与えて理解しなければならない，そのような悩ましいことの連続です。マネジャーにとってみえないものほど厄介なことはありません。みえないがゆえに測定できません。そして，測定できないものはマネジメントできません。目には直接みえないものを手がかりにして，原理的に実証できないものや実証が極めて困難なものが掲載されています。ところが，実践上は有益なものとして扱われています。

　枠組みは，使いにくいと言う前に，自分なりにその思想にどっぷりと浸ってみたうえで，改良を施すか，他にもあるから探すとよいでしょう。たとえば，チームのメンバーがどのような学習スタイルかを知っておくとどこで躓くのか，あるいは，どこが得意かがわかります。これを理解するために，強引にでもよいので学習スタイルを用いて類型化してみます。それでも使いにくいのであれば，他のモデルを使いましょう。コラム4で述べるように学習モデルは，70を超えています。これらの裏付けとしての根拠はさまざまです。すなわち，現実は多様でありそれらの現実を説明し，混沌に秩序を与えるようなモデルもたくさん開発されているということです。

考えてみよう

1. コルブの経験学習モデルなしに，個人が学習する過程を説明するとしたらあなたならどうするでしょうか？

　ヒント：多くの場合，学習能力を想定し，「それは個人の特性で，学べるかどうかは，能力が高いかどうか，できないやつは，能力が不足している」といった「わかりやすい物語」に飛びついてしまうのではないでしょうか。

　　　コルブのモデルには，現時点ですぐに解決ができないという批判もあります。たとえば，理論的基盤および実証的な証拠がないというものです。とはいえ，モデルは個人がどのように学ぶのかを理解するために有用です。考えてみてください。

2. あなたの職場のメンバーをよく観察して，コルブの学習スタイルに合わせて分類してみてください。どのようなメンバーで構成されているでしょうか？

参考文献

青木久美子（2005）「学習スタイルの概念と理論—欧米の研究から学ぶ」『メディア教育研究』2（1），197-212.

安藤史江（2019）『コア・テキスト組織学習』新世社。

野中郁次郎・山口一郎（2019）『直観の経営—「共感の哲学」で読み解く動態経営論』KADOKAWA。

中原淳（2021）『職場学習論—仕事の学びを科学する』ダイヤモンド社。

松尾睦（2011）『「経験学習」入門—職場が生きる人が育つ』ダイヤモンド社。

Coffield, F., Moseley, D., Hall, E. and Ecclestone, K. (2004) *Learning styles and pedagogy in post-16 education: A systematic and critical review*. London: Learning and Skills Research Council.

Kayes, D. C. (2005) Internal Validity and Reliability of Kolb's Learning Style Inventory Version 3 (1999) *Journal of Business and Psychology*, 20 (2), 249-257. https://doi.org/10.1007/s10869-005-8262-4

Kolb, D., and Kolb, A. (2005). The Kolb learning style inventory - Version3.1: Technical specifications. Boston: Hay Group.

Kolb, D. A. (2015) *Experiential Learning: Experience as the source of learning and development* (Second edition). Pearson Education.

Manolis, C., Burns, D. J., Assudani, R. and Chinta, R. (2013). Assessing experiential learning styles: A methodological reconstruction and validation of the Kolb Learning Style Inventory. *Learning and Individual Differences*, 23, 44-52.

https://doi.org/10.1016/j.lindif.2012.10.009

コラム４　コルブの影響力

　コルブの経験学習モデルは，どれほど影響度が高いのでしょうか。広く利用されている学術データベースであるWeb of Scienceを使って計量書誌学的に体系的に既存研究をみてみましょう。

　経験学習を意味する"experiential learning"をweb of scienceで検索フィールドをtopicsとして検索すると，7,533件に達します（2021年６月）。このうち上位の分野は，EDUCATION EDUCATIONAL RESEARCH（2,815本），EDUCATION SCIENTIFIC DISCIPLINES（1,070本），MANAGEMENT（510本），NURSING（381本），BUSINESS（345本）などです。

　マネジメントおよびビジネス領域も上位５位に入っていることがわかります。また，看護領域でも経験学習モデルは用いられています。これは，日本の出版動向をご覧になってもわかることでしょう。

　そこで，マネジメントおよびビジネスのみに限定すると，検索結果は，666件となります（マネジメントとビジネスの双方に分類されている論文があるので，単純な合計値の855件にはなりません）。このうち，最も引用数が多いのが，Kolbが，2005年に発表した「Learning styles and learning spaces: Enhancing experiential learning in higher education」です。

　ただし，"experiential learning"と"Kolb"を検索フィールドで指定すると，429件となります。その内訳は，以下のようになっています。EDUCATION EDUCATIONAL RESEARCH（185本），EDUCATION SCIENTIFIC DISCIPLINES（66本），NURSING（35本），MANAGEMENT（34本），ENGINEERING MULTIDISCIPLINARY（21本）などです。

　すでに触れたように学習モデルは多数あり，Coffield, Moseley, Hall, and Ecclestone（2004）は，71の学習スタイルモデルを特定しています。

—————————— 第**5**章 ——————————

経営学研究の３つの型Ⅰ
―ミクロ編―

1 経営学研究の３つの型

　マネジメントのテキストで掲載されている理論や枠組みは，結果だけを簡潔に紹介しています。ですから，それらが出てきた背景の根拠まで深掘りして触れる機会は少ないということは，すでに何度か触れました。この章では，それらを根本からより深く理解するために，少しだけ抽象度を高めて説明していきます。

　背景にある根拠を理解するための鍵は，マネジメント研究の「３つの型」を意識することです。これを意識すると，私たちは教科書に掲載されている理論や枠組みがどのような経緯で出てきたのかがわかります。

(1)　分類：分類は学問の始まり

　私たちは，理解できない現象に直面したときには，どのように対処するでしょうか。まずは，その現象をよく観察し，記述しようとするでしょう。記述できたら，それらをいくつかの要素に分割します。

　なぜ分割するのかというと，全体をひとまとまりにしたままでは，私たちの理解可能なレベルを超えているためです。これはマネジメント研究のような社会科学に限ったことではありません。自然科学でも，自然を全体のままでは複雑すぎて理解できませんから，いくつかの部分に分割することで分析を進めます。

　たとえば，ここまでみてきた個人を対象とするマネジメント研究で考えま

しょう。個人をひとまとめにして理解することには限界があるので，いくつかの類型に分類します（図表5－1の①）。ワーク・モチベーションの例では，欲求を5つに分類したことが出発点になっていますし，リーダーシップの例では，リーダーのスタイルを民主型，専制型，放任型に分けています。

　ひとまとめにすると理解できなかった現象が，いくつかの部分に分割すると，その分類の中で成立するパターンがみつけやすくなります（図表5－1の②）。作用機序とは，ここでは，何が原因で何が起きるのか，という相関関係や因果関係のことです。たとえば，ワーク・モチベーションの例では，自分で目標を立てそれを受け入れれば達成が難しい目標のほうがやる気を引き出せるといったことです。また，リーダーシップの場合には，民主型のほうが，放任型と比較して生産性が高い傾向にあるといったことです。

　しかし，このような分類によって大まかな傾向は捉えられたとしても問題は残っています。マネジメント研究のように人間が関わる現象を分析対象にしていると，いつでもどこでも必ず成立するような法則はありません。つまり，ある状況においてのみ，ある相関関係や因果関係といった傾向が成立するということがわかってきます（図表5－1の③）。たとえば，ワーク・モチベーションの例では，達成が難しい目標のほうがやる気を引き出せるという一般的な傾向はあるが，目標は測定可能で明確なものでなければならないといったことです。また，リーダーシップの場合には，民主型が生産性が高いという一般的傾向はあるが，それはリーダーとチームの人間関係が悪い場合には当てはまらないといったことです。

　以上のような，研究の発展段階を簡単にまとめると**図表5－1**のようになります。①から③に進むに従って，科学的な発見は細分化されていきます。

　繰り返しますが，分類は基本中の基本で，法則をみつけるためのスタート地点です。ここでは個人に関する理論やモデルを例にして説明しましたが，戦略論などのフレームワークでも同じことがおわかりいただけるでしょう。たとえ

図表5－1　経営学研究の3つの型

出所：筆者作成。

ば，最初に顧客，自社，競合の３Ｃや５フォースモデルといった分類から入ります。

①の類型を作る段階では，統計的な意味での因果関係の特定はそもそも優先度が低いです。よくわからない現象を，とにかく分類し理解することが最優先です。

(2)　関係：どのように？　作用機序

分類でいかに関係がみつけやすくなるかを確認しましょう。次の**図表５−２**をご覧ください。これは，定量研究の方法論で，相関関係を分析する際に落とし穴としてしばしば，紹介されるものです。

左側の図では，点が座標上に広がっています。右肩上がりの関係がみえているように思われますが，それほど強いものではありません。では，右側の図ではどうでしょうか？

２つのグループに分割すれば，より右肩上がりの関係が明確になりました。このように明確な関係が特定できれば，結果を予測しやすくなります。言い換えれば，「この方策を採れば，この結果が得られる」と予測できるようになります。先ほどのリーダーシップの例を用いて捉えてみましょう。

会社にいる上司ごとの経験年数と部門の業績を図表５−２の左図のように座標に表現したとします。経験年数と部門の業績は，右肩上がりが薄いながらもみえそうです。そこで，上司のリーダーシップの型が何らかの方法で手に入っ

図表５−２　相関関係を分類すると洞察が得られる

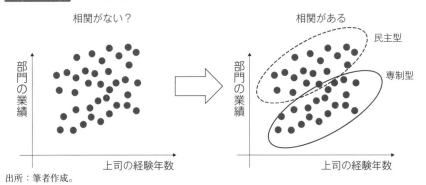

出所：筆者作成。

たとしましょう。たとえば，研修の機会に質問紙で得られたといった場合があるでしょう。

　そして，上司の民主型と専制型の2つのリーダーシップ型に分けたとします。そうすると右側の図のように民主型と専制型で分けると，より経験年数と業績の関係が明確にみえてきます。経験から学ぶこととリーダーの機能には右肩上がりの関係はありそうだが，民主型のほうがより効果が高そうだ，ということが言えそうです。

　ただし，ここでは相関関係を提示しているので，厳密な統計的な意味での因果関係ではないことに注意を要します。とはいえ，相関関係までみつけることができれば，これまでの理論や論理，実務で起こっている経験を踏まえて，実務的な判断に必要な証拠を揃えることはできるでしょう。リーダーの例では，経験的に考えると，民主型のリーダーのほうが他者の意見を聞くことによって，経験からの学びをより上手に活用できそうだ，という推論が成り立ちます。

　膨大なデータが安価に集められる現代でも，基本的な分析は分類と相関です。ダッシュボードはその例です。ダッシュボードのような可視化は，いくつかの軸で分類した結果を整理したものです。

　前節の分類は，原始的で遅れていると思われるかもしれません。しかし，図表5－2の座標の例からもわかるように，それ以降の分析や洞察を得る過程を決めるほど重要です。この段階になると，図表5－2のように分類とデータが組み合わさるようになります。座標平面が典型例で，点で表されている個体（個人，グループ，企業）が何らかの傾向を持つことを示します。

　相関関係を明らかにできる段階では，統計的な意味での因果関係の特定が関心に入ってきます。ただし，まだ，何が原因で，何が結果であるのかを探っている段階ですから，よくわからない「関係」を，とにかく理解することが最優先です。ここでは，相関係数や因果関係を重視しない回帰分析あるいは構造方程式モデリングなどが用いられます。

(3)　因果：なぜか？　条件特定

　本書では，エビデンスについて触れてきましたので，注意を述べておきます。前節までの，分類や相関関係といった方法では，「統計的な」意味での因果関係に基づいたエビデンスを得ることはできません。

　実際に，マネジメントや戦略論の世界的なテキストにおいても，強い統計的

因果関係によって裏付けられたものは少数派です。言い換えれば，世界的なテキストでも，分類を行った，あるいは，相関関係を発見した「専門家の意見」のエビデンスレベルでしかないと言えるでしょう。

　これは，テキストに掲載されている理論や論理が無価値だということを意味しているわけではありません。なぜなら，マネジメント研究には，さまざまな因果関係の捉え方があるからです。より根本的なことを持ち出せば，第1章で触れたように研究者が持つ世界観すら異なります。世界観が異なるからこそ，検証のための方法論と因果関係の捉え方も異なります。極端に聞こえるかもしれませんが，因果関係そのものを認めていない世界観もあります。

　それはいったん，脇に置いておきます。ある主張を統計的な因果関係を特定した，エビデンスとして検証するには，ランダム化比較試験を行わなければなりません。これが厳密な因果関係の特定です。難しいので，たとえば，先ほどのリーダーシップの例で考えてみましょう。実験によって，民主型が成果が高いことを示すためには，最初に，フォロワーをくじ引きのような方法で民主型リーダーとそうでないリーダーに割り当てます。これがリーダーの条件設定です。その後，一定期間の後に成果を測定します。しかし，これは通常は実現できないほど面倒で，難しいことは明らかです。実験の結果，得られる洞察も，割に合わないでしょう。

　そこで研究者による実験を参照にして洞察を得る意味があります。研究者は，統計的に強い証拠を提示できる手法を用いることができます。先ほど述べたように，実務では，A/Bテストなどのマーケティングの実験を除けば，わざわざ実験を行うのは非現実です。ゆえに研究者が行った数々の実験結果を参照にすることが有用です。世の中には，無数の条件があり，それらのすべてを実務で実験することなどできません。

　ですから，すべての意思決定に統計的に強いエビデンスを得る必要はありませんし，それはマネジャーの仕事ではありません。ですが，思考の訓練として実験は有用です。実務で実験がどのように使われているのかについて，たとえば，トムキ（2021）の『ビジネス実験の驚くべき威力』をご覧になれば，具体的によくわかります。

2 ）3つの型をどのように用いればよいか

　経営学研究の3つの型は，なにも研究者だけのものではありません。私たちが日常生活でも行っている思考法です。もう一度，研究の思考様式をどのように用いればよいかという視点で考えてみましょう。特に，マネジメントで卒業論文や修士論文を執筆する場合には，自分のテーマがどこに当てはまるのかを意識すると有用です。

(1)　分類：線を引く

　分類を行うことは，複雑すぎる現象を理解するために，まずは1本の線を引いて2つに分けてみるということです。これは，複雑すぎて，または，新しすぎて私たちが理解できないものに用います。

　具体的な研究テーマとの相性としては，イノベーション研究の場合には，特にこの方法が適しています。というのは，イノベーションという現象は新しいことであり，私たちは何が起きているのか十分に理解できません。たとえば，シリコンバレーでIT産業が勃興していた当時は，いったい，この産業がどのようになるのかは予測できていませんでした。そもそも，怪しいのではないかといった印象すらありました。私たちは新しすぎることは理解できません。

　分類が大事なことは，コンサルタントの仕事をご覧になるとおわかりになるでしょう。世界的な戦略コンサルタントとして活躍する人々は，著名なフレームワークを開発し，残しています。

　すでにご紹介してきた世界的な学者も同じです。マズローも，よくわからなかったモチベーションという概念を，5つに集約して，世界に秩序を与えました。服部（2020）が指摘しているように，マレーの欲求リストは包括的であったとしても長すぎました。長すぎるリストでは，世界に明確な秩序を与えられていなかったと言えます。このように分類の段階の貢献は世界に秩序を与えることです。

(2)　関係：システム思考

　分類によって，ひとまず，混沌に秩序を与える道筋をつけることができたら，次は，その分類の中で成立する法則を見つけなければなりません。

そのためには，ある要因と別の要因が連動しているといった相関関係や，ある要因が別の要因の結果になっているという因果関係をみつけていきます。ある要因が，原因側と分類され，ある要因は結果側というように分かつことになります。このようにして，私たちは判然としなかった世界のルールを，次々と分割することで，明らかにしていきます。

世界の理解が進んだら，次に私たちは因果関係の間にある関係をさらに構築していきます。一般には，「風が吹けば桶屋が儲かる」と言われてもわかりませんから，この風から桶屋までの過程をさらに分割して記述していきます。これは，システム思考と言われる考え方と共通しています。こうしていくことで，訳のわからなかった混沌たる世界が，いくつかの概念で記述でき，把握できるようになってきます。

さらに進むと統計的な因果関係を明らかにする段階に行き着きます。統計的因果関係は重要であることは間違いないものの，実務的にはさまざまな要因が密接に絡み合っていて簡単には判断できません。そこで，まずは何が起こっているのか，何と何が関係していそうか，といった相関関係までを特定することが重要です。

(3) 因果：打ち手

統計的因果関係を見いだすことはできないとしても，実務的な経験や経緯から確からしい因果関係が推定される場合，私たちは意思決定を行うことができます。それが打ち手です。

統計的因果関係という意味で科学的な方法が最も取り入れられているのが，ウェブ上でのサービスです。すでに少なくないユーザーも気づいているでしょうし，詳しい方は名前を聞いたことがあるかもしれませんが，A/Bテストが行われています。科学的に打ち手を評価できるというのは研究が実務に役立っている良い例です。

しかし，この実験法による統計的因果関係の特定は，マネジメントの意思決定すべてに応用できるわけではありません。たとえば，ウェブサイト上でどちらの色合いの広告がクリックにつながりやすいのかという意思決定と，ある企業をまるごと買収するかどうかという意思決定を，同じように検証することはほぼ困難です。

前者は，実験の方法によって効果の検証が可能です。当然ですが，後者は実

験のような手法を採用できません。仮に採用したとしても，その後の事業環境の変化，すなわち条件の変化によって買収という意思決定の善し悪しは変化するでしょう。

　すでに冒頭から経営学の研究で示されるエビデンスにはさまざまなものがあると繰り返し述べてきました。これは抽象化して突き詰めて考えると，社会科学の立場とその方法論，そして証拠として提示されるエビデンスは1つに収斂しないことに行き着きます（たとえば，新井（2021），服部（2020）や筒井（2021）などを参考のこと）。

　言い換えれば，マネジメント研究の方法論は多元的であり，研究で示されるエビデンスは立場の多元性を反映しているということです。世界中のマネジメントのテキストでは，このような多元な立場の部分はいったん触れずに置いた状態で，研究結果だけが並べられています。ですから，もともと立場も異なる諸説が乱立していてわかりにくく感じるのです。

　一般的に，時間が限られている中で講義を進めていくと，こうしたところまで振り返る機会がありません。そこで，この章では，深掘りして考え直してみました。マネジメント研究とは何で，私たちにどのような指針を与えてくれるものであるのか，立場，方法論，根拠まで遡って捉え直す機会にしてください。これは，マネジメントのテキストの内容をきっちりと理解するためには避けては通れない過程です。「急がば回れ」と言うように，遠回りのようで近道です。

③　3つの類型に対応したエビデンス

　経営学は，独立した学問領域ではありません。隣接領域からさまざまな方法論を借りてきています。ゆえに，科学的立場も方法論も根拠も統一されているわけではありません。これは，社会学の状況に似ていると言えるでしょう。筒井（2021）は，社会学の研究戦略を距離化戦略と反照戦略の2つに分けて説明しています。

　経営学でも，経済社会の変化が激しいため，新しい現象を発見し，名前を付けることで，世の中の人々が抱くものの見方を提供することも重要な貢献です。ただし，実証的な根拠は十分でないという批判があります（Miller, 1996）。

　最後に，さらに学問的な話をして終わります。本章で取り上げてきた世界観

は，私たちとは独立して客観的に存在しているという前提で話を進めてきました。しかし，そうではないという世界観もありますし，また少なくない研究者がそのように考えています。本章で説明した経営学研究の3つの型は，客観主義的であり，世界が私たちから独立して存在していることを前提にしています。また，社会の法則は安定性があることも前提にしています。しかし，本当に世界は私たちから独立して存在しているのでしょうか。混乱をさせるだけですので，ここまでで終えます。詳しく知りたい方は，この章の参考文献に挙げた，大塚（2020），坂下（2002），筒井（2021），沼上（2000）の著作をご覧ください。

考えてみよう

1．職場の人たちを思い浮かべてください。その人たちを3つ程度に分類してみてください。分類したら，それぞれのグループを代表する名前を考えてみてください。
　ヒント：人間を4つのタイプとして分ける方法があります。①自己主張の強弱と②感情表出の強弱の2つの軸です。伊藤・鈴木（2006）が紹介しているこの方法は，コーチングで用いられており有用な方法です。ここでは，分類を最優先にしていますから，分類のエビデンスは何か，根拠が薄弱だ，といった批判はお門違いです。そもそも，よくわからない現象を分類して，世の中に秩序を与えているわけですから，他の分類方法があれば，それを提示すればよいのです。

2．実験を導入すると改善できると思われる業務があるとすれば，どのような業務でしょうか？　実験を行うとしてどのような方法で行い，得られた実験結果をどのように活用しますか？　考えてみてください。

参考文献

新井康平（2021）「エビデンス・レベルから考える経験的管理会計研究の「型」」．『管理会計学』，29（2），13-22.
伊藤守監修，鈴木義幸（2006）『図解コーチング流　タイプ分けを知ってアプローチするとうまくいく』ディスカヴァー・トゥエンティワン。
大塚淳（2020）『統計学を哲学する』名古屋大学出版会。
坂下昭宣（2002）『組織シンボリズム論―論点と方法』白桃書房。
筒井淳也（2021）『社会学（シリーズソーシャル・サイエンス）』岩波書店。
沼上幹（2000）『行為の経営学―経営学における意図せざる結果の探究』白桃書房。
服部泰宏（2020）『組織行動論の考え方・使い方―良質のエビデンスを手にするために』有斐閣。

Miller, D.（1996）Configurations revisited. *Strategic Management Journal*, 17（7）, 505–512. https://doi.org/10.1002/（SICI）1097-0266（199607）17:7<505::AID-SMJ852>3.0.CO;2-I

Thomke, S.H.（2020）*Experimentation Works: The Surprising Power of Business Experiments*, Harvard Business Review Press.（野村マネジメント・スクール訳『ビジネス実験の驚くべき威力』日本経済新聞出版，2021年）

コラム5　　**時代による主流の研究方法やテーマの変遷**

　小川（2021）の『世界標準研究を発信した日本人経営学者たち―日本経営学革新史1976-2000年』では，世界的に影響を与えた日本の経営学について整理されています。当時，日本企業は破竹の勢いで，アメリカ企業に大きな打撃を与えるほどの競争力があったこと，また，アメリカモデルと異質の日本的経営によって運営されていたという驚きが背景にあり，日本的な経営モデルは何かを理解することに重点が置かれていたと言えます。

　日本的経営という未知のもの，まさにわからない現象に秩序を与えることが最優先であった時代でした。これは図表5－1の①です。実務的にも，経済的にもとても成功していた時代でしたから，日本的経営が良きモデルであり，それを理解するために研究者らも実務界へのフィードバックができていました。日本の経営学のレジェンドの先生方が，多くの企業の助言をなさっていることからも明らかでしょう。

　結果として，特に，図表5－1の③は相対的に優先度が低かったと言えます。その後，各国の経営の多様性を理解するという方向ではなく，アメリカを中心に，標準的な概念と理論をさまざまな文脈に適用しながら，精度の高い解析によって統計的な因果関係を特定するという方向へ移行していきました。たとえば，世界最高峰の経営戦略の学術誌である*Strategic Management Journal*(SMJ)の掲載論文をみてもこれは明らかです。当時はSMJでも日本のイノベーションを扱った事例研究が掲載されていましたが，現在は事例研究は非常に少数派になりました。

第 **II** 部

組織に関するマネジメント

　第Ⅱ部は，「組織に関するマネジメント」と題して，分析の単位を組織に移し，戦略（第6章，第7章，第8章），組織（第9章），技術（第10章，第11章）をテーマにして理解を深めていきます。そして，第Ⅱ部のまとめとして，第12章と第13章で，第Ⅰ部の第4章と第5章との対比を行います。

　第6章では「経済学のエビデンス」として，業界の構造化やポジショニングをベースにして企業戦略を立案する立場について説明します。第7章と第8章では「経営学のエビデンス」として，組織の内部資源に視点を移し，組織が保有する資源をベースにして戦略を立案する立場について説明します。第7章ではアメリカの研究を，第8章では日本の研究を取り上げます。

　第6章（組織の外部環境に着目した戦略論的な議論を展開するポジショニングの視点）と，第7章・第8章（組織の内部資源に着目した戦略的な議論を展開するリソースの視点）の比較を通して，類似の経営的現象を分析対象としているにもかかわらず，なぜ，このような立場の違いが生じるのかを確認していきます。ミンツバーグら（2013）では，このような戦略に対する立場や見解の違いを「群盲，象を撫でる」というインドの寓話を引用して説明しています。すなわち，ミンツバーグら（2013）は，戦略を多面的な視点で観ることの重要性を指摘しているのです。そこで，第6章と，第7章・第8章の比較を通して，読者の皆さんにそれを，実際に実感してもらおうと思っています。

　第9章では，「組織論：分析の単位に起因するエビデンス」として，組織論の分析の対象を単一組織とした研究と，組織間関係を分析の単位とした研究に分別して説明します。単一組織を分析の対象としたとき，主な研究手法は，定性的調査方法が採用されることが多くなります。これまで，組織の理論を構築してきた研究がどのように行われ，解釈され，論理的説明，そして，概念化されてきたのかを確認します。その一方で，このような調査手法を採用するときに留意すべき点についても確認します。

　第10章と第11章では，テーマを「現代的な技術水準の変化」として，イノベーションにおける技術的側面ではなく，新たな側面（視点）からイノベーションを理解していきます。第10章は，ユーザー・イノベーションの側面から，第11章は，イノベーターのジレンマの側面から，イノベーション研究を取り上げます。その背景は，これまでイノベーションが，「技術革新」と訳されてきたことにあります。また，それを受けて，ビジネス・スクールの授業でも「技術経営」という授業名がつけられていることも珍しくありません（筆者

が教鞭をとっているビジネス・スクールにおいても，2021年度現在，「技術経営」という科目名でイノベーションの授業を行っています）。しかし，イノベーションは，技術（およびその水準）のことのみを表しているわけではありません。

　そこで，第10章と第11章では，ユーザーが技術開発にコミットすることや，技術的側面では機能が劣っているにもかかわらずその新たな技術が受け入れられていく現象が存在すること，などの側面（視点）でイノベーションを理解します。

　第12章と第13章は，第Ⅱ部「組織に関するマネジメント」のまとめの章となります。この2つの章は，今後，特に経営学研究を進める将来の研究者に対して，「研究と向き合う」姿勢とその意味を深く考えてもらうための章になっています。

　第12章では，「経験と学習：組織編」として，研究者がどのような視点を持って研究を始めて取り組んできたのか，を改めて整理します。第Ⅱ部で取り上げたそれぞれの研究者が，どのような学術的バックグラウンドを持ち，それがどのような研究スタイルに結びつき（第1節），どのような研究の問いを立てて，どのような手法に基づいて研究を進めたのか（第2節），そして，それぞれの研究者の考え方や視点，研究の手法の違いが，どのような結論の違いを導くことになったのか（第3節），をまとめます。その点では，研究者の「研究の現場」に立ち戻る章となります。

　第13章では，「経営学研究の3分類：マクロ編」として，研究者の研究の「現場」から導出された体系について整理します。3分類とは，本章では，一般化（generalization）と概念化（conceptualization），理論化（theorization）を表しています。これらは，抽象度の低い順から高い順に並んでいます。第13章では，一般化とは，研究対象や現象から共通の特性を導き出して1つのモデルやフレームワーク，法則にまとめたものと定義します。また，概念化とは，研究対象の本質を表現したものと定義します。そして，理論化とは，研究対象や現象の本質や法則から導き出された知識の体系と定義します。第Ⅱ部で取り上げた研究が，どこに位置づけられるのかの分類を通して，経営学研究を一般化，あるいは，概念化，さらには，理論化することの意義や留意点についても考えていきます。

─────────────── 第**6**章 ───────────────

戦略論 Ⅰ
─外部環境に起因するエビデンス─

─────────────────────────────

1　分析プロセスとしての戦略形成

(1)　経済学のエビデンス：構造化・ポジショニングの 2つの戦略的フレームワーク

　経営学やその1つの学問領域である戦略論の研究において，経済学や工学，物理学の知識や考え方をバックグラウンドに持つ研究者のアウトプットは，実は，少なくありません。そして，加藤（2021）が指摘しているように，「研究で取り上げる問題の重要性は，まず研究者コミュニティで共有された認識によって大きく左右され」（pp.78-79）るのです。

　そこで，これらのバックグラウンドを持つ研究者のアウトプットの共通点を探ってみると，数学的思考をもとに研究を展開していることが確認されます。また，このようなバックグラウンドを持つ研究者は，分析に則った構造やフレームワークを展開していることも確認されるのです。

　それは，全体を俯瞰し，収集したデータや情報をもとに分析することから始まります。これらの分析を根拠にして，構造化したり，フレームワークを構築したり，コンセプトに昇華させていく，すなわち，一般化していくのです。

　それでは，本章で取り上げるポジショニングの視点から戦略フレームワークを提示した2つのモデルについて確認していきます。1つ目の戦略フレームワークは，ボストン・コンサルティング・グループ（以下，BCGと略します）が提示した「プロダクト・ポートフォリオ・マネジメント」です。この戦略的

フレームワークは，BCGの創設者であるブルース・ヘンダーソン（Bruce D. Henderson）が中心となって考案したものです。フレームワークの詳細は，第2項で説明します。

　2つ目の戦略フレームワークは，ハーバード・ビジネス・スクール（以下，HBSと略します）で教鞭をとるマイケル・ポーター（Michel E. Porter）が提示したものです。ポーターは，さまざまな戦略的フレームワークを提示していますが，本節では，「5つの競争要因（5 forces）」を取り上げます。ポーターのフレームワークの詳細は，第3項で説明します。

(2)　BCGのヘンダーソン

　まず，ヘンダーソンのバックグラウンドを確認してみましょう。ヘンダーソンは，アメリカ屈指の名門校で最難関大学の1つと言われるヴァンダービルド大学の工学部を卒業し，2社での勤務経験の後，HBSに入学しました。ビジネス・スクール修了後は，コンサルティング経験を積み，1963年にBCGを設立しました[1]。ヘンダーソンのこのような経歴を踏まえ，ヘンダーソン（1981）では，訳者が「（ヘンダーソンの）キャリアを見ると，経営戦略コンサルタントとしての名声を得るだけの基礎が十分すぎるほど用意されている。大学でエンジニアリングを専攻したことが，彼の経営者ついで経営コンサルタントのキャリアにとってひじょうに大きな意味を持っているのではないかと思う」（邦訳，p.260）と指摘しています。

　事実，ヘンダーソン（1981）では，数学的・経営工学的思考で経営の現象を分析していることを想起させる主張をいくつも確認することができます。たとえば，「役に立つ戦略の見方は，自社と競争相手の関係を，『競争の均衡関係』として考えようとする」（p.6）記述や，「ひとつの企業は，均衡状態を保ったシステムだと考えるべきです」（p.14）という記述，「会社の業績を向上させるには，競争システムの全体を同時に最適化しなければなりません」（p.44）という記述，「コンセプトを練りあげてゆくのは，ビジネスの場合も自然科学に

1　実は，日本企業を対象とした研究をしており，日本的経営の特徴として「終身雇用」「年功序列」「企業別（内）労働組合」を指摘したアベグレン（James C. Abeglen）が，BCGの創業間もないときにヘンダーソンに力を貸したといいます。また，この縁がきっかけとなり，BCGのオフィスをヨーロッパに展開する前の1966年に，東京にオフィスを開設したといいます（ヘンダーソン，1981）。

似た方法を用います。経験した事象から一定のパターンを見つけ出して，それを一般化することから出発します」[2]（p.75）という記述，「（社長であるあなたは）分析要点の報告，サーベイ，評価，研究勧告，代案作成など，つぎつぎと要求し，理由のはっきりした，簡潔で要領のよいレポートを求めなければなりません」（p.138）といった記述です。

　これらの記述からも，ヘンダーソンが，「均衡」や「最適化」「分析」「一般化」といった数学的・経営工学的思考を踏まえて経営現象を理解しようとしてきたことがわかるのです。この点については，ミンツバーグら（2013）においても，「特にBCGの異常なまでに市場シェア（数字）を重視する風潮」[3]が確認されると指摘しています。

　このように，ヘンダーソンの経歴や主張を確認すると，数学的思考をバックグラウンドにして，経営にかかわる現象をコンサルタントとして分析し，その解の1つとしてプロダクト・ポートフォリオ・マネジメントの戦略的フレームワークを導出しているということがわかるのです。

(3)　HBSのポーター

　次に，ポーターのバックグラウンドを確認しましょう。ポーターは，アイビー・リーグ（Ivy League）8校の1つであるプリンストン大学の工学部航空機械科を卒業した後，「キャリアの幅を広げるために」とハーバード大学大学院に進学し，経営学修士号を取得しました。その途中でマサチューセッツ工科大学の経済学部に入学して産業組織論を学んだこともあるものの，最終的には，ハーバード大学で経済学を学び，経済学博士を取得しました。学位取得後は，ハーバード大学で経済学の講義を担当してきました（ポーター，1995）。すなわち，ポーターは，工学や経済学の観点から，経営学的現象を分析していることがわかるのです。

　ポーター（1995）においても，自身を「企業戦略と産業経済学の両方を教え

2　この文章に続いて「コンセプトは初めは仮説（ハイポセシス）の形で表現され，ついで理論（セオリー）に仕上げられ，最後にディシジョン・ルールになります。ルールの妥当性はその予測能力で決められます。妥当性ありとされたルールは，政策（ポリシー）の形に結晶するのがふつうです」（p.75）と主張されている点が，筆者としては大変興味深いです。

3　引用の（　）内は，筆者が加筆しています。

書く者」（p.v）と表現しているほどです。そのほかにも，ポーター（1999）[4]では，「筆者は経済学者として訓練を受けており，経済学的な説明のしかたが思考の方法としてしみ込んでいる」と自覚しています。

　また，ポーターは，自身の学問的研究のみならず，MBA学生の業界指導やアメリカおよび他国の企業へのコンサルティング業務などの情報を踏まえたデータをもとにした戦略的フレームワークを構築してきました。この点についてポーター（1995）では「筆者の目標は，競争を理解するための厳密かつ使い勝手のよいフレームワークを開発し，理論と実践の間のギャップを埋めることだった」（p.2）と記しています。

　このように，ポーターもまた，数学的思考をベースにした戦略的フレームワークを構築してきたのです。本節で紹介するポーターの代表的なフレームワークの１つである「５つの競争要因」について，ポーター（1999）では「産業経済学の視点を企業戦略に適用し，その業界構造とその変化について理解するためのシステマティックなフレームワーク」と表現しています。

　また，ポーター（2018）では「この新版では，ストラテジストと投資家にとっての業界分析の意味についても掘り下げている。……（中略）……。経済理論に立脚して，あらゆる業界の競争を評価するフレームワーク」（p.8）と表現しています。やはり，ポーターもまたヘンダーソンと同様に，経営学の現象を分析し一般化することを目的としたフレームワークを構築したのです。ポーターは，そのために数多くの「事例研究」[5]に接してきたのです。

　それでは，次節から，それぞれの戦略的フレームワークを確認していきましょう。

4　同書は，新版（ポーター，2018）ではなく，初版の「はじめに」に記載されています。
5　ポーターが担当講義を持つハーバード・ビジネス・スクールでの教育の１つの特徴は，ケースメソッド教育です。それは，ケース教材を題材にしたディスカッション方式で授業を進めていく教育手法です。ケース教材１つ１つは単一企業（単一組織の場合や，グループ，個人，あるいは単一の現象である場合もあります）を題材にしていることが多くなります。しかし，１つのケース教材がこのような単一企業の事例であっても，数多くのケース教材に接することによって，また，ケース教材を開発するまでの膨大な量の情報を収集し，分析することによって，「判断と創造的思考が磨かれて」（ポーター，1995：464）いくといえるのです。この点を象徴するかのように，ポーター（1995）では，訳者が「ハーバード特有の『事例研究』法を拡大発展させた功績が大きい」と評価しています。

2 BCGの「プロダクト・ポートフォリオ・マネジメント」

(1)　戦略的フレームワークの構想

▶ヘンダーソンの問題認識

　ヘンダーソンは，プロフィット・センター至上主義的考え方（今現在時点での利益至上主義）に強い警笛を鳴らしています。それは，ヘンダーソン（1981）のサブタイトルに「プロフィット・センターの限界」（p.43）や「プロフィット・センターを盲信するな」（p.117）とつけられていることからもわかります。

　ヘンダーソン（1981）は，その理由を「残念なことに，プロフィット・センターという組織は，短期の利益だけを追うために政策に一貫性をなくしてしまうのです。長期にわたって競争の均衡を自社に有利な方向へ動かすといったことが無視されてしまうのです。もっとわるいことには，企業全体の成績を最適にするのではなくて，プロフィット・センターだけの利益を最大にしようと考えるようになって，企業の妨害者になりかねないのです」（p.10）と，同書の書き出しの段階から主張しています。すなわち，企業の戦略を短期的かつ近視眼的視点で立案することに対して忠告しているのです。そして，企業が営むそれぞれの事業の将来性，すなわち，長期的に事業における市場成長を考慮することの重要性を指摘してきたのです。

　また，ヘンダーソンは，市場が成長するタイミングによって企業の採用すべき戦略は大きく異なるものとなることも強調しています。ヘンダーソン（1981）では，「成長期を終えて成熟段階に入った製品は，ひじょうに高い利益を生むとしても，投資の対象にはなりえません。成長段階にある製品は，ひじょうに高い投資収益率を約束するけれども，短期的には利益を圧迫し，資金の自給能力がない。したがって，成長製品には戦略が駆使できる可能性が大きいにもかかわらず，旧来のような管理統制物差しをこれに適用すると，その可能性を殺してしまうのです」（p.37）と指摘しています。

　このようなヘンダーソンの基本的考え方が，企業の営むそれぞれの事業の長期的戦略を考えるうえでの「市場成長率」が重要であるという認識に結びついていったのです。

▶ヘンダーソンの「こだわり」

　そして，ミンツバーグら（2013）が指摘しているように，ヘンダーソンは「市場シェア」に対して，強いこだわりを示しています。それには，BCGが提示した経験曲線[6]と深い関係があります。経験曲線とは，生産量が増えるほど，製品の単位当たりコストが下落することです[7]。その結果，その製品の価格下落に伴い，市場全体の製品価格も下落していくのです。

　ヘンダーソンは，この経験曲線が発生するために，できるだけ早く製品を上市し，市場シェアを増やして競争相手に先んじて製造コストを下げ，さらに市場シェアを伸ばすことが企業の戦略上，極めて重要であると強調しているのです[8]。だからこそ，「市場シェアというものは，たいへんだいじなものです。競争が行われている場合，市場シェアのいかんによって，利益が決まるからです」[9]（ヘンダーソン，1981：158）と主張しているのです。そして，この根拠として「成功している会社を調べてみると，市場で支配的な地位を占める製品から，その利益のほとんどを得ています。これらの製品の市場シェアは，2位，3位の競争会社のシェアの合計よりも大きいのがふつうです」（同，p.212）と，ヘンダーソン自身の経験上の証拠（empirical evidence）を提示しています。

　さらに，市場シェアを考慮するうえで，もう1点，留意すべきことがあるとヘンダーソン（1981）では指摘しています。それは，「忘れてはならないことは，市場シェアを計算する場合，リーダー企業のシェアとの対比でやらねばなりません」（p.159）ということです。

　このようなヘンダーソンの認識から，企業の営むそれぞれの事業の長期的戦略を考えるうえで「相対的市場シェア」（競争相手と比較した場合の市場シェア）もまた，重要性であるという認識へとつながっていったのです。

6　ヘンダーソン（1981）では「エクスペリエンス曲線」（p.27）と表現されています。
7　この法則にいち早く気づき，大量生産大量販売することで製品コストを引き下げた事例として，アメリカの自動車会社であるフォードのT型車の事例が挙げられます。
8　ヘンダーソン（1981）において，「なかでもずば抜けてたいせつな点は」（p.30）と強調しているほどです。
9　この指摘に続いて，「もしそうならない市場があるとしたら，製品市場の範囲をあやまって定義しているか，それともリーダー企業の経営にミスがあるか，このどちらかが原因です」と断言しています。ヘンダーソンにとって，市場シェアを握ることがいかに重要なことであるのかを表しているといえるでしょう。

(2)　プロダクト・ポートフォリオ・マネジメント

▶基本的フレームワーク

　ヘンダーソンが着目した「市場成長率」と「相対的市場シェア」を分析の軸にして，それぞれの軸を2つに分類してマトリックスにしたものが**図表6-1**です。この図表で注意しなければならないのが，横軸（相対的市場シェア）の矢印です。一般的には，横軸は右に行くほど大きくなることを表しますが，プロダクト・ポートフォリオ・マネジメントの概念図においては，矢印が逆に示されることが多くなっています。そのため，相対的市場シェアの軸は，左に行くほど，相対的市場シェアが大きいことを示しています。

　この戦略的フレームワークが有効となるのは，複数の事業を抱える企業が，短期的なプロフィット・センターという意識に陥ることなく，「長期にわたって競争の均衡を自社に有利な方向へ動かす」（ヘンダーソン，1981：10）場合です。すなわち，図表6-1は，複数の事業を抱える多角化した企業が，将来を見据えて，どの事業にどれだけの投資をするのか，あるいは，どの事業を利益の源泉とするのかを判断するための処方箋となるのです[10]。換言すると，「図表6-1を使って，企業が営む複数事業間のリスクヘッジをするために，ポートフォリオを作成しましょう」ということなのです。

　まず，市場成長率が高く，相対的市場シェアも高い事業は「花形（star）」

図表6-1　プロダクト・ポートフォリオ・マネジメントの概念図

出所：プロダクト・ポートフォリオ・マネジメントの概念図をもとに筆者作成。

10　しかし，ミンツバーグら（2013）は，アメリカで伝統的なビッグ・ビジネス（「大規模で，確立された，そして成熟している企業」（p.135））に偏った状況しか捉えていないモデルであると批判しています。

と名づけられます。花形に位置づけられる事業は，すでに高い市場シェアを持っているため，企業に収益をもたらす事業です。この事業は，今後も市場が成長していくとの期待が持たれていますが，その一方で，その成長を狙って参入する企業も多い事業となります。したがって，そのライバル企業に今の市場シェアを取られないためにも，（企業に収益をもたらしている事業ではありますが）さらなる投資を必要とする事業になります。

　次に，市場成長率が高く，相対的市場シェアが低い事業は「問題児（problem children[11]あるいはquestion mark）」と名付けられます。問題児に位置付けられる事業は，今後も成長していくとの期待が持たれている市場ですが，現在は多くの利益を計上できていない事業になります。すなわち，今は利益を上げられていないのだけれど，将来性があるために投資を必要とする事業となるわけです。

　そして，市場成長率は低いものの，相対的市場シェアが高い事業は「金のなる木（cash cow）」と名付けられます。金のなる木に位置付けられる事業は，今後の市場の成長は期待できないのですが，相対的市場シェアが高いために，今は企業に多くの利益をもたらしている事業となります。市場の成長が期待できないものの，その一方で，将来性のない事業に新たに参入しようとする企業はありません。そのため，投資をする必要はないと判断するのです。したがって，金のなる木の事業は，企業に大きな利益をもたらす事業となるわけです。

　最後に，市場成長率が低く，かつ，相対的シェアが低い事業は「負け犬（dog）」と名付けられます。負け犬に位置付けられる事業は，今後の市場の成長は期待できないうえに，利益も上げられていない事業となります。

▶「プロダクト・ポートフォリオ・マネジメント」で考える

　多角化している企業は，企業の長期的発展を考えて，どのようなポートフォリオを組むべきなのでしょうか。一般的には，**図表6－2**のような意思決定をすべきであるといわれています。

　「負け犬」の事業は，将来性もなく利益を計上する事業でもありませんから，より効果的な事業に再投資をしたほうが経営効率が高まります。企業は，経営

11　ヘンダーソン（1981）の日本語表記では「プロブレム・チルドレン（問題児）」（p.234）となっています。

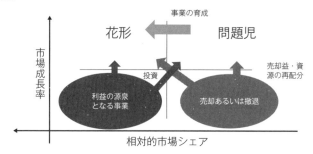

出所：プロダクト・ポートフォリオ・マネジメントの概念図をもとに筆者が加筆して作成。

資源の有効活用という面からもそうすべきだと判断します。そのため，企業は，「負け犬」の事業からは，撤退する，あるいは，売却することが妥当な選択肢となります。撤退あるいは売却によって発生した資源（売却によって発生した金銭のみならず，この事業にかかわっていた人材）を将来性のある「花形」や「問題児」に振り分けます。

　「金のなる木」の事業は，将来性はありませんが，今現在，企業の収益の源泉となっている事業です。（将来性がないために）新たな投資を必要とすることがないうえに，企業に大きな利益をもたらしている事業だからです。この事業で得た利益を，将来性の高い「花形」や「問題児」の事業に投資します。

　「問題児」の事業は，将来性があるにもかかわらず，今現在は，企業に収益をもたらす事業ではありません。そのため，企業は，「負け犬」の事業や「金のなる木」の事業から得た資源を「問題児」に投資します。そして，企業は，この資源を十分に生かして将来的に「花形」の事業にするよう，「問題児」の事業を育む必要があるのです。

　「花形」の事業は，将来性があるうえ，今現在も企業に収益をもたらす事業です。そのため，市場が成長し続ける限り，この「花形」のポジションを維持することができるよう，企業は，さまざまな事業から回収した資源をこの事業領域に投資し続ける必要があるのです。

　ヘンダーソン（1981：235-237）では，この4つのタイプの事業を，次のように記しています。

　　「花形製品」：シェアが高く，成長率も高いから，将来を保証してくれる

　「金のなる木」：将来の成長に必要な資金を供給してくれる

　「問題児」：さらに資金を投入すれば「花形製品」に転化できる

　　この3つが必要です。「負け犬」は必要ではありません。

(3)　プロダクト・ポートフォリオ・マネジメントの前提

▶フレームワークの暗黙的な前提

　ここまで戦略的フレームワークについて議論を進めてきましたが，実は，暗黙的に「当然」として進めてきた前提があります。それは，市場成長率が高いほど競争が激しいこと，そして，相対的市場シェアが高いほど高い利益を計上することができること，ということです。これは逆のパターンでも，同様です。

　しかし，「現実」に照らし合わせたとき，その前提は本当に正しいのでしょうか。市場成長率は，自明なものなのでしょうか。本当に客観的数字で市場成長率を正しく示す，あるいは，正確に測ることができるのでしょうか。ある人は「市場成長率がとても高い市場だろう」と思うかもしれませんが，別の人は「市場成長率はそこまで高くはないだろう」と思うかもしれません。

　また，多くの人が「市場成長率は高いだろう」と予測していても，実際にそこまで市場が成長することはないかもしれません。「今後5年間に成長する」と予測されている市場においても，実際には，成長により時間がかかっているというケースもしばしば見受けられます。このように考えると，市場成長率は，実際には，自明，かつ，可視化されたものではないということがわかるのです。

　相対的市場シェアについても，相対的市場シェアの高い企業が，ライバル企業と比較して本当に高い利益を計上しているのでしょうか。この前提についても，よく考えてみる必要があるのです。

▶「負け犬」事業に対する考え方

　さらに，ヘンダーソンは，「『負け犬』は必要ではない」との立場を明確に示していますが，本当にそうなのでしょうか。たとえば，富士フイルムが発売するインスタント写真フィルム「チェキ」の場合はどうでしょうか。チェキは発売当初は大きな反響があり，年間100万台の売り上げを達成したといいます。しかし，デジタルカメラや携帯電話にカメラ機能がついた製品が発売されたことで，2004年度〜2006年度には，年間10万台程度しか売れなくなっていたそうです[12]。

　カメラ市場におけるチェキの事業は,「負け犬」に位置づけられると考えられますが[13],一般的には「このような事業からは撤退しよう」との意思決定をすることが少なくありません。しかし,富士フイルムは,この事業を継続していました。

　そして,転機が訪れます。2007年に韓国ドラマで使われたことです。このことがきっかけの1つとなって,チェキが爆発的なヒット商品になったのです。2019年5月に開催された富士フイルムホールディングスの決算説明会では,「チェキの通期累計販売台数は,1,002万台」[14]（2019年決算年度の1年間で1,002万台の販売実績）と報告されているほどです。

　このような展開を,誰が予測していたのでしょうか。この事例からも,「負け犬の事業から撤退すべきか」の議論もまた,慎重に進める必要があるということを示唆しています。

③　ポーターの「5つの競争要因」

(1)　戦略的フレームワークの構想

▶ポーターの問題認識

　経済学的バックグラウンドを持つポーターが自身の研究とHBSで教鞭をとった経験を通して,2つの大きな問題認識を持つことになります。それは,1）企業経営者が競争戦略を立案する前提となる分析手法が戦略の分野ではほとんど提案されていなかったこと（ポーター,1995：v）[15]と,2）産業界の構造の研究がなされてきているものの,その視点はほとんどが公共政策という

12　https://toyokeizai.net/articles/-/280892?page=2 より（2021年5月23日閲覧）。

13　しかし,これとは異なる見解,すなわち,「富士フイルムは,チェキの事業を『問題児』の事業である」と判断する人もいるかもしれません。「富士フイルムは,チェキは『問題児』の事業であるために,『花形』の事業に育つまで投資を続けるとの経営判断を行っていた」という解釈をする可能性です。この見解1つをとっても,市場成長率のそれぞれの判断が異なる可能性があることを示唆しています。

14　https://ir.fujifilm.com/ja/investors/ir-materials/earnings-presentations/main/02/teaserItems5/0/linkList/0/link/ff_2018q4_001j.pdf より（2021年5月23日閲覧）。

15　ポーター（1995）では,競争戦略を立案するのに必要な分析手法が全く提案されていないわけではないものの,分析の幅が狭く,また,包括性（一般化可能性）もないと主張しています。

視点からのものであるために，企業経営者の関心に対する回答を提供していないこと（同，p.v）にありました。前者は，経営学的視点からの問題認識であるのに対して，後者は，経済学的視点からのものです。

　ポーターは，この2つのギャップに架け橋をかけることこそが，自身の研究のミッションであると認識してきたのです。そこで，ポーターは，企業の競争を理解するための分析の単位を「産業」（単一の業界）[16]と設定しました（ポーター，1992；1995；1999；2018）。ある特定の産業でのプレーヤーをグループ化し，そのグループ内，あるいは，そのグループ間の関係における競争関係の構図を浮かび上がらせようとしたのです。すなわち，ポーターは，産業組織論を基盤にしながら，企業がプレーヤーとして参画する産業構造を可視化しようとしたのです。

　なぜなら，これによって，企業が競争戦略を選択する際の2つの重要な問題にかかわる解決方法が明確になるからです。それは，まず，企業が競争する舞台となる産業構造を浮かび上がらせ（ポーター，1992：50）ることです。これによってその産業の現在の構造が浮かび上がり，現在，そして将来の業界の変化（トレンド）を推測することを可能にすることと，現在の業界の魅力度を高めるために，そして，競争のルールを変えるために活用することができると考えたためです（ポーター，1985：10）。

　次に，産業内の構造が明らかになることによって分析対象企業のポジショニングを可視化することができると考えました。このような分析ツールを提示することによって，産業の平均収益率とは関係なく，ある特定の企業の業界内ポジショニングにおいて，ライバル企業よりも高い収益を生むことができると考えたのです（ポーター，1992：51）。すなわち，5つの競争要因の戦略的フレームワークは，企業が競争戦略を遂行する事業環境である産業構造を可視化することを助け，企業が戦う当該産業における魅力度と企業の競争上の地位をつくり出す（見つけ出す）可能性を示す分析手法となるのです。

　このような問題認識をもとに導出された戦略フレームワークが，「5つの競

16　ポーター（1999）では，初期の研究で著者が重視していたのは，産業（単一業界）であったものの，「その後，企業全体についての思索を進めていくうちに，著者は活動を重視するようになった。また，業界への注目が基礎となって，その後の研究では，クラスターと地理的立地に関する検討を盛り込むようになった」（p.17）と，自身の研究の分析の単位が研究が進むにつれ，変化していったことに言及しています。

争要因（5 forces）」だったのです。

(2) 5つの競争要因

▶**基本的フレームワーク**

　ポーターが提示した戦略的フレームワークは，企業の競争戦略に影響を与える産業構造において5つの競争要因とその関係性を挙げています。5つの競争要因とは，「新規参入者の脅威」「サプライヤー（供給業者）の交渉力」「買い手の交渉力」「代替品の脅威」「既存企業間の競合」です[17]（**図表6－3**）。

▶**それぞれの競争要因**

　新規参入者は，既存の業界に新たな生産能力を持ち込んで既存企業の市場シェアを奪おうとする存在です。そのため，既存業界のプレーヤーにとって「脅威」の存在となるのです。新規参入の可能性がどれほどあるのかについて

図表6－3　ポーターの5つの競争要因

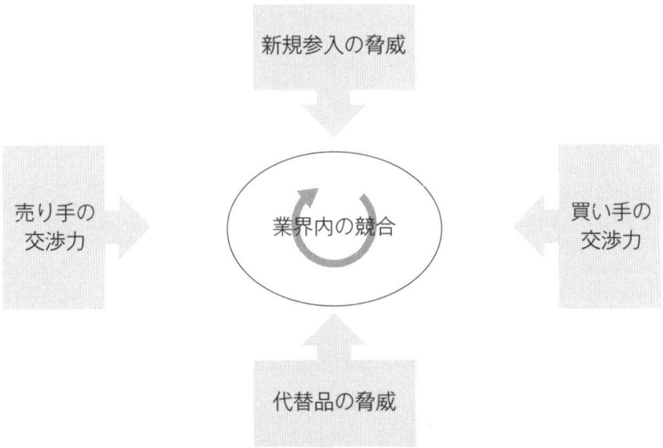

出所：ポーター（1992；1995；1999；2018）をもとに筆者作成。

---

[17]　この5つの競争要因の表記の順番は，ポーターが出版した書籍によって異なります。本文中の表記の順番は，ポーター（2018）に準じています（ただし，（　）は筆者が加筆して説明を加えています）。驚くべきことは，ポーター（1999）とその新版であるポーター（2018）でさえも，5つの競争要因の説明の順番が異なっていることです。しかし，以下のそれぞれの競争要因の説明についても，ポーター（2018）に準じています。

は，2つの要素が大きく関係します。それは，当該業界への参入障壁[18]の高さと，想定される既存企業からの反撃です。しばしば，新規参入してくる企業が，当該業界で活用できる能力がある場合や，キャッシュフローが潤沢にある場合には，影響度合いが大きいとされています。

　売り手であるサプライヤーは，業界の既存企業の事業に大きな影響を与える存在です。そのため，既存企業は，サプライヤーとの交渉力が収益の鍵を握ることとなります。一方で，サプライヤーの交渉力が大きければ，顧客である既存企業に対して高い価格を提示するなどの選択肢が増えます。サプライヤーがこの交渉力を高めるためには，サプライヤーが提供する財に希少性が高いことや，他社に切り替えることへのスイッチング・コストが高いこと，などが挙げられます。

　買い手は，業界の既存企業の顧客となるため，サプライヤーとは別の意味で，業界内の既存企業の事業に対して大きな影響を与える存在となります。買い手は，より有利な立場で取引ができるよう，既存企業に対して交渉力を駆使しようとします。買い手の交渉力を高めるためには，大量購入することや，（特注品を依頼するのではなく）標準品を購入すること，購入品のスイッチング・コストが低いこと，などが挙げられます。また，一般的に買い手が価格（金額）に対して敏感になっている場合には，より高い交渉力を発揮しようとします。ポーター（2018）では，この価格決定に対して敏感になることを「価格感度」と表現しています。

　代替品は，業界の既存の製品やサービスと同等，あるいは，類似した機能を持つ別の製品やサービスのことです。代替品は，別の製品やサービスに取って代わられるという意味で，既存企業にとって「脅威」の存在となるのです。代替品のコストパフォーマンスが高い場合や，代替品へのスイッチング・コストが低い場合は，特にこの代替品の脅威が高まります。新たな素材や製品，サービスが開発された際には，ほぼ一瞬にして，代替品に置き換わってしまったということも過去に起きているからです。たとえば，デジタルカメラやカメラ機能付き携帯電話が発売されたことによって，写真フイルムのポジショニングが，数年の間に完膚なきまでに置き換わってしまったということが過去に起きているのです。

18　参入障壁の詳細（種類など）については，ポーター（2018）を参照してください。

　図表6-3の「業界内の競合」に位置づけられている企業は，既存製品やサービスそのものの事業において直接交戦する競争相手を指しています。それぞれの企業は，既存企業間での競争に勝ち抜くために，価格や新製品の投入，広告，ブランドの構築，サポート体制の充実などで他の既存企業との戦略の差別化を図ろうとします。しかし，実際には，顧客が製品やサービスの差別化に興味を示さないために，既存企業間で価格競争が発生してしまい[19]，それが既存企業の収益に負の影響を与えてしまうことは少なくありません。このような場合には，この戦略的フレームワークでは，「業界の利益が顧客に移る」（ポーター，2018：57）と解釈しています。

▶５つの競争要因で考える

　ある特定の業界において，これら５つの競争要因を１つ１つ検討することで，戦略立案者は，業界全体を俯瞰することができるようになるわけです。日本の自動車産業を例にとって，各主体をプロットしてみたものが**図表6-4**となります。この例のように，単一業界におけるプレイヤーを位置づけ，それぞれの

図表6-4　**日本の自動車産業の５つの競争要因（例）**

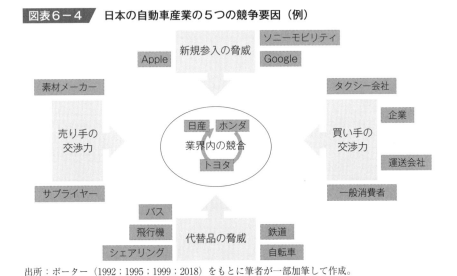

出所：ポーター（1992：1995：1999：2018）をもとに筆者が一部加筆して作成。

19　このような，顧客が製品や機能の差別化ではなく，価格の違いにしか視点を向けなくなる現象は「コモディティー化（commoditization）」と呼ばれています。

脅威や交渉力を全体的に俯瞰するのです。

　また，これまでの議論から明らかとなるように，分析対象とする業界によって，5つの競争要因におけるそれぞれの業界での影響力や業界の魅力度，業界の収益性は全く異なってきます。それぞれの業界には，それぞれ特異性があり，それぞれが特異な構造を持っています。そのため，戦略立案者は，5つの競争要因を分析し，業界の構造を読み解くことが求められるのです。

▶ポーターからのアドバイス

　ポーター（2018）は，「業界の競争を形成する競争要因を理解することは，戦略立案の出発点である」（p.68）と指摘しています。それは，業界構造をはっきりさせることで自社の業界での立ち位置（ポジション）が明確になるためです。

　しかし，自社の業界での立ち位置が明確になっただけで，戦略が立案できるわけではありません。この業界での自社の立ち位置の分析をもとにして，「自社の立ち位置でどのような戦略行動が自社に最も適しているのか」の解を自社で導き出さなくてはなりません。

　ポーター（2018）は，この問いに対して，戦略行動の選択肢を3つ示しています。それは「現在の競争要因により適切に対応できるよう，自社をポジショニングする」ことと，「競争要因における変化を予測し，それを自社の有利になるように活用する」こと，「自社に有利な業界構造を新たに生み出すために，各競争要因のバランスを図る」こと，です。

　以上のことからも，ポーターの戦略的フレームワークだけで戦略立案ができるわけではないということがわかります。このフレームワークで業界構造を分析するのは，戦略立案の準備段階にしか過ぎないのです。業界構造の分析結果に基づいて自社のポジショニングを確認したうえで，どのような戦略を立案するのか。ここが企業にとって重要な鍵となるのです。

(3)　5つの競争要因の前提

　ポーター（2018）では「（5つの競争要因の説明について）ある一時点における競争要因についてみてきた。業界構造は比較的安定していること，業界ごとの収益性の違いは，時間が経過しても実はそれほど変わらないこともわかった。とはいえ，業界構造は絶えず微調整が進行しており，たまにそれが突然大

きな変化をもたらすこともある」（p.64）と指摘しています。このような業界の変化についての記述は，実は，最初にポーターが戦略的フレームワークを示した1979年[20]には大きく取り上げられてはいません[21]。戦略策定の１つの選択肢として，「業界の変化を利用する」と指摘している程度にしか過ぎなかったのです。

しかし，ポーター（2018）では，明確に「構造の変化」を意識して，節として独立させています（p.64）[22]。この点から，ポーターの５つの競争要因という戦略的フレームワークに対して，１つの前提が明らかとなります。それは，５つの競争要因によって可視化された業界構造は，ある一時点における状態を切り取った状況，すなわち，業界の「静止画」を表しているということです。

そのため，業界構造や５つの競争要因の「脅威」や「交渉力」が変化すると，これまでとは異なる５つの競争要因となります。そして，その結果としての業界構造もまた変わってしまうのです。戦略立案者は，この前提を忘れてはいけないのです。

4 根拠となるデータと収集方法

(1) プロダクト・ポートフォリオ・マネジメントの場合

▶ヘンダーソンの立場

BCGの創設者であるヘンダーソンは，コンサルティング業務を生業としています。では，どのような企業がコンサルタントを雇うのでしょうか。それは，大企業であることが圧倒的に多いことは自明であるといえるでしょう[23]。これ

20　ポーター（1999）の記述は，*Harvard Business Review*に掲載された1979年3-4月号の論文がベースになっています。一方，ポーター（2018）の記述は，同誌の2008年1月号に掲載された改訂版の論文がベースになっています。この2つの論文を対比すると，おおよそ30年の時を経て，ポーターが業界の変化に着目するようになったということがわかるのです。

21　この点については，ポーター（1999）の「はじめに」においても「業界構造や活動のフレームワークでは，変化に注目していなかった」（p.21）と言及しています。

22　ポーター（2018）が取り上げているより具体的な変化とは，「新規参入がもたらす脅威の変化」「サプライヤーまたは買い手の交渉力の変化」「代替品の脅威の変化」「（それらの変化に伴って生じる）新たな競争の出現」（pp.64-67）です。

23　ミンツバーグら（2013）においても，この点を指摘しています。

は，すなわち，プロダクト・ポートフォリオ・マネジメントという戦略的フレームワークが構築されるプロセスでは，ヘンダーソンによる大企業のコンサルティング業務経験が大きく反映されているということを意味しています。換言すると，プロダクト・ポートフォリオ・マネジメントは，大企業のコンサルティング業務によって蓄積された膨大なデータから導出された戦略的フレームワークであるともいえるのです。

　しかし，その一方で，ヘンダーソンは，コンサルティング業務を通して（あるいは，自身の創業経験を通して），企業が大企業化していくプロセスについても注視しています。「会社の創業間もない時期の成功は，ほとんど経営者の直観によるリーダーシップの力だったという事例は忘れてはなりませんが，同じように忘れてはならないことは，この直観に頼る戦略も，つぎのような場合には通用しにくくなります」（ヘンダーソン，1981：60）と指摘しているのです。直観が通用しにくくなる場合とは，組織の拡大や経営者の交代，環境の変化を挙げています[24]。

　興味深い点は，企業が大企業化したとしても，「直観」や「ひらめき」の重要性がなくなるわけではないと指摘していることです。むしろ，「戦略づくりは，科学ではなくてアート（技芸）なのです」（同，p.36）と断言しているほどです。その背景には，（分析は定量化されたデータに基づいて行われるべきではあるものの）定量化できないデータに頼らざるを得ない場合がしばしばあること，直観以外に未知の価値を知る方法がないこと[25]，そして，ヘンダーソンの考える「ビジネス思考法」に関係があるようです。

▶ヘンダーソンの考えるビジネス思考法

　ヘンダーソンの考えるビジネス思考法とは，まず，直観によって仮説を選ぶこと[26]だと指摘しています。そして，「分析の結果と直観とが一致すると，そ

24　そのような場合には，過去の経験の積み重ねによって導出された勘による戦略を継続するか，あるいは，分析から導かれて明文化され，それが多数の合意によって支持され，科学的手法による検証で修正していく戦略を策定するプロセスを採用するか，を検討しなければならないことを指摘しています（同，p.60）。

25　その他にも，「データは収集にカネを食い，信頼性の低い，マトはずれの場合が多すぎます。分析にはたいへんな労力を要し，ざっとやるにしてもカネがかかりすぎるのです」（同，p.76）と，データ収集と分析の限界を指摘しています。

26　これに続けて，ヘンダーソン（1981）では「その仮説を分析していくプロセスにおいて

こに自信が生まれます。分析から得られた結論が直観の逆になると，さらに厳しい分析，前提となっている仮説の再検討が必要となります。そこには判断枠をひろげたり，分析の方法をさらに厳しくするとうまくゆきます」（同，p.74）と説明しています。ヘンダーソンは，（主観的である）直観と（客観的根拠となり得る）分析をすり合わせていくことが，結果的に直観の正当性を担保する有効な手段であると考えていたことがわかるのです。

　ヘンダーソンの考えるビジネス思考法は，つぎのような順序で進められていきます（同，p.77）[27]。

　①できる限り完全に問題を記述する。

　②問題の中核と関連のある基本コンセプトを探し出す（仮説を選ぶ）。

　③コンセプトの解明に必要なインプットすべきデータを定義する。コンセプトに関係のない要因とは区別する。

　④問題の定義をやり直し，新たに必要となったデータを加えてコンセプトを拡大する。

　⑤データを収集し，問題を分析する。

　⑥収集したどのデータに分析の焦点を絞るのかを決める。感度の強いデータの選択範囲を検討し直し，データ分析の結論の範囲も検討する。

　⑦分析で練り上げられた洞察をもとにして，問題を再定義する。これを何度も繰り返す。

　⑧これ以上洞察を深めても，コスト上，割りが合わないとみなが同意するまで，反覆を続ける。この同意は直観的である（直観以外に，未知の価値を知る方法はないため）。

　このようなプロセスを経て練られた戦略的フレームワークの1つが，プロダクト・ポートフォリオ・マネジメントだったのです。

も勘のひらめきがモノを言う」（p.72）と，畳みかけるように，直観の重要性を指摘しています。

27　ヘンダーソンは，ビジネス思考法についての提案も行っています。それは，「データ収集とその分析をやる前に，直観的に問題を定義し，解答方法の検討をつけておくこと。初めの分析は荒っぽくやること。その後で，より厳密に問題の再定義をして，深くこまかく分析しなおすこと。経験を積んで研ぎ澄まされた直観を持つ人と，科学的分析方法は身につけているけれども何ができるかを知るには経験の足りない人とで構成した，混成プロジェクト・チームを利用すること」（同，pp.78-79）です。

⑵　5つの競争要因の場合

▶ポーターの研究手法

　ポーターは，5つの競争要因を紹介するポーター（1995）の中で，戦略的フレームワークを提示することの目的を，「①経営者が自分の置かれた競争環境を正しく理解し，②その環境が将来どのように変化するかを正しく予測し，③強固な市場地位をもたらしてくれる競争の仕方を選ぶ」（p.i）ことであると説明しています。

　これに続けて，ポーターは，この目的を達成するために蓄積してきた研究について言及しています。まず，1973年にハーバード大学で経済学博士を取得するまでの研究に加え，以後10年を超えるハーバード・ビジネス・スクールでの研究[28]が背景にあると記しています。ポーターの研究手法には，大きく2つのタイプのものが含まれているといいます。それは，「旧来の意味での統計をもとにした学術的研究」と「無数の業界の実証的研究」（p.vi）です。後者については，1975年にビジネス・スクールにおいて担当していた「ビジネス・ポリシー」コースに使う教材の作成や，「産業・競争分析」のコースの創設，MBA学生の業界研究指導，そして，アメリカをはじめとしたグローバルに事業を展開する企業へのコンサルティング業務です。

　統計的な分析手法と実証研究の積み重ねが，ポーターの戦略的フレームワークの礎になっているといいます。このような点について，ポーター（1985）の訳者は「積み重ねられた膨大な量の企業研究，そのケーススタディをタテヨコに縫う『原理』の的確さ」（p.639）と指摘しています。

▶ポーターの研究のデータセット

　戦略的フレームワークが丁寧に説明されている *Harvard Business Review*（以下，HBRと略します）やポーターの著書の多く（たとえば，[ポーター，1992；1995；1999；2018]）においては，ポーターがどのようなデーターセットを使い，どのような統計的分析手法を導入したのかについては具体的には明示されていません。それは，雑誌や書籍の読者ターゲットのことを考慮しての

28　「内外無数の産業についての私の研究から生まれてきたものです」（p.i）と記されているほどです。

ことだと思われます。HBRは学術論文というよりも，ビジネス・パーソンに
向けた研究情報・結果の発信が主目的となっていますし[29]，先に示したポーター
の著書は，教科書としてビジネス・スクールや企業経営者らが読者となってい
るためです。

　その一方で，学術論文であるPorter（1979a）あるいは学術書であるPorter
（1979b）で出版されたものに関しては，詳細なデータセットと分析手法が示
されています。ポーターがどのような変数を設定して統計的分析手法を行った
のかの詳細については，これらの論文と著書を確認してみてください。

　いずれにしても，ポーターは，5つの競争要因に関する戦略的フレームワー
クを定量データ（統計的に分析するためのデータセット）と膨大な定性データ
（実証的研究）から導出したということがいえるのです。それゆえ，5つの競
争要因に関する戦略的フレームワークが提示されてから40年以上を経ても，未
だなお，コンサルタントをはじめとした，数多くのビジネス・パーソンに支持
されてきていることがわかるのです。

⑤　時間軸の短い研究（定点観測の研究）

　本章では，分析プロセスとしての戦略形成と題して，数学的・経営工学的思
考で経営の現象を分析し，「均衡」や「一般化」を戦略的フレームワークに落
とし込んだ戦略学派（ポジショニング・スクール）を確認してきました。プロ
ダクト・ポートフォリオ・マネジメントと5つの競争要因のいずれの戦略的フ
レームワークも，「自社や事業のポジショニングをどこに設定するのか？」を
決定するための分析ツールです。これらは，企業や事業を取り巻く環境を分析
し，そのどこに立ち位置を見出すのか，すなわち，ある種の「陣取り合戦」
（陣地の地図）を決めるための戦略的フレームワークだったわけです。

▶戦略フレームワークを活用する注意点

　しかし，この戦略フレームワークを利用する，あるいは，これに則って経営
的現象を分析しようとする使い手（あるいは，コンサルタント）側には，実は，

---

[29] そのような特性を持っているため，投稿原稿に対するエディターのコミットメントの割
合が高く，研究者の意図していなかった内容が原稿に反映されることも少なくないという
ことをしばしば耳にします。

いくつか注意すべき点があるのを忘れてはいけません。

　それは，まず，これらの戦略的フレームワークは，ある種の前提条件の上に成り立っていることに起因します。プロダクト・ポートフォリオ・マネジメントの前提は，市場成長率が高いほど競争が激しいということと，相対的市場シェアが高いほど高い利益を計上できるということでした。ヘンダーソンは，自身のコンサルタントの経験上の根拠からこの前提を置いていましたが，この前提がいつ何時もそうであるとアプリオリに決まっているわけではないはずです。また，5つの競争要因の前提については，業界構造は比較的安定しているということでした。しかし，不安定で事業環境が大きく変わり得るVUCA（Volatility, Uncertainty, Complexity, and Ambiguity）の時代において，本当にある特定の業界構造が安定していると断言できるのかについては，議論の余地があるのです。

　次に，ミンツバーグら（2013）が指摘しているように，分析ツールを使うために集められたデータは，過去のデータになります。それゆえ，収集したハード・データの脆弱性の制約から逃れることはできないのです。今現在のデータが収集されたとしても，それが分析され，戦略的フレームワークに則って分析結果に落とし込まれるまでには，時間を要します。収集された過去のデータを分析して戦略を立案することになるのです。そうなると，（データが収集された時点と）現在とのタイムラグが生じて，「データが収集された当時の状況に合致した分析結果」となってしまう制約からは逃れられないのです。不安定で事業環境が大きく変わる状況下においては，この制約は「たいしたことない」で済まされる問題ではなくなるのです。

▶「戦略フレームワークを活用する注意点」からわかること

　これらの「注意すべき点」からわかることは，ヘンダーソンやポーターの戦略的フレームワークは，先にも指摘した，過去のある一時点の状況（環境）を切り取った「静止画」であるということです。それゆえ，本節のタイトルを「時間軸の短い研究（定点観測の研究）」としたのです。経営的現象を継続的にみていこうとすると，この「静止画」を更新し続けなければなりません。この「静止画」がヒトコマ漫画だとすれば，これを時系列とともに分析していく「パラパラ漫画」を作成しなければ，経営的現象の分析は，過去のものにとどまったものとなってしまうのです。

　実は，ヘンダーソンもポーターも，この点を認識しています。ヘンダーソン（1981）では，「どんな会社でも，長期間にわたって業績を向上させるためには，たとえ今までうまく経営されてきたとしても，それを点検しながら，不断に戦略を変えてゆかねばなりません」(p.13) という記述や「会社の環境条件は変化し競争能力も変動するのですから，それに対応するために，定期的に会社の動き方を変える必要があることも，あきらかです」(p.67) という記述を確認することができるためです。また，ポーター（1985）においては，「業界構造は，どちらかというと安定しているものだが，業界が進展するにつれて時間とともに変化する。構造が変化すると，5つの競争要因の強さが全体としても相対的な関係でも変わり，したがって，業界の収益性は上方にも下方にも動く」(pp.8-10) ことや，ポーター（1999）においても「こうしたフレームワークは，ある一時点に適用されるものである」(p.21) と指摘しているのです。

　以上の点からも，戦略のポジショニング・アプローチの立場は，現象を時間軸の短い，定点観測的視点で捉えているということを，改めて確認することができるのです。

考えてみよう

1．ソニーやPanasonicの2010年と2020年の事業をプロダクト・ポートフォリオ・マネジメントに沿って整理して，分析し，何がどのように，なぜ変化したのかを考えてみよう。
2．ブラウン管テレビ時代と薄型テレビ時代の業界構造を5つの競争要因で分析し，業界構造が変化したことで何がどのように，なぜ変化したのかを考えてみよう。

参考文献

加藤俊彦（2021）「研究活動の社会性と研究成果の評価基準」青島矢一編著『質の高い研究論文の書き方―多様な論者の観点から見えてくる，自分の論文のかたち』白桃書房，73-87頁。

Henderson, B.D. (1979) *Henderson on Corporate Strategy*, Abt Books.（土岐坤訳『経営戦略の核心』ダイヤモンド社，1981年）

Mintzberg, H., Ahlstrand, B. and Lampel, J. (2009) *Strategy Safari: The Complete Guide Through The Wilds of Strategic Management*, 2nd Edition, Peason

Education.（斎藤嘉則監訳『戦略サファリ（第2版）』東洋経済新報社, 2013年）

Porter, M.E.（1979a）The Structure within Industries and Companies' Performance, *The Review of Economics and Statistics*, 61（2）, May, 214-227.

Porter, M.E.（1979b）*Interbrand Choice, Strategy, and Bilateral Market Power,* Harvard University Press.

Porter, M.E.（1979c）*On Competition,* Harvard Business School Press.（竹内弘高訳『競争戦略論I』ダイヤモンド社, 1999年）

Porter, M.E.（1980）*Competitive Strategy,* The Free Press.（土岐坤・中辻萬治・服部照夫訳『新訂　競争の戦略』ダイヤモンド社, 1995年）

Porter, M.E.（1985）*Competitive Advantage,* The Free Press.（土岐坤・中辻萬治・小野寺武夫訳『競争優位の戦略—いかに高業績を持続させるか』ダイヤモンド社, 1985年）

Porter, M.E.（1990）*The Competitive Advantage of Nations,* The Free Press.（土岐坤・中辻萬治・小野寺武夫・戸成富美子訳『国の競争優位（上）』ダイヤモンド社, 1992年）

Porter, M.E.（2008）*On Competition Updated and Expanded Edition,* Watertown, MA: Harvard Business Review Press.（竹内弘高監訳, DIAMOND ハーバード・ビジネス・レビュー編集部訳『新版　競争戦略論I』ダイヤモンド社, 2018年）

―――――――――――――― 第 **7** 章 ――――――――――――――

戦略論 Ⅱ
―内部資源に起因するエビデンス（アメリカ編)―

―――――――――――――――――――――――――――――――

1　記述的プロセスとしての戦略形成

⑴　経営学のエビデンス：リソース・ベースド・ビュー

▶リソース・ベースド・ビューの起源

　バーニー（2013）でも指摘されているように，同じ競争環境下に置かれ，事業環境は共通しているにもかかわらず，ある企業は高い業績を達成し，別のある企業の業績は低いという現象を確認するということは珍しくありません。日本の航空業界においても，日本航空は2010年１月に会社更生法適用を受けましたが，そのとき，競合企業である全日空は（2008年のリーマンショックに端を発する景気低迷の影響をうけてはいるものの）利益を計上しています。この例からも，競争構造上は類似の状況下に置かれているにもかかわらず，利益を生み出す戦略を立案し遂行することのできる企業は少なからず存在することがわかるのです。

　この差はどこにあるのでしょうか。この「差」を企業の保有する資源の違いにあるとする立場が「リソース・ベースド・ビュー」です。すなわち，リソース・ベースド・ビューは，「競争優位の源泉は企業内部の経営資源にこそある」という立場をとっているのです。

　リソース・ベースド・ビューの起源を辿ってみるとペンローズ（Edith Penrose）やチャンドラー（Alfred Chandler Jr.）にたどり着きます。Penrose（1959）やChandler（1962）の共通した研究の問いは，「なぜ，アメリカの企

業が事業の多角化を選択し，ビッグ・ビジネス化したのか」にあります（より正確には，ペンローズは「企業成長」という言葉で捉えています）。Penrose (1959) は経済史の視点から，そして，Chandler (1962) は4つの事例研究（デュポン，GM，ニュージャージー・スタンダード，シアーズ）から，この研究の問いに答えようとしました。

　異なる研究手法から導き出された両者の共通した結論は，組織の保有する資源が組織内で十全に活用されていない状態である「未利用資源」が発生しているために，それを最大限に活用するために（すなわち，組織内部の未利用資源を最大限に活用するために，足りない資源を外部から補うために），多角化を選択し，その後，また新たな未利用資源が組織内部に発生するために，足りない資源を新たに外部から調達するための多角化を遂行していくことを繰り返します。その結果，ビッグ・ビジネス化したという主張をしています。すなわち，両研究は，アメリカ企業は，組織に利用可能性が高い保有資源が存在していながらも，未だ十分にそのポテンシャルを活用できていない資源の存在を特定し，これらの資源をいかにして有効活用し，組織の成長，そして，競争優位に結びつけていったのか，の議論を展開しているのです。

▶リソース・ベースド・ビューの展開①：ワーナーフェルトの研究

　このような企業内部の資源に目を向け，これこそが競争優位の源泉となるというリソース・ベースド・ビューの視点の重要性を指摘した研究がWernerfelt (1984) です。バーニー (2003) においては，Wernerfelt (1984) を，戦略論分野で最も早い時期にこれらの属性を指摘したこと，そして，この立場を支持する多くの研究者が同論文の用語に倣っていると強調しているほどです。

　Wernerfelt (1984) では，企業の競争力を，製品のポートフォリオだけで観るのではなく，資源分配のポートフォリオの視点で観ることが重要であると指摘しています。そのうえで，4つの主張（より正確には「命題 (propositions)」）を展開しています。それは，1）企業の資源は（伝統的な製品思考と異なり）模倣が難しく，これこそが新たな，かつ，多様な視点をもたらすことができる，2）一度その資源を特定することができれば，高い利益に結びつく。それが資源ポジションのバリアと呼ぶ障壁となる。そして，この障壁が先行者の優位性となるためである，3）大企業は，既存資源を活用することと新たな資源を発見することのバランスをとる戦略を選択する。すると（成長マトリックスのよ

うに）横軸に資源を，縦軸に市場をとった「資源 − 製品マトリックス」として
可視化することができる，4）買収は，不完全性の高い市場において束となっ
た資源を購入する戦略的行為であるものの，この資源が稀少であれば，他の条
件が同じであれば，この資源を安く手に入れ，高いリターンを得ることができ
る，ことです。

　ここでWernerfelt（1984）が資源と想定しているものとして，ブランド名や
組織内の技術などの知，従業員の個人スキル，取引関係，設備，効率的な手続
き，資産などを挙げています。これらの資源が組織に対して長期的に高い利益
をもたらすことになる理由を，その資源に取引交渉力があることや，資源ポジ
ションの障壁が先行者利益に結びつくこと，他の資源がキャッチアップできな
いほど魅力的な資源であること（製品能力が高い，顧客ロイヤリティが高い，
製品の経験曲線が効いている，技術的先行があることなどが該当します），に
あると指摘しているのです。

▶リソース・ベースド・ビューの展開②：バーゲルマンの研究

　一方で，戦略の視点からリソース・ベースド・ビューの重要性を示唆する研
究として，ロバート・バーゲルマン（Robert Burgelman）の一連の研究
（Burgelman, 1994; 1996; 2002; Burgelman and Grove, 2007）が挙げられます。
バーゲルマンは，研究対象として大きく複雑な組織であるインテル（Intel）
に焦点を当てています。そして，巨大企業であるインテルが，なぜ，半導体と
いう変化の激しい業界で経営者が交代しても戦略転換を行いながら，長年，企
業競争力を発揮し続けることができているのかの要因を追究してきたのです。
研究手法としては，1970年から2000年頃までのインテルの歴史を資料で遡るこ
とや，アニュアルレポートの分析，経営者やマネジャーなどへのインタビュー
調査の実施，インフォーマルな場に参画した参与観察を行っていました。これ
らの研究を通して，巨大企業インテルの組織内部の強さを明らかにしようとし
たのです。

　実は，バーゲルマンがインテルの一連の研究を発表する前に，彼は，組織と
戦略に関するレビューを行ったコンセプト・ペーパーを出しています
（Burgelman, 1983a; 1983b）。そして，これらのバーゲルマンの研究での一貫
した主張は，大きく複雑な組織であっても，機能する戦略立案と円滑な戦略遂
行を促すためには，組織構成員がそれぞれのレイヤーにおいて自律的に動き，

ミドルマネジャーにそのための権限委譲がなされていること，そして，それを
促す組織学習が重要であること，を指摘していることです。

　Burgelman（2002）では，インテルを研究対象にした（知識や資源の活用：
exploitationと新たな探索：explorationの両立を実現する）両利きの経営や組
織学習に焦点を当てた研究を行っています。バーゲルマンは，組織が環境の変
化を受けてダイナミックに変容するダイナミック・ケイパビリティの議論で取
り上げられることもある（福澤，2013）のですが，コンセプト・ペーパーも含
めたバーゲルマンの研究業績を追うと，組織内部の資源に着目し，リソース・
ベースド・ビューの視点に立脚していることがわかるのです。

　バーゲルマンは，インテルを分析対象とした一連の研究において，これらの
研究の限界として，サンプル数が1社のケース・スタディであること，創業メン
バーで構成されたチームが経営にあたっているという特殊な事情があること，
研究の対象としてハイテク企業をターゲットとしていること，業界が圧倒的に
成長している分野を選択していること，というサンプリング・バイアスがある
ことに言及しています。

　しかし，その一方で，このような特徴を持つ研究であったからこそ，巨大な
組織における組織内部の資源そのものを，つぶさに観察することができたとも
いえるのです。

▶リソース・ベースド・ビューの発展

　「競争優位の源泉は企業内部の経営資源にこそある」というリソース・ベー
スド・ビューの立場に，研究のレビューを通して1つのフレームワークを提示
したのがBarney（1995）でした。このフレームワークについて理解する前に，
著者であるバーニーがどのようなバックグラウンドを持っているのかについて，
第2項で確認していきます。

　また，このリソース・ベースド・ビューの考え方は，その後，幅広く日本の
経営学領域で受け入れられていくことになります。その代表的なキーワードと
して「見えざる資産」や「知識創造」が挙げられます。次章の「内部資源に起
因するエビデンス（日本編）」では，これらのキーワードを提示し，リソース・
ベースド・ビューの議論を繰り広げることとなった伊丹（1980）と，野中
（1990）やNonaka and Takeuchi（1995）を第8章で取り上げます。その際，
本章の構成と同様に，まずは，日本のリソース・ベースド・ビューの系譜につ

いて確認します。

(2)　ユタ大学のBarney

▶バーニーの学術的バックグラウンド

　ジェイ・バーニー（Jay B. Barney）は，ブリガム・ヤング大学に入学した際，社会学を専攻しました。大学院は，エール大学でしたが，この大学院でも社会学を専攻しています。修士号の学位は社会学で，博士号は社会学と行政学（Administrative Science）で，それぞれの学位を取得しています。

　社会学とは，「諸社会の構造と機能はいかなるものか，それらの諸社会は歴史的にどのように形成され，どのように発展し，変化をとげてきたのか，それらの諸社会の中で人間は他者といかに相互行為し，どのように相互交換し合い，それらをつうじてどのように人格形成を行い，どのように相互満足を得ているか」（富永，1995：6）についての理解を深める学問です。

　実は，カリフォルニア大学バークレー校では，社会学は1つのディシプリン（基礎専門分野）として位置づけられています（小川，2021：4）。そのため，同大学院で経営学を専攻する者は，副専攻として，ディシプリン科目となっている経済学や心理学，社会学を選択しなければならないのです（同）。このことに関して，次章で紹介する野中は，「私がSECIモデルを考えることができたのは，バークレー校時代，もう1つのディシプリンとして社会学を学んでいたから」と筆者が参加したセミナーで強調していたほどです。

▶バーニーの研究の特徴

　バーニーの学問的バックグラウンドを踏まえると，第1のバーニーの経営学研究の特徴は，社会学のディシプリンが根底にあり，その立場に立脚して企業経営や組織，戦略を捉えていることが確認されるのです。それは，バーニーの著書にも顕著に表れています。

　バーニー（2003）では，「ハーバード・ビジネス・スクールの研究者が主として『経営者』が企業パフォーマンスに与えるインパクトを研究したのに対し，フィリップ・セルツニック（Phillip Selznick）に率いられた一群の社会学者は，組織内部の特徴をまったく異なる観点から研究した」（p.237）と指摘しています。そして，バーニーはその社会学者らの研究における企業の固有能力（distinctive competencies）を持った企業と，その企業の競争優位の関係の研

究に着目したのです。それは，バーニーの一連の研究において，「組織の競争優位」や「持続的な競争優位性」がキーワードとなっており，また，組織そのものを分析の単位（unit of analysis）として考え，その組織の機能と組織を構成する要因に着目していることからもわかるのです。

　バーニーのビジネス・スクール教育に対する考え方においても，このような立場を垣間見ることができます。バーニー（2013）の序章には，「現実の企業経営は，簡単にコンピュータのアルゴリズムに落とし込めるようなものではない。アカデミックなバックグラウンドを持つ教授陣は，学生を常にこの『ヒューマンタッチ』に触れさせるよう努めなければならないのだ。そしてこのことが，『ケース』に基づく教育手法がビジネス・スクールにおいて広く用いられ続ける1つの要因である。『ケース』は単に学生が学習中の理論モデルを実際に適用してみる場を提供するのみならず，その理論モデルを現実の世界で用いる場合に対処しなくてはならない社会的複雑性を疑似的に体験させることができる」（p.5）との指摘をしているのです。

　第2のバーニーの経営学研究の特徴は，社会学のディシプリンのなかでも，その研究の認識方法（富永，1995：56-57）が理論社会学にあるということです。理論社会学は，現象や既存研究を体系化・概念化・理論化していくものです（経験社会学のように，確認された現象や経験，実証などによって理論化していく研究手法とは異なっています）。

　そのため，バーニーの研究の多くは，事例研究や経営現象，1次資料（原データ）を研究の分析の対象とはしていません。バーニーの研究手法は，膨大な既存研究や文献を読み解いて，さまざまな立場や主張を大局的に分類し，それらを昇華させていくことで理論化するという特徴があるのです。すなわち，バーニーは，既存研究のレビューを通して演繹的アプローチで組織内部資源の概念化を試みたのです。

［2］　バーニーのVRIO

(1)　VRIOの構想

▶バーニーの初期の研究

　Barney（1991）において，後にVRIOの概念の基本となる企業の資源と持続

的な競争優位の関係を大局的に示した2つの仮定と4つの属性を提示して，世界的な注目を浴びることになります。しかし，実は，それよりも前に，注目すべきバーニーの研究があるのです。

　それがBarney（1986）です。組織が保有する資源は同じではないために，その資源に価値があれば経済的競争均衡を上回るパフォーマンスを実現することができるというバーニーの基本的前提は同じなのですが，同論文では，その組織内部の資源として組織文化に着目しているのです。すなわち，バーニーは，まず，分析の単位である組織のなかでも，特に組織文化という要素に着目していたのです。

　そして，組織文化が強い経営的価値を持ち，それが，従業員のモラルや労働の質，そして，他のステークホルダーとの関係が，企業の財務的価値に結びつき，さらに，経営の評判にも結びつくと主張しているのです。すなわち，バーニーは，企業内部の資源であるとともに組織文化を体現する従業員に対して，競争優位を獲得するためには「（経営幹部だけではなく）企業内部で働くすべての従業員がその責務を引き受けなければならない」（バーニー，2013：281）という視点を持っていたのです。

　Barney（1986）は，企業の持続的競争力につながる企業文化となるには，3つの条件があると指摘しています。それは，1）企業文化に価値があること，2）企業文化が稀少であること，3）企業文化が完全に模倣できるものではないこと，です。これらの条件が満たされることで，企業は持続的な競争優位性を発揮することができる，すなわち，優れた財務的成果を実現することができると主張しているのです。そのため，長期的には企業文化の修正を行うことが重要であるとも指摘しています。

▶バーニーの研究の発展

　Barney（1986）の5年後，Barney（1991）が*Journal of Management*に掲載されることになります。Barney（1991）では，企業の内部資源を企業文化に限定せずに幅広く捉えています。より具体的には，企業の保有資源を，企業が統制する資産や能力，組織的プロセス，組織の属性，情報，知識などを挙げています。

　そして，これらの企業の内部資源は，大きく3つに分類することができると指摘しています。それが，物理的資本としての資源と，人材資本としての資源，

組織的資本としての資源です。

　ただし，これらの組織の内部資源が企業の持続的な競争優位につながっていくというバーニーの基本的な主張は変わっていません。これらの資産が企業の持続的な競争優位につながる理由は，企業が，内部資源を，（同質性が高く（homogeneous）移転可能性が高い（perfectly mobile）からなのではなく）異質性（heterogeneity）と固着性（immobility），すなわち資源が組織内部に定着する特性を持つものにしているからであるとの仮定を展開しています。

　そして，この仮定があるからこそ，企業は先行者の優位性と参入・移動障壁を高く保つことができる（それゆえ，他社との競争優位が長く保たれる）と指摘しています。そのうえで，企業が持続的競争優位を保つための資源の4つの属性を挙げています。それが，価値がある資源であること（valuable resources）と，稀少な資源であること（rare resources），完全に模倣することができない資源であること（imperfectly imitable resources），組織内部に内部資源の組み替えや活用を変化させる代替可能性（substitutability）をもつこと，です。

　また，他社が完全に模倣することができない資源にするために重要なことは，経路依存的に蓄積されたものであること（unique historical conditions）や，資源の蓄積の因果関係があいまいであること（causal ambiguity），ステークホルダーとの関係も含めた資源が社会的複雑性を持っていること（social complexity），であると指摘しています。これらの構造を示したものが，**図表7－1**となります。

　そして，Barney（1991）の基本コンセプトが，Barney（1995）においてVRIO（V：Value，R：Rarity，I：Inimitability，O：Organization）フレームワークとして提示され，定着していくことになるのです。

⑵　VRIOのフレームワーク

　VRIOのフレームワークは，企業が持続的な競争力を発揮するために，組織の内部資源（resources）や能力（capabilities）に焦点を当てながら，企業が従事する活動に関して発すべき4つの「問い」によって構成されています（バーニー，2003：250）。

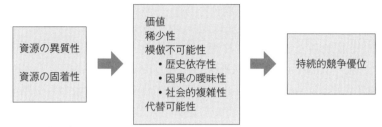

| 図表7－1 | Barney（1991）が提示する要素間の関係構造 |

出所：Barney（1991）をもとに筆者作成。

▶ 1つ目の問い

　1つ目の問いは，経済価値（value）に関する問いです。より具体的には，「その企業の保有する経営資源やケイパビリティは，その企業が外部環境における脅威や機会に適応することを可能にしているか」（バーニー，2003：250）です。すなわち，企業の経営資源やケイパビリティが強みとなる（持続的な競争力を発揮する）ためには，企業がその資源を活用することによって，外部環境における事業機会を上手く捉えることができるか，あるいは，外部環境における脅威を無力化することができなければならない（バーニー，2003：251）ということです。これが実現できるかどうかが，企業の資源に経済的価値があるかどうかが判断されるわけです。

　ただし，この経済価値は，永続的ではない点に留意する必要があります。なぜなら，過去の経済価値を有していた経営資源やケイパビリティが，そのまま価値を持ちつづけるという保証はないためです。むしろ，バーニー（2003）は，「『過去の競争環境下での成功』が，競争環境における機会や脅威に適応することを妨げること」（p.252）もあると，具体的な事例を踏まえて指摘しているほどです。

▶ 2つ目の問い

　2つ目の問いは，稀少性（rarity）に関する問いです。より具体的には，「どれ程の数の競合企業が，その特定の価値ある資源やケイパビリティを既に保有しているのか」（Barney，1995：52）です。すなわち，当該企業が既に保有している資源が稀少であることが重要であるという指摘です。

　ただし，注意しなければならないのは，資源によっては貴重かつ重要な資源

ではあるものの，市場では稀少な資源であるとは認識されないタイプのものがあるため（特殊なソフトウエアやカスタマイズされた装置など），競争優位の源泉となり得ない資源やケイパビリティもあるということです。また，当初，稀少性が高かったとしても，その資源が一般化して普及することで，その稀少性が薄れてしまうという可能性もあります。そのため，この資源の稀少性に加え，次の問いにある模倣困難性が高いことが重要な要件となってきます。

▶ 3つ目の問い

　3つ目の問いは，模倣困難性（inimitability）に関する問いです。より具体的には，「ある特定の経営資源やケイパビリティを保有していない企業は，既に保有している企業と比較して，コスト上の不利益に直面しているかどうか」（Barney, 1995）です。すなわち，競合企業がある特定の資源を模倣するのにコストがかかりすぎて複製することが困難である，あるいは，代替品をつくるコストがかかりすぎるなどして，競合企業の模倣しようとするインセンティブが低下するものであるかどうかということです。

　バーニー（2003）では，模倣を困難にする4つの要因を挙げています（Barney［1995］では，これから取り上げる最初の3つの要因が挙げられていますが，バーニー［2003］では，4つの要因が挙げられています）。それは，歴史的条件と，因果の曖昧性，社会的複雑性，特許です。

　歴史的条件は，Barney（1991）においても指摘されていたように，歴史的に蓄積された経路依存性を持つ内部資源が価値や稀少性を生む源泉になっているために，模倣することを難しくしているということです。

　因果の曖昧性は，経営資源やケイパビリティと競争優位との関係が明確ではないために，競合企業が何を模倣したらよいのかがわからなくなるのです。そのため，Barney（1995）では，大きな意思決定をするよりも，小さな意思決定を数多く行って，外部組織にはその因果関係を見えなくすることが有効であると指摘しています。

　社会的複雑性は，物理的ではあるものの技術的理由で複雑な場合や，評判や信頼，緊密な関係，チームワーク，組織文化などの組織的現象が複雑に絡み合っているために，模倣することを難しくするということです。

　特許は，企業の模倣コストを高めることもあれば，低くさせることもあり得ると断ったうえで，特許によってしばらくの間は直接的模倣を抑制することが

できる程度のものであると指摘しています。それは，なぜなら，特許を得ることと引き換えに，企業はその技術を模倣する方法に関する重要な情報を競合企業に提供することになる可能性があることや，この公式的手続きに則った情報提供が，逆に，同等機能を持った技術を開発するという競合企業のインセンティブに結びついてしまい，結果的に代替可能性を増やす結果になることもあるためです。

したがって，バーニー（2003）では，特許の取得そのものよりも，数多くの新製品やサービスを継続的に生み続けるスキルや能力こそが，企業の持続的競争優位の源泉になり得ることを指摘しています。

▶ 4つ目の問い

4つ目の問いは，組織（organization）に関する問いです。より具体的には，「企業が保有する，価値があり稀少で模倣コストの大きい経営資源を活用するために，組織的な方針や手続きが整っているだろうか」（バーニー，2003：250）です。すなわち，価値があり稀少で模倣コストの大きい経営資源や能力を保有していることだけでは競争優位を発揮するのに十分ではなく，これらの資源や能力を思う存分活用することのできる組織体制・構造・仕組みが整備されているのかということです。

なぜなら，価値があり，稀少で，模倣コストが大きい経営資源を保有していたにもかかわらず，組織がそれを活かすことができなかったために，残念ながら衰退してしまうこともあるためです。バーニー（2003）では，その事例として，アメリカのゼロックスの研究所であったPARCを挙げています。

そして，「非常に貧弱な組織しか持ち合わせないと，本来は標準を上回る利益を上げられる企業が，標準か，さらには標準を下回るレベルに終わることすらあり得る」（p.274）と，注意喚起しています。そのため，バーニー（2003）では，この4つ目の構成要素である組織に関する問いを「VRIOフレームワークにおいては調整項目として機能する」（p.274）として位置付けています。

(3) VRIOの前提

バーニーは，社会学を学問的バックグラウンドとし，理論社会学の立場から経営学研究を行ってきました。そして，バーニーの研究の特徴として，既存研究をもとに体系化してきたのです。

　そのため，バーニーの多くの研究では，バーニー自身が調査した事例研究や経営現象そのものについて追究したものではなく，膨大な既存研究や文献を読み解くことによって，コンセプトやフレームワークを導出しているということです。すなわち，バーニーは，演繹法を用いてVRIOフレームワークを提示したのです。これが，VRIOの前提となります。それゆえ，Barney, et al. (2001)が指摘するように，コンセプトやフレームワークそのものの考え方に賛同を得る研究ではあるものの，その一方で，定量的調査方法で検証されたコンセプトやフレームワークではないために，「方法論上の問題を抱えている」という指摘がしばしばなされることになるわけです。

　また，VRIOのフレームワークにおいて，バーニーが説明しようとしている対象が，組織の内部資源にあり，このような資源は，往々にして可視化したり，定量化して測定することが容易ではない要素が数多く含まれています。そのため，数値化して検証することが容易ではないことも，しばしば「方法上の問題を抱えている」という指摘につながっていくのです。

　ただし，それが，社会的に，そして学問的に意味のないことなのか，ということとは，また別の議論であることも，私たちは念頭に置いておく必要があります（しかし，一般的には，このような定量的調査方法で論理が導き出されていない論文が海外ジャーナルに掲載されにくいということも，また，まぎれもない事実です）。

③　VRIOの根拠となるデータと収集方法

　VRIOフレームワークを提示したバーニーは，社会学のディシプリンをバックグラウンドに持ち，理論社会学の見地から，さまざまな研究を分類して，理論化していくという研究手法を取っていました。バーニーの研究において，このスタンスは一貫して変化していません。したがって，VRIOフレームワークを提示するプロセスにおいて，ほとんどは既存研究を整理し，体系化することで，フレームワークが導出されてきたのです。

　そのフレームワークはまず，Barney (1986) において，分析の対象が企業文化であり，概念の基本的な構造が示されています。それは，リソース・ベースド・ビューの立場で，企業文化という資源に価値があり，その資源が稀少であり，競合企業が完全に模倣できるものではないという基本的認識が根底にあ

ります。この基本的認識が，Barney（1991）の主張につながっていきます。いずれの研究においても，持続的競争優位を保つための属性やその組織的構造に一貫性を確認することができます。そして，組織の内部資源や能力について4つの「問い」が，持続的競争力を発揮することができるかどうかの試金石となるという主張を展開するようになるのです。

　ただし，この一連の研究成果やVRIOフレームワークは，既存研究をもとに演繹的に導出された主張であり，それゆえ，定量的なエビデンスがあるわけではないという点において，しばしば，批判にさらされてきたともいえるのです。

考えてみよう

1. ある特定の業界で首位を占めている（特定の業界で持続的競争優位性を発揮している）企業を選び，バーニーが主張するVRIOで1つ1つ確認し，それぞれの問いが，当該企業の持続的競争優位性を説明しているのかどうか，考えてみよう。
2. かつてある特定の業界で首位を占めていたにもかかわらず，その後，持続的競争優位性を発揮することができなくなってしまった企業を選び，バーニーが主張するVRIOで1つ1つ確認し，なぜ，当該企業が持続的競争優位を確立することができなくなってしまったのか，その理由・要因を考えてみよう。

参考文献

伊丹敬之（1980）『経営戦略の論理』日本経済新聞社。
野中郁次郎（1990）『組織と市場―組織の環境適合理論』千倉書房。

Barney, J. B.（1986）Organizational Culture: Can It Be a Source of Sustained Competitive Advantage?, *Academy of Management Review*, 11（3）, 656-665.
Barney, J. B.（1991）Firm Resources and Sustained Competitive Advantage, *Journal of Management*, 17（1）, 99-120.
Barney, J. B.（1995）Looking inside for Competitive Advantage, *Academy of Management Executives*, 9（4）, 49-61.
Barney, J. B.（2002）*Gaining and Sustaining Competitive Advantage*, 2nd Edition, Pearson Education.（岡田正大訳『企業戦略論（上）―基本編』ダイヤモンド社, 2003年）
Barney, J., Wright, M., and Ketchen, D. J. Jr.（2001）The Resource-based View of the Firm: Ten Years After 1991（From the Special Issue editors）, *Journal of*

Management, 27 (2001), 625-641.

Burgelman, R. A. (1983a) A Model of the Interaction of Strategic Behavior, Corporate Context, and the Concept of Strategy, *Academy of Management Review*, 8 (1), 61-70.

Burgelman, R. A. (1983b) Corporate Entrepreneurship and Strategic Management: Insights from a Process Study, *Management Science*, 29 (12), 1349-1364.

Burgelman, R. A. (1994) Fading Memories: A Process Theory of Strategic Business Exit in Dynamic Environments, *Administrative Science Quarterly*, 39, 24-56.

Burgelman, R. A. (1996) A Process Model of Strategic Business Exit: Implications for an Evolutionary Perspective on Strategy, *Strategic Management Journal*, 17, 193-214.

Burgelman, R. A. (2002) Strategy as Vector and the Inertia of Coevolutionary Lock-in, *Administrative Science Quarterly* , 47 (2), 325-357.

Burgelman, R. A., and Grove, A. S. (2007) Let Chaos Reign, Then Rein in Chaos-Repeatedly: Managing Strategic Dynamics for Corporate Longevity, *Strategic Management Journal*, 28, 965-979.

Chandler A. D. Jr. (1962) *Strategy and Structure: Chapters in the History of the American Industrial Enterprise*, MIT Press.

Dyer, J. H. (1994) Dedicated Assets: Japan's Manufacturing Edge, *Harvard Business Review*, November-December, 174-178.

Nonaka, I., and Takeuchi, H. (1995) *The Knowledge-Creating Company: How Japanese Companies Create the Dynamics of Innovation*, Oxford University Press. (野中郁次郎・竹内弘高著, 梅本勝博訳『知識創造企業』東洋経済新報社, 1996年)

Penrose, E. T. (1959) *The Theory of the Growth of the Firm 3rd edition*, Oxford University Press. (日高千景訳『企業成長の理論（第3版)』ダイヤモンド社, 2010年)

Wernerfelt, B. (1984) A Resource-based View of the Firm, *Strategic Management Journal*, 5, 171-180.

─────── 第**8**章 ───────

戦略論Ⅲ
─内部資源に起因するエビデンス（日本編）─

1 日本のリソース・ベースド・ビューの系譜

　第7章の第1節の「記述的プロセスとしての戦略形成」で確認した「競争優位の源泉は企業内部の経営資源にこそある」という立場は，日本の経営学に受け入れられるようになっていきます。それは，リソース・ベースド・ビュー（およびそこから展開した戦略論におけるラーニング・スクール）の考え方が日本の企業経営の在り方と共鳴していることが背景にありました（沼上，2009；ミンツバーグら，2013）。日本企業の保有資源，すなわち，組織内部の「組織の強さ」に関する研究が少なくないためです。

　このような研究は，特に1980年代の日本の自動車産業に焦点を当てた研究に多くみられます（Dyer，1994；延岡，1996；藤本，1997；武石，2003）。これらの研究は，いずれも，日本の自動車産業において国際的競争力を発揮することができた原因がそれぞれの組織内部の資源にこそあるという論調でした。

　これらの研究は，後に，「組織能力」や「コア・コンピタンス」「ケイパビリティ」「ダイナミック・ケイパビリティ」の概念の展開に寄与することにもつながったのです（水野，2018）。

▶「見えざる資産」と「知識創造」

　日本の経営学におけるリソース・ベースド・ビューの研究のなかでも，世界的にも注目される概念となったのが「見えざる資産（intangible assets）」と「知識創造（Knowledge-Creation）」です。「見えざる資産」の研究は，もとも

と1976年に開催された日本経営学会の50周年記念大会でその構想が生まれ（小川，2021），伊丹（1980）において書籍化され，そして伊丹（1984）がItami and Roehl（1987）として海外で出版されることになった結果，世界的な注目を浴びることになったのです。

「知識創造」の研究は，はじめに，野中（1990）として書籍化され，*Harvard Business Review*にNonaka（1991）がアメリカで紹介されました。ただし，同雑誌に掲載された論文は，一般的には学術的雑誌ではないとされている（学術研究を実務家に対して発信することを目的とした雑誌である）ため，学術論文としてNonaka（1994）を発表したのです（小川，2021）。その後，Nonaka and Takeuchi（1995）としてアメリカで書籍化されたことで，多くの研究者に引用されるようになりました。その結果，"Knowledge-Creation" が世界的な脚光を浴びることになったのです。以下では，これらの研究の筆頭著者である伊丹敬之と野中郁次郎のバックグラウンドから確認することとします。

▶伊丹の学術的バックグラウンド

伊丹（1980；1984）とItami and Roehl（1987）の筆頭著者である伊丹は，一橋大学に進学して商学部に所属していたものの，数学的概念を経済学的に解釈することに興味を持ち，経営工学や管理工学の勉強に熱中するようになっていきました（伊丹・加藤・西村，2020；小川，2021）。なぜ，伊丹が一橋大学の商学部であったにもかかわらず，純粋な経営学に興味を示さず，数学を用いる経営工学の領域を選択したのかの理由については，小川（2021）に詳しく書かれています。

大学院においても伊丹の専門領域は変わらず，数学や計量経済学を中心に勉強したといいます（同）。留学先のカーネギー・メロン大学においては，当初は，数学を経営に応用するタイプのオペレーションズ・リサーチを選択したものの，その後，管理会計に転換して博士の学位を取得するに至ります（同）。学位取得後，一橋大学やスタンフォード大学で教鞭をとったときには，その専門性を活かし，管理会計の授業を担当していました。しかし，伊丹は，数学や管理会計が実際に起きている現象を読み解くのにどの程度の価値や意味があるのかについて疑問を持ち始めたといいます（同）。

そのような折，伊丹に転機が訪れます。それが，1976年に開催された日本経営学会50周年記念大会です。学会での発表をきっかけにして集まった吉原英樹

と佐久間昭光，加護野忠男との共同研究でした。そして，伊丹（1980）の原点ともなる「情報的資源」という概念の着想を得たのです（同）。それが，伊丹（1980）の出版と伊丹（1884），Itami and Roehl（1987）へとつながっていったのです。

▶野中の学術的バックグラウンド

　一方の野中（1990）とNonaka（1991；1994），Nonaka and Takeuchi（1995）の筆頭著者である野中は，早稲田大学の政治経済学部に入学し，卒業後は民間企業に就職しました（小川，2021）。この職場で，幹部向け研修プログラムの開発を任された野中は，プログラムの開発協力を得たビジネス・スクールの教員を通して，ハーバード大学ビジネス・スクールの教育手法であるケースメソッド教育を知りました（同）。

　これがきっかけとなって，野中は，アメリカ留学を目指すようになります（この展開の詳細についても，小川［2021］に書かれています）。留学先は，カリフォルニア大学バークレー校でした。バークレー校でMBAを取得した後，博士課程に進学します。このときの野中の研究テーマは，市場と組織の関係を読み解くコンティンジェンシー理論（環境適応理論）でした。

　この研究では，4社（クロロックス，ヒューレット・パッカード，カイザー・アルミニウム・ケミカル，リーバイ・シュトラウス）へのアンケート調査を行いました。すなわち，野中は，コンティンジェンシー理論の実証研究を行おうとしていたのです。その研究結果をもとに執筆されたのが野中（1974）でした。

　その後，野中もまた，加護野と奥村昭博とともに共同研究を行う機会を得ました。きっかけは，1976年の組織学会の全国大会であったといいます（小川，2021）。初めは，コンティンジェンシー理論に関する実証研究の論文を輪読する形で進め，実証研究の方法論をともに学んだようです（同）。その後，さまざまな経緯を経て，環境と組織の関係，および経営現象に焦点を当てた日本企業とアメリカの企業を対象とした質問票による調査を実施することになります。日米企業の経営戦略を比較するための調査です。これが，最終的には，加護野・野中・榊原・奥村（1983）の出版につながっていきました。

　同書の出版後，その洞察を事例研究を通じて展開していきたいという野中の思いと，ハーバード・ビジネス・スクールからの日本企業の製品開発リーダ

イムに関する研究（「なぜ，日本の製品開発のリードタイムは短いのか」に関する研究）の依頼が重なり，日本企業を対象とした事例研究を進めていきました（野中・竹内，1996）。この調査を通して，野中は日本企業の数々の興味深い事例を目にすることで，理論化させていったといいます。その研究成果が，野中（1990）とNonaka（1991；1994），Nonaka and Takeuchi（1995）だったのです。

2　日本のリソース・ベースド・ビュー

(1)　見えざる資産の構想

▶伊丹の問題認識の変化

　スタンフォード大学で管理会計を担当していた伊丹は，数学や管理会計が実際に起きている現象を読み解くことにどの程度の価値や意味があるのかと疑問を持つようになった（小川，2021：20-22）ことは上述した通りです。その後，伊丹は，管理会計の研究領域から，共同研究者と取り組んだ多角化戦略の研究にコミットするようになりました。このような活動が関係者の目に留まり，企業の研修や経営戦略に関する本の出版の引き合いに結びついていきます。

　このような機会を得た伊丹は，経営戦略に関する国内外の本を読み込みました。すると，伊丹は，「それらの本には『お経』が書かれているようにしか見えなかった」との感想を抱きます（小川，2021：31-32）。しかし，「戦略論では当たり前のことをなぜ説教っぽく言う必要があるのか。それは当たり前のことがなかなかできないからで……（中略）……。そこで語られていることの背後に何か必然性，法則性があるのではないか」（小川，2021：32）と考えるようになっていきます。

▶「見えざる資産」が誕生した研究手法

　そこで，『プレジデント』や『週刊 東洋経済』『週刊 ダイヤモンド』『日経ビジネス』などのビジネス雑誌を，過去3年にわたってすべて目を通したといいます（伊丹・加藤・西村，2020；小川，2021）。ビジネス雑誌に目を通すとき，「線を引くときはどういう基準で引くかを意識しないで，とにかくこれは面白いと自分が直感的に思ったもの」（小川，2021：33），そして，「この会社

はこんな妙なことをやったのか，何か論理的に面白いことが背後にありそうだ，これは典型的にああいう話の実例だとかということに全部付箋をして」（伊丹・加藤・西村，2020：240），その記述を1つ1つカードに書き込んでいきました。作成したカードは，膨大な量になったといいます（伊丹・加藤・西村，2020；小川，2021）。

　それらのカードは20畳ほどの部屋に広げられ，伊丹が，関連している情報の山（束）を作ることを繰り返して，カードに書かれた記述を1つ1つ整理していきました（伊丹・加藤・西村，2020：240）。この整理の手法は，川喜多（1967；1970）の発想法「KJ法」として知られているものです。

　この手法を活用して情報を整理していくと，「同じことを言っているカードの固まりができ，固まりどおしの関連も見えてきた」（小川，2021：33）といいます。すなわち，伊丹は，ビジネス雑誌の記事という2次データを用いて，各カードに書き込まれた膨大な情報を帰納法の手段で整理していくことで，経営戦略の論理の骨格を作っていったのです。こうして，伊丹の考える「良い戦略」の論理が導出され，「見えざる資産」のコンセプトにつながっていったのです。

(2) 見えざる資産のコンセプト

▶「見えざる資産」とは

　見えざる資産とは，物理的な存在ではない資源です。伊丹（2012）では，それを「技術開発力，熟練やノウハウ，特許，ブランド，顧客の信頼，顧客情報の蓄積，組織風土」（p.49）や「技術力，生産のノウハウ，顧客の信用，ブランドの知名度，組織風土，従業員のモラールの高さ」（p.51）であると挙げています。

　また，伊丹・軽部編（2004）では，見えざる資産を「技術，ノウハウ，ブランド，システム力，サービス供給力，組織力と組織風土」（p.8）として挙げています。いずれにしても，伊丹の見えざる資産に関する一連の研究では，このような目に見えない資源こそが，企業戦略を考えるうえで重要であり，見えざる資産こそが企業の競争上の優位性の源泉となると強調しています。

　なぜなら，これらの資源が，1）カネを出しても容易には買えず，自分で作るしかない，2）作るのには時間がかかる，3）いったん作ると同時多重利用が可能になる（伊丹・軽部編，2004：24）ためです。すなわち，競合企業が簡

単に真似することができず，時間をかけて自社で創り出すしかないために，その見えざる資源を保有することが，競争戦略上の優位性を確立することになるという主張です。

　それでは，見えざる資産の本質とその論理を確認していきましょう。

▶「見えざる資産」の論理

　伊丹の一連の研究では，見えざる資産の本質は，情報であると主張しています。すなわち，伊丹は，見えざる資産を，情報が蓄積された結果として表出したものであり，また，情報を伝え処理するチャネルとして機能するものであると解釈しているのです。そのため，伊丹（2012）では「企業という組織体の事業活動の１つの本質が，情報のやりとりと処理にある」（p.52）と指摘しているのです。

　したがって，企業活動や戦略において，この情報の流れと蓄積をいかにコントロールするのかが企業競争力を左右することになるというのです。情報の流れをコントロールする際に重要なポイントとなるのは，１）欲しい情報が豊かに流れる所を見極めることと，２）豊かな情報の流れる業務をどの程度，自社・自分のコントロール下に置くべきかを見極めることであると指摘しています（伊丹，2012：65）。

　しかし，一点，留意すべき点があります。それは，情報のやりとりによって情報を受け取り，蓄積することに意味があるのではなく，その情報を用いて適切な行動が生まれなければならないということです（伊丹，2012：58）。

▶ ３つのタイプの情報の流れ

　そして，伊丹（2012）では，この情報の流れという観点から事業活動を見てみると，３つに分類することができるといいます（p.54）。それは，環境情報（環境に関する情報の企業内の蓄積量およびその取り入れチャネルの容量）と，企業情報（企業に関する情報の環境における蓄積量およびその供給チャネルの容量），そして，内部情報処理特性（企業内部での情報処理のパターンや特徴）です。

　情報の流れは，この３つのカテゴリー間において確認することができます。それは，環境（情報）から企業への情報の流れ（図表８－１のＡ）と，企業（情報）から環境（情報）への流れ（図表８－１のＢ），企業の組織内での情報

の流れ（図表8-1のC）です。これらの関係を表したフレームワークが**図表8-1**です。

▶「見えざる資産」を蓄積する2つのルート

　伊丹（2012）では，情報の流れをコントロールして見えざる資産を蓄積するルートは2つあるといいます。それは，**図表8-2**で示されている直接的ルートと業務副次ルートです（pp.59-60）。

　直接ルートとは，見えざる資産を蓄積することを第一義的目的として，直接的行動による資源投資が行われ，意図的に情報の流れを引き起こして，情報が見えざる資産となって蓄積されるというルートのことです。一方，業務副次ルートとは，事業活動を遂行するための日常の業務や仕事全体のプロセスを通じて，間接的かつ副次的な情報の流れが自然発生的に発生し，その結果，見えざる資産が蓄積されるというルートのことです。業務副次ルートについて補足すると，「たとえば，高品質の商品やサービスを提供し続けるという日常の仕事をきちんとしていると，ブランドができてくる。既存製品の改良や工程改善という日常業務から，地味なノウハウが蓄積されてくる。サービスに厳しい顧客への対応をうるさがらずにきちんとしているうちに，顧客に鍛えられてサービスの質が上がってくる」（伊丹・軽部編，2004：30）などの現象を指しています。

　そのため，この2つのルートのうち，見えざる資産の蓄積に特に重要となるのが後者の業務副次ルートであると，伊丹・軽部編（2004）や伊丹（2012）では指摘しています。実際，業務副次ルートによって蓄積される見えざる資産が企業においてきわめて大きな比重を占めていることからもわかるのです（伊丹，2012：62）。

　そして，図表8-2から次の2つの示唆が得られることになります。それは，1）見えざる資産の蓄積，あるいは蓄積の崩壊が，日常的な業務活動によって，なし崩し的に行われてしまうことがあるため，これを努めて意識して日常的業務活動の見えざる資産への影響，または波及効果を常に明示的に考える必要があること，そして，2）日常的な業務活動の具体的あり方を定める役割を持つビジネスシステムが，見えざる資産の蓄積の手段として深いかかわりを持っていること（伊丹，2012：62），です。

　これは，いかにビジネスシステムの設計が重要なのかを表しています。なぜ

図表8-1 情報の流れのフレームワーク

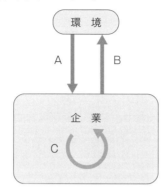

出所：伊丹（2012）。

図表8-2 見えざる資産を蓄積する2つのルート

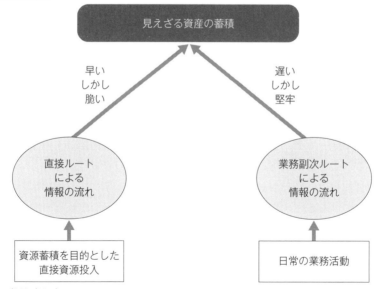

出所：伊丹（2012）。

なら，ビジネスシステムの細やかな設計のあり方が，情報の流れを規定し，長期的に見えざる資産の蓄積を促進したり阻害したりしてしまうことを意味しているからです。

(3)　見えざる資産の前提

　見えざる資産の論理は，企業戦略や企業経営を考えるうえで，とても示唆的な議論が展開されています。それゆえ，多くの読者の支持を受けて，『新・経営戦略の論理』と『経営戦略の論理』が第4版までをも出版されてきたわけです。

　また，KJ法を用いて膨大な量の情報を整理し，論理を組み立て，伊丹の深い洞察力を活かし，オリジナリティ溢れるコンセプトに昇華させたコンセプトこそが「見えざる資産」だったのです。それゆえ，Itami and Roehl（1991）において，Google Citationを確認すると，4,483もの引用がなされてきたわけです（2021年7月7日現在）。

　その一方で，この見えざる資産の論理が成立した前提があります。それは，この論理が「『プレジデント』や『週刊 東洋経済』『週刊 ダイヤモンド』『日経ビジネス』などのビジネス雑誌を，過去3年にわたってすべて目を通した」ものをエビデンスとしていることに起因します。ここから次の3つの前提を確認することができるのです。

　第1の前提は，見えざる資産のコンセプトが，ビジネス雑誌の記事をもとに，帰納的に構築された論理であるということです。すなわち，膨大な量の情報から，共通点やそれぞれの要素の関係性を読み解き，論理を構築していったということです。一方で，この整理やまとめの作業は，一般的に個人の作業の力量に左右されることが少なくないということがしばしば指摘されています。

　第2の前提は，見えざる資産の論理の導出は，ビジネス雑誌の記事をエビデンスとしているということです。あまたある企業の中から出版社が注目した企業の情報をもとにしているのです。すなわち，見えざる資産が導出されたエビデンスは「出版社が選定した企業」という，いわゆる，2次データを用いたものがエビデンスとなっているということです。そのため，いわゆる，サンプリング・バイアスについて検討する必要があるわけです。

　第3の前提は，これらのビジネス雑誌で取り上げられていて，伊丹が興味深いと思った事例を選定しているということです。すなわち，見えざる資産の論理は，伊丹が（批判を恐れず敢えて言えば）恣意的に選定したビジネス雑誌の記事であり，この論理を構築するためのデータの標本となっているということです。その意味では，（第2の前提と同様に）これらの標本の妥当性がどの程

度，担保されているのかを検討する必要があるわけです。

(4) 知識創造の構想

　知識創造のルーツは，ハーバード・ビジネス・スクール75周年記念シンポジウムのために野中が執筆した論文に遡るといいます。テーマは，日本企業の新製品開発の早さと柔軟性に関する研究でした（野中・竹内，1996）。この論文では，スポーツであるラグビーのメタファーを用いたといいます。すなわち，新製品開発のプロセスにおいて，それぞれの担当者がラグビー・ボールをパスするように状況に応じて柔軟に対応しながら新製品を開発していく状況を描いたといいます（同）。

　この研究の当初は，野中は，伊丹と同様，情報に着目していました。しかし，「（企業は）情報を受け身的に処理しているだけでなく，むしろ情報を創造しているのではないか。意味のある情報を生み出していくというのが単なる情報処理よりももっと重要ではないか」（小川，2021：66）と考えるようになったといいます。

　そして，「情報創造」というキーワードに結びつきます。その後，海外で発表した際，参加者の1人に「それは情報ではなく知識（knowledge）ではないか」と指摘されたことから「知識」について深く考えるようになっていきました（小川，2021：67-68）。

▶「知識創造」が誕生した研究手法

　それからは，野中は，「知識」について，理論的には哲学的観点から考えるようになります。そして，哲学者であるマイケル・ポランニー（Michael Polanyi）の「暗黙知」という概念に着目しました（そのため，野中・竹内［1996］の第2章では，知識についての哲学研究のレビューも行っています）。なぜなら，野中が，「暗黙知は，人間の集団行動にとってきわめて大事な要素であるにもかかわらず，これまで無視されてきた。それはまた，日本企業の競争力の重要な源泉でもあった」（野中・竹内，1996：ⅲ）と認識していたためです。

　こうして，「ゆっくりとだが着実に，国際競争での地位を高めて成功するにいたった日本企業」（同，p.1）を調査対象として分析し，「組織的知識創造の一般理論を創り出す」（同，p.iv）ことを試みたのです。

　野中（1991）や野中・竹内（1996）において，事例として着目されているものには，松下電器（現 Panasonic）の自動パン焼き器「ホームベーカリー」の商品開発や，エプソンのパソコン開発，ホンダの乗用車「シティ」開発，キヤノンのパーソナル複写機「ミニコピア」の開発，マツダの「ニューRX7」開発，富士ゼロックスの複写機「FX35000」の開発，NECの研究開発体制，シャープの研究開発体制，東芝のワード・プロセッサ開発，花王のコンパクト洗剤「アタック」の開発や研究開発体制，日産自動車の「Be-1」「プリメーラ」の開発，新キャタピラー三菱の「REGAプロジェクト」などが挙げられています。

⑸　知識創造のコンセプト

▶「知識創造」とは

　野中・竹内（1996）の焦点は，「知識の『創造』であって知識そのものではない」（p.6）ことを明示しています。なぜ，知識創造の理論が重要であるかという質問に対して「イノベーションを説明するため」（p.83）と言及しています。それは，「組織の役割は，創造性（クリエイティブ）豊かな個人を助け，知識創造のためのより良い条件を創り出すことである。したがって，組織的知識創造は，個人によって作り出される知識を組織的に増幅し，組織の知識ネットワークに結晶化（クリスタライズ）するプロセスと理解すべきである」（野中・竹内，1996：88）という記述からも理解することができます。

　知識創造のコンセプトを理解するために知っておかなければならないのは，ポランニーの提唱する認識論の次元です。それは，暗黙知と形式知です。暗黙知とは，「特定状況に関する個人的な知識であり，形式化したり他人に伝えたりするのが難しい」（同）知識のことです。

　一方で，形式知とは，明示的な知であり，「形式的・論理的言語によって伝達できる知識」（同）のことです。暗黙知と形式知の性質の対比については，**図表８−３**を確認してください。暗黙知と形式知は，全く異なる正反対の知識ではあるものの，この知を変換するプロセスこそが，知識創造の理論において，知識の創造を生み，組織にイノベーションをもたらすと考えられているのです。

▶「知識創造」の４つのモード

　このように考えると，組織の知識創造には，４つのモードが浮かび上がります。その４つのモードとは，１）個人の暗黙知からグループの暗黙知を創造す

図表8－3 暗黙知と形式知の対応

暗黙知	形式知
主観的な知（個人知）	客観的な知（組織知）
経験知（身体）	理性知（精神）
同時的な知（今ここにある知）	順序的な知（過去の知）
アナログ的な知（実務）	デジタル的な知（理論）

出所：野中・竹内（1996）。

図表8－4 4つの知識変換モード

出所：野中・竹内（1996）。

るモード，2）暗黙知から形式知を創造するモード，3）個別の形式知から体系的な形式知を創造するモード，4）形式知から暗黙知を創造するモード，です（同，p.92）。そして，1）のモードを「共同化（socialization）」，2）のモードを「表出化（externalization）」，3）のモードを「連結化（combination）」，4）のモードを「内面化（internalization）」と名づけています。その全体像を表したものが，**図表8－4**になります。

この4つの知識変換モードは，それぞれの英語の頭文字をとって，「SECIモデル」と呼ばれています。

SECIモデルは，つぎのように説明されます。組織は，まず，組織に属する構成員に対して，言葉ではなく，観察や模倣，練習，経験することによって，組織特有の方法や技能などの暗黙知を修得し，共有する「共同化」のモードを高めます。このときに重要なことは，相互作用できる「場（フィールド）」を

作ることから始めることであるといいます（野中・竹内，1996：105）。組織の暗黙知を共有するための環境を整備するためです。この共同化によって，「共感知（sympathized knowledge）」が生み出されます。

　次に，この暗黙知（共感知）を明確なコンセプトとして表現する「表出化」のモードに移行します。暗黙知を形式知化する段階です。この段階において，対話や相互作用を通じてコンセプトや仮説，メタファー，アナロジー，モデルとして明示することで，形式知化されていくことが多いようです。ただし，暗黙知から形式知への転換は，性質の異なる知を転換することを意味します。そのため，野中・竹内（1996）において，この表出化の段階が知識創造の鍵を握ると強調しています（p.98）。この表出化によって，「概念知（conceptual knowledge）」が生み出されます。

　表出化された知（概念知）は，異なった形式知を組み合わせて，新たな知識体系を作り出す「連結化」のモードに移行します。このモードでは，既存の形式知を整理・分類して組み替えることによって新たな知識を生み出し，その知識体系を創り出すこともできると指摘しています。この「知識体系」とは，より具体的には，グランド・コンセプトやコーポレート・スローガン，商品コンセプトといった形で体現されるようになるのです。この連結化によって，「体系知（systematic knowledge）」が生み出されます。

　そして，この形式知（体系知）を暗黙知へ体化する「内面化」のモードに移行します。より具体的には，組織構成員が形式知化された文書やマニュアルを理解し，それを組織を構成する個々人が理解することで追体験・疑似体験が可能となり，それが「当然のこと」として個々人に体化していくことを表しています。すなわち，これまでの知識創造の3つのフェーズを経て，個々人の体験が共同化，表出化，連結化されてきたものが，メンタル・モデルや技術的ノウハウという形で暗黙知ベースに転換されることで，個人にとっても組織にとっても貴重な財産になっていくのです（野中・竹内，1996：102）。こうして，内面化によって「操作知（operational knowledge）」が生み出されます。

　さらに，この暗黙知（操作知）は，次のフェーズに移行し，次の共同化のモードを高める行動へとつながっていくのです。このようにして，企業は，知識創造のスパイラルを形成し続けるのです。

⑹ 知識創造の前提

　知識創造の論理もまた，伊丹の見えざる資産の論理と同様，深い洞察を数多く含み，多くの示唆的な議論が繰り広げられています。それゆえ，世界的に大きな反響を呼んでいるのです。それを象徴するかのように，Nonaka and Takeuchi（1995）におけるGoogle Citationを確認すると，6万3,172もの引用がなされています（2021年7月10日現在）。

　その一方で，この知識創造のコンセプトにもまた，前提があります。それは，調査の対象となった企業が「ゆっくりとだが着実に，国際競争での地位を高めて成功するにいたった日本企業」（野中・竹内，1996：1）として，事例を分析しているところに起因します。

　第1の前提は，野中（1991）やNonaka and Takeuchi（1995），野中・竹内（1996）では，この具体的事例として，松下電器（現 Panasonic）の自動パン焼き器「ホームベーカリー」の商品開発や，エプソンのパソコン開発，ホンダの乗用車「シティ」開発などを挙げ，分析をしていることです。すなわち，筆者らが野中（1991）やNonaka and Takeuchi（1995），野中・竹内（1996）を執筆するまでの過程で，「興味深い」と思った（かつ，掲載許可が得られた）事例が取り上げられているのです。そのため，これらの事例が一連の研究で説明しようとしている現象を説明する事例として妥当かどうか，また，これらを選定した具体的基準や選定の妥当性があるかどうかを検討することが求められるのです。いわゆる，サンプリング・バイアスの問題です。

　第2の前提は，第1の前提に関連しますが，知識創造のコンセプトは，限られたケース・スタディをもとに知識創造の一般理論を創り出しているということにあります。そのため，取り上げる事例が異なる場合には，異なる結論が導出される可能性が否定できないのです。

　第3の前提は，ケース・スタディをもとにした帰納的調査方法から知識創造の一般理論へと昇華させていく過程で，哲学領域の研究を引用して理論を演繹的に導出していることです。すなわち，「ゆっくりとだが着実に，国際競争での地位を高めて成功するにいたった日本企業」（野中・竹内，1996：1）を説明するための理論的な枠組みが，哲学領域の研究から導出された知識の理論に最も合致しているのかどうかということです。そのため，現実と理論化の整合性に関する妥当性を検討することが求められるのです。

③ 根拠となるデータと収集方法

(1)　見えざる資産の場合

　伊丹は，初期の研究段階において，それまで専攻してきた数学や計量経済学の延長線上の研究では，実際に起きている現象を読み解くことの価値や意味を見出せなくなっていました。そのため，経営学的現象そのものに興味を抱き，経営戦略について考えるようになっていきました。

　伊丹は「企業の戦略の背後には，なんらかの必然性や法則性があるのではないか」との研究の問いを立てて，ビジネス雑誌のバックナンバー3年分を遡って，すべての情報に目を通しました。その情報のなかから，伊丹が自分自身の目に留まった興味深い情報をピックアップして，記述を整理していき，情報を分類していくことで，情報と情報の関係性を整理していったわけです。すなわち，見えざる資産が導出されるまでの伊丹の研究において，根拠となるデータはビジネス雑誌の記事という2次データであったわけです。

　情報を分類し，関係性を整理するための研究手法としては，帰納的に発見事実を見出す手法であるKJ法を活用しました。伊丹の研究は，収集したデータは2次データではあるものの，膨大な情報量から発見事実を導き出すための手法を用いて帰納的に構築されていった論理だったのです。

　伊丹の洞察力の優れた点は，見えざる資産を蓄積するためのルートである直接ルートによる直接的な情報の流れのみならず，業務副次ルートの重要性に着目している点です。見えざる資産を蓄積するための背後にある論理にまで着目したのです。そして，この背後にある論理こそが見えざる資産の蓄積に特に重要であるということを論理によって導出したのです。

(2)　知識創造の場合

　事例研究のためのインタビュー調査を続けていた野中は，ハーバード・ビジネス・スクールからの日本企業の研究の依頼があったことから，日本企業の製品開発リードタイムの早さに関するインタビュー調査を継続し，発表していきました。インタビュー調査は，「政策フォーラム」という勉強会に参加していた企業のトップへの働きかけによって実現していきました（小川，2021：64）。

すなわち，Nonaka and Takeuchi（1995）と野中・竹内（1996）の研究の知識創造企業を読み解く標本となったのは，当時，製品開発リードタイムが短く，企業競争力を発揮していて，野中と竹内にとって興味深い事例であったということになります。これらの事例を対象に，およそ130人のマネジャーに綿密な聞き取り調査を行いました（野中・竹内，1996：22）。

　この調査研究の標本を見る限り，一見，恣意的な事例の選択であるという見解もあります。しかし，日本企業できわめて高いパフォーマンスを発揮している「外れ値」となる企業を「ケース・スタディ」（野中・竹内，1996：ⅳ）として分析の対象にあえて選び，その「成功の秘訣」を分析したと解釈することもできるのです。

　このように，1次データを自らが収集し，帰納的に事例を分析する一方で，「知識」というコンセプトを哲学的思考で演繹的に論理を展開していきました。それが，ポランニーの認識論である暗黙知と形式知を基本的概念としたのです。こうして，理論と事例分析のすり合わせを行い，知識創造の理論（SECIモデル）を構築していったのです。

4 時間軸の長い研究（観察と洞察の研究）： 第7章と第8章のまとめ

▶「記述的プロセスとしての戦略形成」の特徴

　第7章と第8章では，記述的プロセスとしての戦略形成と題して，組織を分析の対象として持続的競争優位性を発揮する資源に着目した戦略学派（リソース・ベースド・ビュー）のアメリカと日本の代表的な研究を確認してきました。これらの研究では，分析の単位を外部から観察することが容易でない企業の内部資源に設定して，その蓄積のプロセスや方法を論理的思考や文脈の理解，現象を観察したことの細かな記述を通して明らかにしていくという特性があります。

　バーニーは既存研究から，伊丹はビジネス雑誌の記事という2次データから，野中・竹内は実際にインタビュー調査で収集した1次データから，それぞれの研究のスタイルで収集した膨大な情報量を整理し，分析や解釈を加えることで，概念を構築していきました。

　いずれの研究手法においても，組織内部の資源や戦略，企業行動に着目し，資源が蓄積され，持続的競争優位を発揮するプロセスを分析の対象としているわけです。そのため，これらの研究は，（戦略論のポジショニング・ビューの

立場と違い）組織の一時点だけを分析の対象としているのではなく，直接的であれ間接的であれ，組織を捉えるタイムスパンが長いこと，すなわち，分析の対象となる時間軸が長いことを特徴としていることがわかるのです。

▶定性的研究結果を概念化・理論化するということ

　組織の資源蓄積の論理や見えざる資産のコンセプト，知識創造のコンセプト（SECIモデル）は，いずれも，抽象化された概念や理論であって，概念や理論そのものを測定することは難しいことです（第4章の第2節を参照のこと）。しかし，それを承知であえて，これらを定量データで測定しようとする場合には，概念や理論そのものをどのような項目や指標に落とし込んでいくのか，そして，それをどのような手法で具体的現象を測定するのか，ということは容易ではありません。また，このような定量化を試みた場合，項目や指標の設定は，それぞれの研究者の判断基準や認識，基本的立場（思考），価値観に依存します。

　さらに，資源蓄積や見えざる資産，知識創造は，いずれの企業にも当てはまる，すなわち，一般化できるものではありません。そもそも，研究の分析の対象が，あまたある企業のなかでも「持続的競争優位性を発揮している」という決して除いてはいけない統計的「外れ値（outlier）」となる社会的に特異な（他と比較して大きく異なっている）現象を対象としています。そのため，多くのサンプルを分析の対象とした定量的研究とは，質を異にするのです。

　ただし，分析対象とした企業が，本当に「『持続的競争優位性を発揮している』という決して除いてはいけない統計的『外れ値（outlier）』」であるのかどうかを厳密に検証することは容易ではありません。このような背景もあるため，このような研究は，研究者の価値観や主観，解釈に大きく左右されるという批判がなされることが少なくないのです。すなわち，サンプリング・バイアスがある，または，現象を恣意的に解釈しているという批判を受けるのです。逆の視点から見た場合には研究者のインサイトや洞察力に依存する研究であると指摘されることもあります。それゆえ，定性的研究を行おうとする研究者は，その思考の幅を広げるために，他のディシプリンとなる学問領域にまで見識を広げて，洞察力を深めるのです。

　このような研究の方法論上の限界を指摘されてきてはいるものの，井上（2014）でも指摘されているように，学術研究者の使命の1つは，現象に隠れている「ブラックスワン（あり得ない・想定外の分析結果）」を見つけること

にあります。すなわち，学術研究者は「通説とは異なる見解を提示したり，対立する見解を統合させたり，意外な実態を明らかにしたり，不思議の発生メカニズムを解明する」（井上，2014：7）ことが求められているとも言えるのです。そして，それゆえ，事例研究における*Academy of Management Journal*の掲載比率は1割にも満たないにもかかわらず，そのジャーナルの最優秀論文賞を受賞する比率が高いという事実と符合するのです。このような定性的研究やケース・スタディを取り上げた研究が多くの共感を得ているのも，また1つの事実なのです。

考えてみよう

1. ある特定の業界で首位を占めている（特定の業界で持続的競争優位性を発揮している）企業を選び，伊丹が主張する「見えざる資産こそが企業の競争上の優位性の源泉になる」のかどうか，そして，見えざる資産の蓄積ルートを確認することができるのか（特に業務副次ルートを確認することができるのか）どうか，考えてみよう。
2. ある特定の業界で首位を占めている（特定の業界で持続的競争優位性を発揮している）企業のプロジェクトや組織を選び，野中・竹内が主張する知識創造のコンセプト（SECIモデル）および，知識創造のスパイラルを確認することができるのかどうか，考えてみよう。

参考文献

伊丹敬之（1980）『経営戦略の論理』日本経済新聞社。

伊丹敬之（1984）『新・経営戦略の論理—見えざる資産のダイナミズム』日本経済新聞社。

伊丹敬之（2012）『経営戦略の論理（第4版）—ダイナミック適合と不均衡ダイナミズム』日本経済新聞出版社。

伊丹敬之・加藤敬太・西村友幸（2020）「経営学者のこゝろ〔Ⅴ〕—伊丹敬之先生に聞く」『商学討究』71（1），221-266。

伊丹敬之・軽部大編著（2004）『見えざる資産の戦略と論理』日本経済新聞社。

井上達彦（2014）『ブラックスワンの経営学—通説をくつがえした世界最優秀ケーススタディ』日経BP社。

小川進（2021）『世界標準研究を発信した日本人経営学者たち—日本経営学革新史1976年-2000年』白桃書房。

川喜多二郎（1967）『発想法―創造性開発のために』中央公論社。

川喜多二郎（1970）『続・発想法―KJ法の開発と応用』中央公論社。

加護野忠男・野中郁次郎・榊原清則・奥村昭博（1983）『日米企業の経営比較―戦略
　　的環境適応の理論』日本経済新聞社。

武石彰（2003）『分業と競争―競争優位のアウトソーシング・マネジメント』有斐閣。

沼上幹（2009）『経営戦略の思考法―時間展開・相互作用・ダイナミクス』日本経済
　　新聞出版社。

延岡健太郎（1996）『マルチプロジェクト戦略―ポストリーンの製品開発マネジメン
　　ト』有斐閣。

野中郁次郎（1974）『組織と市場―組織の環境適合理論』千倉書房。

野中郁次郎（1990）『知識創造の経営―日本企業のエピステモロジー』日本経済新聞
　　社。

福澤光啓（2013）「ダイナミック・ケイパビリティ」組織学会編『組織論レビューⅡ
　　―外部環境と経営組織』，41-84，白桃書房。

藤本隆宏（1997）『生産システムの進化論：トヨタ自動車にみる組織能力と創発プロ
　　セス』有斐閣。

水野由香里（2018）『戦略は「組織の強さ」に従う―“日本的経営”の再考と小規模
　　組織の生きる道』中央経済社。

Dyer, J. H. (1994) Dedicated Assets: Japan's Manufacturing Edge, *Harvard
　　Business Review*, November-December, 174-178.

Itami, T. and Roehl, T. W. (1987) *Mobilizing Invisible Assets*, Harvard University
　　Press.

Mintzberg, H., Ahlstrand, B. and Lampel, J. (2009) *Strategic Safari: The Complete
　　Guide through the Wilds of Strategic Management*, 2nd Edition, Peason
　　Education.（齋藤嘉則監訳『戦略サファリ―戦略マネジメント・コンプリートガ
　　イドブック（第 2 版）』東洋経済新報社，2013年）

Nonaka, I. (1991) The Knowledge-Creating Company, *Harvard Business Review*,
　　November-December, 96-104.

Nonaka, I. (1994) A Dynamic Theory of Organizational Knowledge Creation,
　　Organization Science, 5 (1), 14-37.

Nonaka, I., and Takeuchi, H., (1995), *The Knowledge-Creating Company: How
　　Japanese Companies Create the Dynamics of Innovation*, Oxford University
　　Press.（野中郁次郎・竹内弘高著，梅本勝博訳『知識創造企業』東洋経済新報社,
　　1996年）

────────────── 第 **9** 章 ──────────────

組織論
―分析の単位に起因するエビデンス―

───────────────────────────────

1) **単一組織から組織を読み解く視点**
　 　（分析の単位：単一組織）

⑴　組織構造分類の着想と調査研究からの知見

▶チャンドラーの研究のきっかけ

　単一組織を分析の単位とし，「近代的な大規模企業がどのように誕生・発展し，事業組織をどのような理由でいかに改変していったのか」との研究の問いを立て，その論理を明らかにした研究者が，アルフレッド・チャンドラー（Alfred D. Chandler, Jr.）です。チャンドラーがなぜ，このような疑問を抱くようになったのでしょうか。その背景には，チャンドラーの曾祖父，ヘンリー・バーナム・プアーの影響がありました。

　実は，チャンドラーの曾祖父は，アメリカの企業格付け会社で名高いスタンダード＆プアーズの創設者の1人で，鉄道事業の経営や運行に関する雑誌社を経営した経験を持っていたのです。曾祖父の死後，チャンドラーは，曾祖父が残した膨大な資料を手にして，鉄道企業を研究テーマに博士論文を書き上げました（チャンドラー，2004：vi-xiv）。チャンドラー自身も「曾祖父の書いたもの（鉄道に関する専門雑誌）に目を通すことで，私はアメリカの初期の大企業の成り立ちを毎週のように追うことができた」（同，p. xiv）と振り返っています。

　この研究がきっかけとなって，チャンドラーは，鉄道企業以外にも，アメリカの企業がビッグ・ビジネス化していくプロセスとそのプロセスにおける組織

の改編に興味を持つようになったのです。そして，チャンドラーは企業規模と業績の両面で突出したアメリカ企業の組織改編に注目し，アメリカの大企業50社（より正確には，1948年時点での資産額上位50社）を対象にした予備調査に着手しました。

　すると，1つの事実が明らかとなります。それは，企業がビッグ・ビジネス化する（より正確には，多角化戦略を遂行してビッグ・ビジネス化する）プロセスにおいて，集権的職能別組織（機能別組織）から，本社と製品別，あるいは地域別事業部から成る事業部制組織へと組織改編が行われていることでした（同，p. xiv）。

▶チャンドラーの研究手法

　そこで，組織が拡大するプロセスの早期に組織改編が行われた代表格の企業に絞って事例研究を進めたのです。その企業が，デュポンとゼネラルモーターズ，ニュージャージー・スタンダード，シアーズ・ローバックでした。これらの企業を研究する際，年次報告書や政府広報，雑誌といった入手の容易な資料や社史といった公開情報を収集して分析することはもちろんのこと，経営陣や組織改編にかかわった人々へのインタビューを行い，組織改編をめぐるやりとりの書簡やメモ，内部資料，議事録などの社内資料までをも収集して分析しました（同，p.7）。その結果，これらの企業が，その企業成長の過程で，それぞれの経営陣が（他社の模倣ではなく）独自で新しい組織形態を探り，事業部制組織へと組織改編することで，巨大企業のマネジメントの舵取りをしていたことが明らかとなったのです（同，p.6）。

　また，事業部制組織がどの業界に普及していたのか（すなわち，事業部制組織という組織構造が模倣されるようになっていったのか）について確認するために，そして，4社の事例研究の結果から組織改編の一般化を試みるために，1909年時点での資産額上位50社と1948年時点での資産額上位70社（後者は前者の予備調査を含んだ数です）を対象にマネジメントの歴史も同時に確認しています。具体的手法としては「年次報告書ほかの報告書，政府広報，雑誌といった入手の容易な資料から，また一部は社史などから集めた。とりわけ重要な18社については，印刷媒体に頼るだけでなく，経営陣へのインタビューを行った」（同，p.7）のです。

　これらの調査によって，4社の事例研究から導出された「組織のビッグ・ビ

ジネス化（より具体的には多角化戦略）とともに事業部制へ組織改編が行われる」ことが一般論として支持された（より正確な記述をすると「一般論が正しいとの裏付け」（同，p.478）が得られた）と主張しています。さらに，4社の事例研究による発見事実として「事業の拡大が契機となってマネジメント上の課題が持ち上がり，やがて組織の改編につながった事実が明らかになったばかりか，組織に大きなメスが入るのはたいてい，経営トップの交代後であると判明した」（同，p.478）とも指摘しています。

▶チャンドラーの研究を理解するポイント

　チャンドラーの集権的機能別組織（機能別組織）と事業部制組織の議論の本質は，事業の成長のパターンに応じて異なるタイプの組織構造が生まれることを指摘している点にあります。それはチャンドラー自身が「過去の記録をたどると，組織は戦略に従って決まり，事業拡大の道筋が異なれば，マネジメント上のニーズも異なり，結果として別タイプの組織が生まれる，という事実が浮き彫りになってくる」（同，p.62）ことを認識していることからもうかがえます。

　しかし，チャンドラーのそもそもの問題認識は，「なぜ，アメリカの企業がビッグ・ビジネス化したのか，ビッグ・ビジネス化に伴い組織改編がどのように行われ，どのように組織のマネジメントが遂行されてきたのか」にありますので，Chandler（1962）の紙面の多くは，必然的に事業部制組織の議論に比重が置かれることになるのです。ただし，繰り返しますが，この組織構造の議論において，「事業の成長のパターンに応じて異なるタイプの組織構造が生まれる」点を理解しておくことが重要だということです。

　それでは，集権的機能別組織（機能別組織）と事業部制組織について，どのような組織構造を持つのかを確認するとともに，それぞれの組織構造がどの事業の成長パターンに適しているのかについて確認します。

(2)　組織の拡大と組織構造の変化

▶「集権的職能別組織」とは

　チャンドラー（2004）では，デュポンがビッグ・ビジネス化していくプロセスを細かく追っています（チャンドラーにそれが可能だったのは，チャンドラーの母親がデュポン家の出身だったからです）。その中に，デュポンが多角化する以前の1903年から1919年までの組織マネジメント体制の記述があります。

「『一社の名の下に，単一の販売組織，単一のマネジメント，単一の業務遂行体制のもとで経営すること』が可能となったのだ。このような方法によってのみ，設備や人材の重複を避け，購買，製造，出荷，販売といったさまざまな職能を低コストで体系的に管理し，職能間に欠かせない調整を実現できる」（pp.70-71）と書かれています。この組織構造が集権的職能別組織（機能別組織）です。

「集権的」とは，経営者や経営陣が意思決定権を持ち，指揮命令系統がトップダウンであることを表しています。また，「職能」とは，組織における果たすべき専門的な職種や役割のことを意味しています。具体的な職能には，開発や調達，生産，営業などが挙げられます。すなわち，職能とは，組織を構成・運営するのに必要な「機能」なのです。そのため，機能別組織とも呼ばれています。

チャンドラー（2004）では，経営者が圧倒的な支配力を持って組織マネジメントを行う意味も含めて「集権的職能別組織」と訳されていますが，単に機能別組織と呼ばれることも少なくありません（むしろ，経営学においては機能別組織のほうが一般的であると言っても過言ではありません）。この集権的職能別組織の構造を表したものが，**図表9−1**になります。

▶「集権的職能別組織」の留意点

集権的職能別組織（機能別組織）とは，組織における意思決定権を持つ株主や経営陣に，組織を構成するそれぞれの機能を果たす部署がぶら下がっている

図表9−1 機能別組織（概念図）

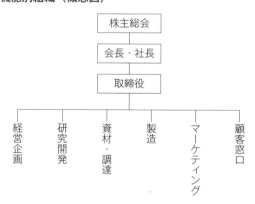

出所：筆者作成。

形の組織構造です。この組織構造では，それぞれの部署の専門性が高すぎたり，独立性が高すぎたりすると，部署間の利害関係が対立し，衝突する関係になってしまうことがあるので注意が必要です。

　実際に，業績が低迷していたときのとある日本のビール会社では，営業部が「一生懸命売っているのに，売れないのは，良い商品を開発していないからだ」と主張する一方で，開発部は「こんなにおいしいビールを開発したのに，売れないのは，営業の販売力が低いからだ」と主張していました（そのビール会社は，その原因の一因を，店頭で販売されている商品が古くなることでビールの風味が落ち，その結果，同社のビールがますます売れなくなっていることにある，と経営者が判断しました。そして，店頭で販売されて一定期間経ったビールを回収するなどしてビール事業の改革に乗り出しました）。

　この集権的職能別組織（機能別組織）の組織構造は，小規模組織の場合や，組織規模が大きくても単一事業のみを営んでいる企業に適合しています。それゆえ，経営者による「集権的」な管理も可能になるのです。チャンドラー（2004）においても，「銅，亜鉛，鉄，鉄鋼，たばこ，食肉，砂糖，酒，バナナなどを扱う企業は半世紀にわたって，同じ顧客層に同じ製品を提供していたため，事業が拡大しても，新しいマネジメント課題にはさほど直面しなかったのだ。（アメリカの他の業界で事業部制組織が続々と取り入れられるようになっていく）1960年時点ですら，これら企業の大多数は旧来の集権的職能別組織を保っていた」（p.53）と指摘されているのです。

▶「集権的職能別組織」が適合しない組織

　しかし，アメリカの企業が企業買収を重ねてビッグ・ビジネス化していくと，組織マネジメント上の課題に直面することになりました。この点について，チャンドラー（2004）は，「企業規模の拡大そのものは直接の原因ではなかった。経営上層部の下すべき判断が多岐にわたり，複雑さを増したのが真因だったのだ。その背景には，活動地域の地理的拡大や製品の多角化があった」（p. xv）と指摘しています。

　アメリカの企業がビッグ・ビジネス化を企業買収という形で多角化を進めていくプロセスで，「経営上層部の下すべき判断が多岐にわたり，複雑さを増した」（チャンドラー，2004：xv）ために，組織マネジメント上の限界に直面したことがわかるのです。すなわち，「なぜ，企業がビッグ・ビジネス化すると

ともに集権的職能別組織がその組織に適合しなくなった」のかの答えは，アメリカ企業の多角化戦略にあったのです。この点は，チャンドラー（2004）においても明記されています。「地理的な拡大によって，またはそれ以上に製品の多様化によって，従来のマネジメント体制ではひずみが大きくなり，ついには限界に達したため，事業部制が生まれたのだ」（p.55）と指摘されているのです。

それでは，なぜ，そもそも企業の多角化戦略が採用されることになったのでしょうか。チャンドラー（2004）によるデュポンの事例研究では，次のような説明がなされています。デュポンは，第一次世界大戦後，戦時中の軍需用品の需要が急減したことで生産設備に余剰が生じました。そこで，経営陣は，生産設備の稼働率を上げるために，製造する製品の種類を増やすことでこの状態を回避しようとします。すなわち，多角化戦略に舵を切ったのです。

複数の事業が成長すると，それぞれの事業で，経営資源の配分を見直す必要が出てきますが，それぞれの事業では，往々にして従来とは異なったタイプの人材や能力の獲得が求められるようになります。しかし，集権的機能別組織のままでは，経営陣が行うべき本質的業務，すなわち，製品やその需要トレンドに合わせて調整したり，複数の事業の業績を評価したり，新旧の各事業にわたる資源配分の計画を立てたりすることに，十分な注意を払えなくなっていきました。

その結果，経営陣に過重なマネジメント負担がのしかかり，経営責任を十分に果たせなくなってしまったのです。こうして，集権的職能別組織が機能不全を起こすことになってしまったのです。

▶「事業部制組織」の誕生

そのため，経営陣は，新たな組織構造の形態を独自で探っていくことになります。その結果，新たに生まれた組織構造が事業部制組織だったのです。事業部制組織の構造を表したものが，**図表9－2**になります。

事業部制組織は，それぞれの事業に，それぞれの事業を営むのに必要な機能がぶら下がっている形の組織構造です。経営陣は，事業部制組織を導入することによって，これまでの過重なマネジメント業務を軽減することができ，本来の経営者として果たすべき長期的な成長戦略や創造的な組織プランを考えることができるようになったのです。過重なマネジメント業務を軽減するということは，すなわち，実際の事業部の運営については，各事業部の幹部に任せると

図表9−2 事業部制組織（例）

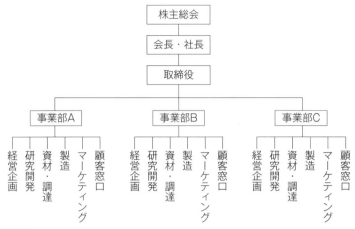

出所：筆者作成。

いうことです。換言すると，事業部制組織は，これまでの集権的な組織体制から分権的な組織体制に移行したといえるのです。

　一方で，企業によっては，事業部に独立採算制を課し，経営責任を持たせることもあります。このような企業は，それぞれの事業部が経営的にも独立していることから「社内カンパニー制」と呼ばれています。

▶「事業部制組織」がもたらした組織へのメリット

　このように，事業部制組織によって，それぞれの事業部に権限を委譲し経営責任を持たせることは，別の利点が期待されました。それは，その事業部の幹部が，経営や意思決定の経験を持つことになるため，それが結果的に，経営者育成の場，より正確には，経営者候補を選別するための場となったのです。事業部のトップとしての成果が「経営者の力量」としてみなされるようになったのです。

　また，チャンドラー（2004）は，このような組織改編を行った個人にも着目しています。事例研究を通して，組織改編を行った個人の共通点として，企業の所有者（株主）ではなく，専門経営者によって遂行されたこと，エンジニアリングの素養や発想を持っていたこと，比較的若く，責任ある地位についてほどなく組織改編に関心を払い始めたこと，幅広い経験があり，社外での経験も

有していること，を挙げています（p.398-405）。

そして，チャンドラー（2004）の事例研究の結論として，「事業部制の採用を促す状況が生まれたのは，新規事業に参入したり，全米あるいは世界規模で事業を拡大した後である。それによって持ち上がったマネジメント・ニーズに新組織が対応できたのは，第一に，社の業績や成長に責任を担う経営陣に多くの時間，情報，意欲を与え，事業拡大によってふえた戦略案件について，集中して判断できる環境を用意したからだ。第二に，組織を円滑に動かす責任を負う人々に，単一製品あるいは単一地域の変わりゆく需要に対応するために製品フローを調整したり，職能活動に専念したりする環境を与えたからである」（p.408）ことを主張しています。

このようにして1920年前後に誕生した事業部制組織が，1960年になると，多角化した戦略を採用する企業のマネジメントをするための仕組みとして，アメリカの大企業に広く受け入れられるようになっていったのです。一方で，この一連の議論は，1つの興味深い示唆を与えています。それは，事業を多角化せず，単一事業で組織の拡大を遂げている組織であれば，集権的職能別組織（機能別組織）を導入すべきであるという結論が導出されるわけです。

(3) 縦割り組織の課題と回避するための方策

▶「事業部制組織」がもたらした新たな課題

企業が多角化戦略を選択するようになると，組織構造は，集権的職能別組織から事業部制組織へと変化するという「一般化」が確認されるようになっていったわけですが，事業部制組織を導入しさえすれば，経営陣による組織マネジメント上の課題からすべて解放されるというわけではありません。いくつか組織マネジメント上の別の課題が浮き上がることがあるのです。

第1に，企業の多角化とともに事業部制組織が浸透すると，事業間での業務の重複が確認されることがあるのです。特に，事業領域が近い，いわゆる，関連多角化を行っている場合，その傾向は高くなります。そのため，企業の「最適な資源配分」の観点からみると，重複する業務を何とか解消し，最適化を実現しようとするのです。

第2に，事業部制組織においては，それぞれの組織が独立しているため，縦割り組織化し，組織（事業部間）の横断的なつながりを欠いてしまうことがあるのです。これは，事業部を社内カンパニー制にしている場合にはなおさら，

同一企業内の横断的なつながりを欠いてしまうことは少なくありません。これは，製品ライン間の調整を難しくしてしまいます。具体的には，製品トレンドのサイクルで製造ラインに余剰が発生したときや，需要過多で増産体制を敷かなければならないときに，事業部間で調整して対処することを難しくしてしまうのです。

　第3に，現在は1つの事業部としては確立するほどの状態ではないものの，高い将来性を持つ事業の種を育成するためには，縦割り組織となっている事業部制組織が制約となることがあるのです。なぜなら，新たな事業を創出するためには，既存の事業部の単位ではなく，事業部の枠組みを超えて行われることを求められる局面が少なくないからです。事業部の枠組みを超えて対応して，多様な事業部の機能を担うメンバーが集まると，組織の「多様性」が生まれやすくなります。それぞれのメンバーの専門性の多様性は，タスク面での多様性（task diversity）と呼ばれています（Howitz and Howitz, 2007；Joshi and Roh, 2009）。事業部を横断した専門性の多様性こそが，イノベーティブな組織をマネジメントするのに有効であるという研究結果が確認されているのです。

　企業は，このような状況に対処するための方策を考えるようになります。その具体例が，マトリックス組織やクロス・ファンクショナル・チーム（Cross Functional Team：CFT）です。

▶「マトリックス組織」とは

　マトリックス組織の基本的な組織構造は，**図表9－3**のようなものになります。

　マトリックス組織の特徴は，それぞれの事業部と機能部を掛け合わせた組織であるということです。この組織構造をとることによって，事業部制組織の特性から発生する上記の3つのマネジメント上の課題を解消しようとしたのです。

　マトリックス組織を最初に導入したのは，National Aeronautics and Space Administration（以下，NASAと略します）であるといわれています。NASAは，宇宙事業そのものを手がけているため，その組織構造の基本は機能別組織をとっています（Office of Management, and Management Processes Branch of NASA eds., 1985）。しかし，それでもマトリックス組織を導入する必要性に迫られたのです。それは，本部機能にかかわる業務と現業にかかわる業務が併存していたからです。

図表9-3　マトリックス組織（例）

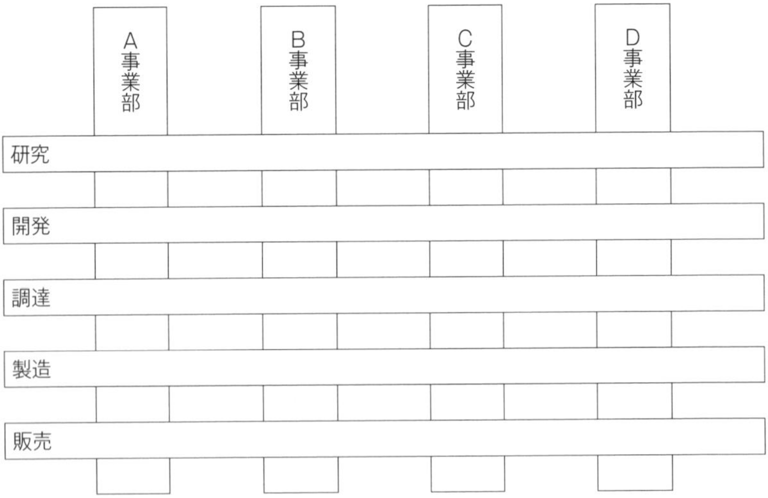

出所：筆者作成。

　機能別組織を採用するNASAの組織構造の改編は，1～2年ごとに頻繁に組織構造に変更が加えられていて（同）興味深いのですが，その一方で，1960年代から1970年代にかけてマトリックス組織が採用されていたとの記述があります（Harris, 1990）。Harris（1990）では，宇宙船の翼開発のプロジェクトにおいてマトリックス組織がとられていた事例を紹介しています。実用的な航空機（宇宙船）の翼を開発するために，音速の乱流と臨界マッハ数という2つの側面から（developing practical airfoils with two-dimensional transonic turbulent flow and improved drag divergence Mach numbers）独特な翼の形を開発する必要があり，マトリックス組織構造で実践した事例が挙げられています。

　NASAが機能別組織の構造を採用しながら，なぜ，マトリックス組織を部分的に採用していたのかの理由は，NASAの本部機能（調達や人員管理，施設などの特定のタスクや，活動に関するNASA全体の一般的な調整，支援，および管理の業務）と，先にも挙げたように，宇宙船の開発や打ち上げ業務というテクニカルな機能が併存していたためです。その結果，NASAのフィールド・センター（本部機能ではなく実際の開発に近い業務）に所属する人員が，本部が指示する機能的役割と現場のプログラムオフィスからの両方の指示を受けることになったのです。Office of Management, and Management Processes Branch of NASA eds.（1985）には，「このマトリックスの取り決めや，（2人の所属長に対する）二重の報告要件，および，機能別組織のマネージャーがプログラムとプロジェクトの管理に対して持つべき適切なレベルの権限と影響力のバランスなどが重要な課題となりました」（p.4）と記されています。

このような課題をNASAではどのように解決したのかというと，「その答えは，NASAの哲学にある」と主張しています。NASAの哲学とは，プログラム・マネジャーとプロジェクト・マネジャーに可能な限り多くの自律性と意思決定権限を与えることだといいます。そして，主要な機能的活動については，主に管理組織の下部に置くことで，業務の効率化を目指したといいます。このようなNASAの取り組みに着目したのが，ビッグ・ビジネス化したアメリカの大企業でした（Glenn and Harrar, 1988）。事業部制を導入した大企業において，同様の組織上の課題が発生していた傍証であるともいえるでしょう。

しかし，NASAの事例からも明らかですが，マトリックス組織を導入しようとすると，一般的な事業部制組織においても，必然的に1人の従業員が，少なくとも2人の「上司」，すなわち，事業部長と機能部門長の指揮命令のもとで働くことになります。これは，言葉を返せば，事業部長と機能別部門長の責任の所在があいまいになるというリスクも内包しているのです。

▶「クロス・ファンクショナル・チーム」とは

その課題を解消するための1つの組織の管理手法が，クロス・ファンクショナル・チーム（Cross Functional Team：CFT／以下，CFTと略します）です。CFTには，大きく2つのタイプがあります（Ford and Randolph, 1992）。それは，マトリックス組織の延長線上のCFTとプロジェクトタイプのCFTです。前者については，Ford and Randolph（1992）で，そのメリットとデメリットも含め，既存研究を整理しながら説明しています。後者については，日産自動車の「日産リバイバル・プラン」の実践の事例がよく知られています。

マトリックス組織の延長線上のCFTの場合には，2つの部署に存在する2人の上司のどちらかの意思決定権と責任を高めることで，指揮命令系統の優先順位をつけるというものです。この方法によって，マトリックス組織のもとで2人の上司がいても，その部下は，どちらの上司の指示に従ったらよいのかを判断することができるようになるのです。

その際，機能の部署を優先させるよりも，結果の成果指標となる製品の部署

を優先したCFTにするほうが，効果が高いという研究結果が得られています（Clark and Fujimoto, 1991；Takeuchi and Nonaka, 1986）。

コラム6 「日産リバイバル・プラン」策定のために発足したCFT

　プロジェクトタイプのCFTを実践した日産自動車は，2000年3月期，5,900億円の連結赤字を計上していました。日産単独での赤字幅は7,300億円にまで膨れ上がりました（財部，2002）。その上，1998年時点の同社の有利子負債は，2兆円を超えていました（日産自動車資料）。これらの数字からも，事業と組織の立て直しが急務であったということがわかります。提示された改革案が「日産リバイバル・プラン」でした。

　その手順は，まず，エグゼクティブ・コミッティーによって，日産が解決すべきテーマを9つ抽出しました。そのテーマとは，「事業の発展」，「販売・マーケティング」，「購買」，「一般管理費」，「製造」，「財務コスト」，「研究開発」，「車種削減」，「組織と意志決定プロセス」でした。そして，それぞれのテーマをプロジェクトとして，日産が抱える課題の解決に取り組もうとしたのです。すなわち，部署単位ではなく，改革すべきテーマをプロジェクトの単位として，組織的課題を解決しようとしたのです。

　それぞれのプロジェクトでは，「パイロット」と名づけた責任者をトップに据え，各部署から選出された優秀な若手従業員を抜擢して，部署横断的な課題を抽出しました。9つのプロジェクトから2,000件もの課題を解決するためのアイディアが出され，最終的にエグゼクティブ・コミッティーによって400件に絞り込まれ，「日産リバイバル・プラン」として提示されました。そして，このプランをもとに，部署間の垣根を越えた事業と組織の改革が進められていったのです（日産自動車資料）。

　日産自動車が採用したCFTで重要な点は，解決すべき課題をプロジェクトとして，部署横断的な解決策を探ったところにあります。すなわち，プロジェクトのチームメンバーは，パイロットという1人の「上司」の指揮命令系統に従えばよかったのです。そのため，同社のこれまでの「しがらみ」から解放された「聖域なき改革」のためのプランを提示することができたと言えるのです。

(4) 単一組織から組織を読み解く（第1節のまとめ）

本節では，分析の単位を単一の組織とし，その単一組織をどのようにマネジメントするのかという組織構造，すなわち，単一組織におけるマクロ組織論を取り上げてきました。事業の多角化に伴う企業のビッグ・ビジネス化とともに，組織構造がどのように変遷してきたのか，そして，新たな組織構造が引き起こす別の課題をどのように解決するのかの議論に関しては，チャンドラーのような研究者による観察と記述が重要な役割を果たしていることを確認することができます。

また，単一の組織を分析の単位として，複数の企業の観察やインタビュー調査，および，アンケート調査を実施して，それらの調査から得られた結果を分析することによって，結論と研究のインプリケーションを導出する方式も確認することができました。

これらの研究からは，組織研究が，現象を捉え，定性的研究手法であっても，定量的研究手法であっても，分析する際には，記述的プロセスで研究の構造化が進められてきた系譜であることがわかるのです。

2 組織の関係構造から組織を読み解く視点 （分析の単位：組織の関係構造）

第2節では，分析の単位を組織の関係構造として，組織と環境の要素間の関係性を取り込んだ研究（第1項）と組織と組織の要素間，すなわち，複数の組織間の関係性を取り込んだ研究（第2項）を取り上げていきます。

(1) 環境と組織

▶環境と組織を分析の対象とした研究

環境と組織の関係において，環境の不確実性の程度によって，組織がどのような管理システムを採用するのかについて着目した研究として知られているのが，Burns and Stalker（1961）です。Daft（2001）や桑田・田尾（2010）などの組織論の教科書では，Burns and Stalker（1961）の研究を次のように説明しています。外部環境が安定的であれば（不確実性が低い環境下では），組織の公式化の程度が高くなり，組織は高度に中央集権化され，経営陣がほぼすべての意思決定を担う「機械的管理システム（mechanic management system)」を採用しているのに対し，急速に変化する環境（不確実性が高い環境）においては，組織の公式化の程度が低くなり，権限が分散化されている「有機的管理システム（organic management system）」を採用していると説明されています。

図表9－4　機械的管理システムと有機的管理システムの対比

機械的管理システムの特性	有機的管理システムの特性
(a) 機能的タスクが専門分化・分割されている	(a) （組織構成員が）専門的知識や経験をもって貢献しようとする性質を持つ
(b) 個別タスクが抽象的な性質を持つ	(b) 個人的業務に対して現実的な性質を持つ（組織構成員が各々の役割を果たす）
(c) ヒエラルキーの上司による調整が行われ，それぞれの業務に責任を持つ	(c) 相互作用を通して個人間の業務を調整し，継続的に定義し続ける
(d) 権利や義務，技術的方法を明確化する	(d) 権限や義務，方法についての責任は限定されない（ある特定の個人に責任を負わせない）
(e) 権利や義務，機能的役割を果たすための方法について通訳する（説明責任を果たす）	(e) 技術的な定義を超えた関与を拡大する（組織構成員は幅広くコミットメントする）
(f) 統制や権限，コミュニケーションを階層的（ヒエラルキー上）に構造化する	(f) 統制や権限，コミュニケーションは（ヒエラルキーではなく）ネットワーク構造をとる
(g) ヒエラルキーのトップは排他的で，ヒエラルキー構造を強化する	(g) 技術的・商業的知識や進行中の業務がネットワークに点在し，権限やコミュニケーションの統制はアドホック的になされる
(h) 上司と部下は垂直的相互作用を行う	(h) コミュニケーションの方向性は垂直的ではなく水平的となり，業務間のコミュニケーションは（命令的ではなく）コンサルティング的なものとなる
(i) 上司の指示や意思決定に基づいて，部下は業務にあたる	(i) コミュニケーションの内容は，情報やアドバイスである（指導や決定事項ではない）
(j) 上司への忠誠心と服従を強調する	(j) 関連業務へのコミットメントと前進する幅を広げようとする技術的気風にこそ価値がある（忠誠心や服従ではなく）
(k) 世の中の常識にではなく，組織内部の知識や経験，スキルを重要視し，敬う	(k) 個人的，技術的組織外部の商業的環境においても通用する所属や専門性の重要性や敬意を示す

出所：Burns and Stalker（1961）のpp.119-122をもとに筆者作成。

　また，Daft（2001）や桑田・田尾（2010）などの教科書では，この機械的管理システムと有機的管理システムという組織の管理手法は，イギリス国内のエンジニアの企業20社を対象にした研究から導出されたことも紹介されています（Daft, 2001；桑田・田尾，2010）。そして，それぞれの管理手法がどのような特性を持つかを比較したものが，**図表9－4**になります。

　機械的管理システムと有機的管理システムを考えるうえで，重要なことは，どちらが優れている管理システムなのかを議論することではありません。「組織が置かれているある特定の状況において，どちらの管理システムを選択することが最適なのか」を議論すること，そして，技術革新などで環境の状況が変化する局面で，「機械的管理システムから有機的管理システムにシフトできない問題」あるいは「シフトできた企業とシフトできなかった企業の違い」などを議論すること，にあるのです。すなわち，これらの論点は環境（Burns and Stalker［1961］の用語では「産業の状況」）と組織の管理システムの「一貫性」が重要であるということを示唆しているのです。

　そのため，このような環境の状況が組織の構造や戦略に影響を与えるという基本的な考え方は，その後，第8章でも紹介した野中郁次郎がアメリカで研究を進めることになったコンティンジェンシー理論（環境適応理論）として発展していくのです。

▶バーンズとストーカの学術的バックグラウンド

　それでは，図表9－4で確認したような特性を持つ機械的管理システムと有機的管理システムの議論がどのような研究から導出されたのかを，Burns and Stalker（1961）で確認していきます。まず，2人の研究者のバックグラウンドから確認してみましょう。

　Miner（2005）によると，バーンズは社会学をバックグラウンドとして組織行動論を研究していたといいます。スコットランドにあるエディンバラ大学で教鞭をとっていたことが縁で，スコットランドに拠点を構える企業の調査を行う機会があったのです。一方で，ストーカは，心理学をバックグラウンドに持っていました。Burns and Stalker（1961）の研究では，インタビュー調査と参与観察を主体的に実施していました。そして，その後，学術界を去り，コンサルタントになったと記されています。

　バーンズとストーカの共同研究の当初は，人々が働く場のコミュニティー

（community of people at work）を研究するためだったのですが，すぐに社会的構造や環境との関係性が重要になると気づき，研究の方向転換を図ったといいます（Burns and Stalker, 1961：1）。このエピソードから，バーンズらの当初の研究の関心・興味が組織内部のマネジメントにあったことがわかります。

　そして，そうこうしているうちに，大企業の研究開発から製品化までに組織内部で発生する疑惑や対立する関係にある当事者間をどのようにして解決するのかについての調査の機会がありました。研究開発から製品化までには，数多くの異なる立場と意見を持った人々が参画します。そのため，バーンズらは，この調査を通して，組織内の個人間の関係をいかに適応させるのかを中心的な研究テーマとしたのです。

▶Burns and Stalker（1961）の研究手法

　次の調査の機会は，かつて絶大な競争力を誇っていたエレクトロニクス産業での競争力の低下と新たな技術に端を発する新産業の勃興に危機感を募らせたスコットランドの地方自治体からもたらされました。スコットランド地域に，新たな技術を活用した産業を根付かせるための支援をすることが，スコットランド地方自治体の目的でした（同，p.3-4）。

　この自治体の取り組みにおいて，バーンズらの役割は，エレクトロニクス産業において，技術や商業的要素が変化するにしたがい，企業のマネジメント・システムはどのように変化するのかについて調査研究を行うことでした。バーンズらが選んだ標本は，12社でした。Burns and Stalker（1961）では，この調査をスコットランド研究（"the Scottish study"）と名づけました（同）。

　しかし，この調査対象となった企業の中に，技術や商業的要素が変化しているにもかかわらず，マネジメント・システムが変化していない企業群が存在していました。その原因を探ると，その企業で働く個人が，変化しようとする組織の一員になれていなかったこと，部門間のセクショナリズムの存在や他の部門と利害関係が対立していたこと，部門間の序列や優劣が深く根付いていたこと，にありました（同，p.6）。また，組織として政治システムや地位の構造が存在していることも，変化する環境に適応できないマネジメント・システムになってしまっていたことが明らかとなったのです。

　バーンズらは，1955年から1956年にかけて，この調査結果を発表しました。同じ業界における2タイプのマネジメント・システムの違いの議論を指摘され

るにつれ，追加的調査の必要性を実感するようになりました。

　そして，スコットランド調査研究に付随して，追加的に8社のイギリスの企業の調査を実施する機会を得ました。Burns and Stalker（1961）では，この調査研究をイギリス研究（"The English study"）と名づけました（同，p.7）。

　調査対象としたのは，スコットランド研究の対象企業よりも事業規模が大きく，よりエレクトロニクスの発展やモノづくりにコミットしていて成長初期の段階にある企業でした。これらの企業は，技術的変化の影響を受けて迅速に対応し，業務に有機的ラインを導入したり，新たな対応部署を設けたりと，多方面から組織的変化を促していたことが明らかとなりました（同，p.8）。

　バーンズらが行ったスコットランド研究とイギリス研究の調査研究の対象となった企業の属性を整理すると，エレクトロニクス（技術）の発展に投資をした15社と，そうではない5社から構成されています。また，技術の発展に寄与した企業のうちの4社はエレクトロニクスとは異なる産業の企業となっています（同，p.12）。

　バーンズらは，これらの調査対象企業を，社会学的参与観察（field sociology）と社会人類学（social anthropology）の一般的な研究手法を用いて分析していきました。より具体的には，インタビュー内容や観察事実，行動記録をコード化して識別していったのです。インタビューは，1時間程度のものから丸一日を要するものも含まれていました。また，1社ごとに数多くのマネジャーや役職者に実施しました。インタビューの順番についても工夫しています。分析対象者の最初のインタビューを終えた後，同じ数以上の同じポジションの人に改めてインタビューを行う手順をとったといいます。さらに，行動記録のなかには，対象企業の会議録やランチタイム時の会話なども含まれていました（同，pp.12-13）。

　このような研究手法を用いて，行動原理に落とし込んでいった結果，機械的管理システムと有機的管理システムという，2つの異なるマネジメント・システムが存在することが明らかとなったという結論が得られたのです。

▶Burns and Stalker（1961）の研究を理解する

　Burns and Stalker（1961）において明確に記述されているように，このような研究手法は「科学的ではない」と言われるものの，（社会人類学的研究手法の優位性の原理を読者とシェアしようとしているわけではないけれど）社会

学の学派において長期にわたって根付いた研究手法であることに言及していま
す（p.13）。

　また，バーンズらが，このような研究手法を採用した理由は，彼らが対象に
しているのがマネジメントという現象であり，明確に定義することに限界があ
る個人に関わる特殊な分類に位置付けられる社会現象を研究対象にしているか
らであるとも説明しています（同）。そして，組織構造や機能についての一般
化（すなわち，機械的管理システムと有機的管理システムの分類）を行った後
には，追加でインタビューや観察を行うなどして検証することで，社会学的用
語における分析や社会システムの理解につなげていこうとしたのです（同，
p.14）。

(2)　組織と組織

▶組織間関係に関する研究の重要性

　企業は，単一の組織ではありますが，その単一の組織だけで経済的活動をし
ているわけではありません。モノづくりの場合には，サプライヤーから素材や
部品を調達したり，それを顧客に販売したりしています。これは，企業は経済
活動を通して，さまざまな利害関係者（ステークホルダー）との相互作用が生
じていることを表しています。

　山倉（1993）においても同様なことが指摘されています。「企業はそれを取
り巻く企業やステークホルダー（利害関係）との関わりなしに存続，まして成
長することはできない。とりわけ，企業と企業の関係のありかたは，企業に
とってさまざまな可能性をもたらすものであるとともに，多くの問題をもたら
すものでもある」（p.ⅰ）と記されています。また，企業は，利害関係者のみ
ならず，第6章のポーターの5つの競争要因において確認したように，業界構
造に位置付けられるプレイヤーとのやりとりも発生します。

　これらのことからも，分析の単位を組織間の関係構造として考える必要があ
るのです。第1項では環境と組織の関係構造や相互作用について取り上げまし
たが，本項では，相互作用する対象を複数の組織間に焦点を当てて議論してい
きます。

▶組織間関係に関する研究の視点①：費用

　後のステークホルダーとなる対象と関係性を構築することや，取引を行う際

には，「費用」が発生します。相手の企業が信頼できる組織であるかどうか，また，契約内容に応じた取引業務を履行してくれる企業であるかどうかを判断する際には，それを確認する時間的，あるときには，金銭的費用が必要となることが少なくないためです。

それゆえ，企業間で取引を開始したり，ステークホルダーとの取引のための金融機関口座を開設するためには，それぞれの組織がさまざまな手順と手続きを踏んで，実際の取引の開始に備えるのです。このような費用のことを，経済学では「取引費用（取引コスト：transaction cost）」と呼んでいます。

このような取引費用が発生する理由の1つは，関係性を構築しようとしている相互が保有している相手企業に関する情報が不完全であることが背景にあります。もちろんその逆も然りで，相手企業は，こちらの組織に関する情報も不完全であることが少なくありません。この相互が保有する情報に偏りがあること，すなわち，情報が偏在していることを，経済学では「情報の非対称性（asymmetric information）」と呼んでいます。組織の双方が安心・安全，そして，円滑に関係性を構築するためには，この情報の非対称性から発生する課題をどのように解決するのかが1つの論点になります。

一方で，情報の非対称性は，関係性が構築されるにつれ，また，取引を繰り返し行うことによって，取引費用とともに，下げることが可能になります。裏を返せば，関係性を構築して取引を繰り返すことによって，情報の非対称性が徐々に解消され，それゆえ，相互に関する情報が蓄積されていくことを表しています。

▶組織間関係に関する研究の視点②：資産特殊性

このように，関係性が深まるにつれて，そして，取引の継続性が維持されるにつれて，相互間に蓄積されていくものをWilliamson（1985）は，「資産特殊性（asset specificity）」と名づけました。

この資産特殊性は4つのタイプに分類されています。それは，立地上の特殊性（site asset specificity）と物理的特殊性（physical asset specificity），人的特殊性（human asset specificity），特定的特殊性（dedicated asset specificity）です。

立地上の特殊性とは，関係を構築する組織間に物理的に近接していること，すなわち，ある特定の場所（場）で関係を構築することで発生する資産特殊性

です。物理的距離が近いことが，1つのメリットとなるという考えが背景にあるのです。物理的特殊性とは，関係性を構築したり取引をする際に，その相手組織に対してだけ提供されるために発生する資産特殊性です。人的特殊性とは，関係性が深まるにつれて，そして，取引の継続性が維持されるにつれて，蓄積されていく相互の組織の構成員の学習や知識などの人的資産に結びつく資産特殊性です。特定的特殊性とは，関係性を構築したり取引を行う相手組織に対して行った投資によって発生する資産特殊性です。

　組織間の関係は，関係性や取引が長期にわたるほど，このような資産特殊性が蓄積されていくことになります。その一方で，それまで培ってきた組織間の関係性を解消したり，取引を終了したりすると，双方にとって資産特殊性の蓄積に費やしてきた時間や費用が無駄になってしまいます。経済学では，この費用を「埋没費用（サンクコスト：sunk cost）」と呼んでいます。そのため，信頼が厚い組織間の関係構造においては，これらの関係性を維持しようとするインセンティブが働くのです。

　しかし，その一方で，その組織間が依存し合う関係になると，それらの関係は，表面張力の限界を超えてコップから突然あふれ出す水のように，どこかのタイミングで瓦解することになります。複数の企業間が，それまで「投資」してきた資産特殊性が埋没費用にならないよう関係を維持するのか，あるいは，一方が足かせとなって関係性を維持することを放棄するのかの「分水嶺」を，具体的な組織間の関係を通して読み解いていくこととします。

▶日本の組織間関係に関する研究①：トヨタ自動車

　組織と組織の取引関係については，日本の経営学研究においてもしばしば確認されてきました。そのなかでも，サプライヤーとメーカーの関係で世界的にも注目されてきたのは，トヨタ自動車とサプライヤーとの取引関係です。トヨタ自動車は，"Just in time"で知られているように，「必要なもの（部品）を，必要な時に，必要な量だけ調達する」システム，すなわち，「"ムダ""ムラ""ムリ"」（大野，1978：75）を排除するシステムを作り上げています。

　このシステムが世界的に評価されている理由の1つは，トヨタ自動車単体で実現しているわけではなく，サプライヤーとのコミットメントの結果，実現しているところにあります。これらの詳細な記述は，浅沼（1997）や藤本（1997）に詳しく書かれています。これらの研究書は，膨大なフィールド調査，すなわ

ち，現場の観察やインタビュー調査の結果を分析してまとめられたものです。また，「トヨタ生産方式」を作り上げた立役者である大野耐一が，その一連の手法を取りまとめたものが大野（1978）です。これらの著作には，"Just in time" を支える鍵となる道具となっている「かんばん」について詳しく書かれています。この「かんばん」に，さまざまな当該部品に関わる情報が書き込まれています。この「かんばん」がサプライヤーとの情報共有の手段として機能しているのです。

　トヨタ自動車の取引関係に詳しい人によく知られていることですが，同社は，取引するサプライヤーに対して原則として年に2回の納入部品のコストダウンを依頼しています。また，トヨタ自動車に部品を納入するのであれば，「かんばん」のルールに従う必要があります。

　しかし，それでもサプライヤーは，トヨタ自動車との取引の継続を希望することが少なくありません。それはどうしてなのでしょうか。その理由には，もちろん，トヨタ自動車はグローバル企業で販売台数も多いため，同社と取引のあるサプライヤーにとっては，まとまった部品の受注量が期待でき，安定的な売上を維持できるという側面もあるでしょう。しかし，それ以上にサプライヤーがトヨタ自動車と取引を継続したいと思う理由があるのです。

　それは，第1に，トヨタ自動車と取引していることの対外的信頼性があるからです。「取引基準が厳しいトヨタ自動車と取引をしている企業」という事実は，「トヨタ自動車が認めるほどの力量があるサプライヤーである」という対外的評判に結びつくのです。

　第2に，トヨタ自動車からの開発や製造に関する知識の移転が行われるからです。同社のサプライヤーにインタビュー調査をすると「トヨタの改善チームのメンバーが一定期間，工場に来てくれて，改善のポイントを教えてくれたり，工場の改善の指導をしてくれるのです」という話を聞くことが少なくありません。また，あるサプライヤーが「トヨタの仕事から利益を得ることはあまり期待していません。それは，利益以上に，効率的なモノづくりの方法や生産ライン，製造工程の改善のノウハウを得ることができるので，その"指導料"だと思って，部品のコストダウンも受け入れています」と筆者に語っていたのが印象的でした。

　第3に，第2点目と関連しますが，トヨタ自動車と取引していることで，学びや成長の機会が得られるからです。すなわち，トヨタ自動車との取引を通し

て，サプライヤー自身が，そして，サプライヤーで働く個人が「考え続ける組織・個人」となることが期待されるのです。年2回のコストダウンの要請に関しても，どのような視点で考え，どのような工夫をすればその要請にこたえることができるのかを，多面的な視点で検討する機会であると捉えているサプライヤーも存在するのです。

　また，浅沼（1997）で紹介されている「改善提案報酬」もサプライヤーの学びや成長の機会となっています。そして，サプライヤーからの工程数や材料原単価の低減提案や，設計の改善の提案に関しては，トヨタ自動車がその提案内容に応じてサプライヤーに還元する方式を導入しています。すなわち，サプライヤー自身が思考を凝らし，工夫することによって，結果的に両社がWin-Winの関係を構築することができるのです。

　さらには，自動車開発期間を短縮することを主な目的として導入された「承認図方式」（浅沼，1997；藤本，1997）もまた，サプライヤーのモノづくりの能力向上に役立っています。承認図方式とは，部品の詳細設計をサプライヤーに任せ，トヨタ自動車がそれを承認することです。この場合の設計図の権利は，サプライヤーに帰属します。トヨタ自動車が設計図を書き，サプライヤーはそれに基づいて部品加工を行う「貸与図方式」よりも，承認図方式のほうが，付加価値が高く，かつ，設計のノウハウもサプライヤーに蓄積されるのです。トヨタ自動車は，この承認図方式を奨励してきたのです（藤本，1997）。

　これらの点を鑑みると，トヨタ自動車とサプライヤーの関係は，相互に依存し合う関係ではなく，相互に戦略的に資産特殊性を蓄積してきていることを理解することができます。トヨタ自動車とサプライヤーの関係は，それぞれの主体が自律的成長を遂げるための企業努力を行うことで，長期的にWin-Winの関係を構築してきたことがわかるのです。

▶組織間の関係性の維持が難しいことの論理

　しかし，組織間関係を成立させ，継続させることは容易なことではありません。これまでにみてきたように，関係性を成立させるためには，費用やリスクが発生するからです。そのため，まず，組織間関係を成立させるための仕組みづくりが重要になるのです。これは，トヨタ自動車とサプライヤーを取り巻く取引関係からも理解できるでしょう。そこで，本項では，まず先に，組織間関係において共同受注の仕組みを想定して，一方が足かせとなって関係性を維持

することを放棄する方向性をたどる論理を確認します。

　関係性が同業種で直接的なつながりを持つ戦略を，Astley and Fombrun（1983）では，同盟型協同戦略（confederate strategies）と名づけました。この戦略の具体的事例としては，同業者の共同購入や共同受注，カルテルなどが挙げられます。しかし，このような結びつきの場合，潜在的な問題を抱えることが少なくありません（水野，2013）。Dollinger（1990）では，その理由を戦略的情報の欠如，信頼不信の存在，外部圧力の潜在的増大，潜在的な対立関係などが含まれるためであると指摘しています。すなわち，このような関係は，構成メンバー間に，パワーの対立や利益相反を引き起こす潜在的可能性を残しているのです（水野，2013：85）。

　そして，このような背景が存在するがゆえ，Dollinger（1990）では，同盟型協同戦略の1つに該当する共同受注の取り組みは失敗する可能性が高いと主張しているのです。共同受注の事例に例えると，共同受注の場が，受注した業務の奪い合いの場となる，すなわち，参画メンバーが金銭的な利益を真っ先に追求する機会主義的行動を誘発してしまうことが往々にして起こるのです（水野，2013：90）。このような場合には，どれほど資産特殊性を蓄積しようと（そもそも，参画企業に資産特殊性を蓄積するインセンティブは低いと考えられますが），関係性を維持することは難しくなるのです。

▶日本の組織間関係に関する研究②：京都試作ネット

　しかし，同じ共同受注の場であっても，実は，機能する仕組みを埋め込んでいる事例が存在するのです。その共同受注の場が存続することができている理由は，参画企業にとって，その場の持つ機能が「仕事を得る場」としてではなく，「自社では自らやろうとしていなかった，気づいてもいなかった経験を与えてもらえる場」「自社に欠けているものや足りないものを発見し，克服する場」「次につながる場」「自らの業務の"ストライクゾーン"を広げる場」「予定調和の解がない難問に試行錯誤して挑戦する機会を得る場」「顧客を創造する場」（水野，2015）であるとの共通理解が醸成されていること，そして，関係成立の仕組みを埋め込んでいたためです。その事例が，京都試作ネットでした。

　水野（2013；2015）では，京都試作ネットの参画企業がその関係性をどのように構築し，維持してきたのかについて，セミ・ストラクチャード方式（semi-

structured）のインタビュー調査を，延べ20年以上の期間，繰り返し行い
（1998年から2015年までのインタビュー調査の実績については，水野［2015］
に記されているインタビューリストを確認してみてください），インタビュー
調査から得られた情報をKJ法で整理することによって，読み解いていきまし
た。具体的な京都試作ネットの場の持つ意味と仕組み，そして，それぞれのメ
ンバーが京都試作ネットに参画したことによって，どのような効果を得ている
のかの詳細については，水野（2015）を確認してください。

　この調査研究の結果，京都試作ネットは，共同受注の場を，仕事を獲得する
場ではなく，学びと成長の機会を得る場，お互いに切磋琢磨する場に転換して
いるからこそ，成立している関係性であるということがわかったのです。この
組織間の関係性の継続は，場の存在そのものにあったのではなく，場が果たす
機能こそが重要であったと言えるのです。

　以上から，京都試作ネットの場が持つ意味は，利害相反が起きやすい対等の
関係を成立させることは簡単ではないものの，機能する仕組みを整備し，自律
的に活動する仕組みが整い，皆がそれを共有して同じ方向性を目指すことがで
きれば，単独組織の行動では得られない以上の効果を手にすることが可能にな
ることがわかるのです。

(3)　組織の関係構造から組織を読み解く（第2節のまとめ）

　本節では，分析の単位を組織の関係構造として，「環境と組織」「組織と組
織」という組織を取り巻く要素間の切り口から組織論を読み解いてきました。
機械的管理システムと有機的管理システムの枠組みが導出された研究手法や，
組織間関係を成立させる論理の研究手法には，共通点がありました。

　それは，企業内の参与観察やインタビュー調査などを実施して，それらの調
査から得られた結果を分析することによって，結論と研究のインプリケーショ
ンを導出する定性的調査方法を採用していたことでした。この研究手法は，研
究者による観察力や洞察力による情報を収集することと，調査研究によって集
められた情報を研究者のディシプリンに基づいて分析すること，論理的な記述
として描き起こすこと，という3つの行為に支えられていると言えるのです。

　特に，組織と組織の関係やその現象については，個別の「現場」を詳らかに
観察する（時には，ランチタイムの会話まで観察する）ことで，「なぜ，関係
性を継続することができたのか」「なぜ，その仕組みを機能させることができ

たのか」の論理が明らかにされてきたのです。これらの研究から，組織研究が，現象を捉え，定性的研究手法で分析する際には，記述的プロセスで研究の体系化が進められる傾向が高いという系譜であることがわかるのです。

③ 根拠となるデータと収集方法

(1)　事業部制組織の場合

　事業部制組織という組織の仕組みの存在は，チャンドラーが「アメリカの企業がどのようにしてビッグ・ビジネス化していったのか」「ビッグ・ビジネス化するプロセスで，どのような組織改編が行われたのか」という問題認識のもと，調査研究のうえで確認することができた組織形態でした。その研究の手順としては，まず，企業規模と業績の両面で突出したアメリカ企業の組織改編に注目し，1948年時点での資産額上位50社の成長過程の記録をつぶさに追いました。その記録とは，「年次報告書他の各社発行資料，政府刊行物，雑誌，一部の社史・伝記」（チャンドラー，2004：x）でした。また，「これらを補足するために，相当数の企業にインタビューも試みた」（同）のです。この調査研究の分析の結果，集権的職能別組織から事業部制組織への変更が基本的な組織改編であることを特定したのです。

　そのうえで，このような組織変革を早期に導入し，ビッグ・ビジネス化した企業4社（デュポンとゼネラルモーターズ，ニュージャージー・スタンダード，シアーズ・ローバック）を事例企業として選定し，事例分析を行いました。この4社の事例分析については，「年次報告書ほかの報告書，政府広報，雑誌といった入手容易な資料から，また一部は社史など」（同，p.7）から集めたうえ，経営陣へのインタビュー，「書簡，メモ，内部報告書，議事録など，社内資料」（同）を情報として，アメリカの企業がビッグ・ビジネス化した歴史を読み解こうとしたのです。

　さらに，組織改編の一般化を試みるために，1909年時点での資産上位50社と，1948年時点での資産総額上位70社を調査対象に，やはり，年次報告書や政府広報，雑誌，社史，経営陣へのインタビューを行い，それぞれの業界における1960年時点での事業部制組織の導入についても調査しました。こうして，チャンドラーは，多業種にわたるアメリカ企業がビッグ・ビジネス化したマネジメ

ントの歴史を紐解いていったのです。

　チャンドラーの研究は，歴史研究です。チャンドラーは，アメリカ企業が
ビッグ・ビジネス化していった過去の現象そのものを研究の対象としました。
そして，過去の史実（情報）やその史実の当事者である経営陣へのインタ
ビューが，研究のエビデンスとなっているのです。

(2)　マトリックス組織の場合

　マトリックス組織は，そもそも，組織の縦割りの仕組みそのものに内包して
いた課題を解決するために，NASAが導入したことに始まりました。そして，
NASAの組織的取り組みの情報を知った企業が，事業部制組織そのものに内包
する課題を解決する手段になると，こぞって導入を始めました。

　そして，研究者は，マトリックス組織を導入する企業という現象を研究対象
としたのです。マトリックス組織を導入した企業に対してアンケート調査を実
施して分析して論文として発表することや，それらの論文のレビューをするこ
とによって，マトリックス組織に関する研究が進められていきました。

　マトリックス組織に関する研究もまた，企業が導入した組織形態という現象
を研究対象としています。最初にマトリックス組織を取り入れたNASAが自ら，
その有用性を説明したことで，広がりをみせたのです。

(3)　クロス・ファンクショナル・チームの場合

　マトリックス組織を導入してもまた，仕組みそのものに内包していた課題が
発生し，企業はそれを解決するためにCFTを導入するようになります。すな
わち，CFTに関する研究もまた，企業が導入した組織形態という現象を研究
対象としているのです。

　しかし，同じ仕組みを導入したとしても，その仕組みが機能する場合と機能
しない場合があります。「なぜ，ある組織では，CFTの仕組みが機能したのか」
の問いを解決するためには，CFTを導入して一定の成果を収めた組織が研究
の対象となります。このような場合には，個別企業が分析の対象となるため，
その個別企業を対象にした事例研究が行われます。日産は，CFTを導入して
短期間で成果を上げた企業の1つです。そのため，日産というシングル・ケー
スが事例として取り上げられるのです。

⑷ 機械的管理システムと有機的管理システムの場合

　機械的管理システムと有機的管理システムという概念化された分類（typologies）を導出することになったのは，社会学の研究手法に基づいて行われた研究でした。直接的なエビデンスとなるデータがある調査研究は，スコットランド研究とイギリス研究で，標本は20社でした。まず，自治体の要請でスコットランドにあるエレクトロニクス産業の12社の調査（スコットランド研究）を行い，その調査結果を発表したときに参加者から受けた，同じ業界における2タイプのマネジメント・システムの違いに関する議論が，概念化のきっかけの1つとなっていました。

　それを改めて検証するために，8社の追加調査（イギリス研究）を行ったのです。Burns and Stalker（1961）の発表に際しては，同調査研究では20社に対して，複数のマネジャーや役職者に対するインタビュー調査や，調査対象企業の参与観察，そして，会議やランチタイム時の会話なども行動記録として残し，コード化して分析しました。

　このような調査研究を行う際には，一般的に，調査対象となっている現象（母集団）から，共通する要素を抽出して，抽象化させ概念化する場合には，しばしば，母集団からの標本の抽出方法が議論になることが少なくありません。Burns and Stalker（1961）の場合には，スコットランドにある数多くのエレクトロニクス産業に属する企業から，どのような基準で12社を選定したのか，また，イギリス研究で選定した8社の選定基準は何なのか，さらには，16社までがエレクトロニクス産業なのに対し，4社だけエレクトロニクス産業以外の企業であることの意味・妥当性はあるのか，といった調査対象となった標本企業についての妥当性の有無が議論の対象となるのです。

　そのため，方法論上の問題や，その概念化がどの程度当てはまるのかといった検証可能性の問題を指摘されることが少なくないのです。Miller（2005）は，「筆者らが実施した極めて限定された調査研究の結果で明らかになったことをまとめているに過ぎない」（p.223）と痛烈に批判しているほどです。

　この点については，Burns and Stalker（1961）でも明確に認識しており，調査研究方法そのものが「科学的ではない」ことを認めています（p.13）。しかし，バーンズらは，この調査は，マネジメントという社会現象を扱っている以上，調査研究上の限界があることを主張しています。

　しかし，Miller（2005）が指摘しているように，このような方法論上の問題があるにもかかわらず，この2つの概念が多くの研究者に受け入れられ，組織行動論の分野での論文の引用数が多いのもまた事実なのです。それは，環境と組織という関係性において，機械的管理システムと有機的管理システムという単純化された2分法の概念が，研究者らにとって有用であると認識されているからでもあるのです（Miller, 2005：223）。

(5)　トヨタ自動車とサプライヤーの研究の場合

　分析の単位を組織間の関係構造にした場合に，本章で最初に取り上げた事例研究が，トヨタ自動車でした。トヨタ自動車に関する研究は，数多く確認されますが，本章では，サプライヤーとの関係を中心に取り上げました。それは，分析の単位が組織間の関係構造であったためです。トヨタ自動車とサプライヤーの関係構造を確認するために，（数多ある研究の中から）代表的な大野（1978）と浅沼（1997），藤本（1997）を取り上げました。いずれの研究も，分析する対象のサンプル数だけから考えると，自動車の完成品メーカーであるトヨタ自動車1社のシングル・ケースとなります。

　しかし，組織間の関係構造を読み解く場合に，この対象となっているシングル・ケースが価値を持つことがあるのです。それは，トヨタ自動車がサプライヤーと取引や関係性を通じて，高い事業成果と相互の成長・競争力に結びつけているという稀少な事例であるためです。トヨタ自動車の生産システムにサプライヤーがコミットし，相互に依存しない関係性を維持して，双方が成長しつづけ，高い事業成果に結びつけているのです。この一般的には継続させることが容易ではない組織間の関係構造を機能させ続けているという事例は，いわゆる，無視してはならない統計的な異常値として位置づけることができる事例と判断することができるのです。

(6)　京都試作ネットの研究の場合

　一般的に，共同受注の取り組みが大きな成果を実現することは多くありません。なぜなら，共同受注の仕組みは，参画する企業間で多くの場合，受注した業務の取り合いになるためです。それは，共同受注の場が，参画企業間のパワーの対立や利益相反を引き起こす潜在的可能性（水野，2013）を内包しているからです。そのため，多くの場合，共同受注の仕組みが事実上，機能しなく

なったり，瓦解したりと，関係性を維持することが困難になることが少なくないわけです。

　しかし，水野（2015）は，その共同受注の仕組みであっても，機能する共同受注の組織が存在していることに着目し，参与観察とインタビュー調査によって，その論理を明らかにしようとしたのです。この京都試作ネットの調査研究も，分析する対象はシングル・ケースです。ただし，このシングル・ケースは，無視してはならない統計的な異常値であると筆者自身が判断しているのです。

　具体的な調査方法としては，延べ17年に及んだ長期間にわたる参与観察とインタビュー調査で集めた情報を，KJ法で整理をして，情報の束を作り，その情報と情報の束の関係を整理しながら，その論理を読み解いていきました。こうして，一般的にはパワーの対立や利益相反を引き起こす要因を内在している共同受注という仕組みにおいて，なぜ，京都試作ネットという共同受注が機能し続けているのかの理由と論理を説明したのです。

　そのポイントは，参画メンバーが，京都試作ネットの場の持つ意味を単なる仕事の機会を得る場と考えていないところにあったのです。参画メンバーにとって，その場の持つ機能が，「仕事を得る場」ではなく，「自社では自らやろうとしていなかった，気づいてもいなかった経験を与えてもらえる場」「自社に欠けているものや足りないものを発見し，克服する場」「次につながる場」「自らの業務の"ストライクゾーン"を広げる場」「予定調和の解がない難問に試行錯誤して挑戦する機会を得る場」「顧客を創造する場」（水野，2015）であるとの共通理解のもと，いくつかの仕組みを埋め込んでいたからこそ，継続することを可能にしていたということが明らかとなったのです。

4　時間軸の長い研究（観察と洞察の研究）

　本章では，組織論に関する調査方法研究と，その調査研究から得られた結論および知見を，分析の単位を単一の企業と企業間関係に設定して確認してきました。これらの研究の特徴として，長期にわたる組織の変化を，インタビュー調査などの1次データのみならず，年次報告書や会議録，政府広報情報など，公表・非公式も含めての2次データを収集し，分析することを通して，大局的な結論を導出したことが挙げられます。

　組織を分析対象にした研究を進める際，多くの場合は，調査を行った組織の

一時点だけを分析の対象にしているのではなく，２次データも含めて，組織を捉えるタイムスパンは相対的に長くなります。これがこのような研究の１つ目の特徴です。

　チャンドラーの研究では，事例企業の1920年前後に行われた組織改編についての論理を解明するために，1908年時点の企業のデータや，1948年時点での企業データが取り上げられています。また，事例企業については，ビッグ・ビジネス化するプロセスについてその前の段階から情報を追っています。さらには，ビッグ・ビジネス化した組織を管理する手法として広がった事業部制組織の導入実績を確認するために，1960年時点でのそれぞれの産業のデータを確認しています。

　Burns and Stalker（1961）も，機械的管理システムと有機的管理システムの概念化のプロセスにおいては，根拠となるデータを取得するための調査研究は，２回に分けて，トータルで３回実施した長期にわたる参与観察や行動記録，インタビュー調査から情報を取得して，分析しています。

　浅沼（1997）や藤本（1997）の研究も，長期にわたる参与観察やインタビュー調査から，トヨタ自動車の生産システムの仕組みや企業成長の論理を導出しています。水野（2013；2015）もまた同様です。これらの調査研究を筆者が始めたのは，1998年３月に遡ります。このように，組織を分析の対象にした研究の場合，組織の推移や変化を辿るためには，分析の対象となる時間軸は必然的に長くなります。

　このような研究に共通する２つ目の特徴は，調査研究から得られた情報を分析し，解釈した論理を説明するために，記述的プロセスを取ることが少なくないということです。そのため，コンテクスト（文脈）が重要になってくるのです。

　そして，このような研究に共通する３つ目の特徴は，事例研究の場合には，その一般化が難しいこと，また，概念化することを目的にした研究の場合には，概念そのものを測定することが難しいことです。それゆえ，Burns and Stalker（1961）やMiller（2005）でも言及されていたように，しばしば「科学的ではない」という指摘を受けることになるのです。さらには，第７章から本章においても指摘しましたが，研究者の価値観や主観，解釈に大きく左右されてしまうという批判がなされることも少なくないのです。

　定性的調査方法を採用する研究者は，調査対象を何に設定するか，そして，

標本をどのように抽出するか，調査研究の情報をどのように収集するのか，について注意深くあらねばならぬということが改めて確認されたのです。

考えてみよう

1．機能別組織の事例と事業部制組織の事例を比較し，それぞれの組織構造が事例企業の事業の実態に適したものであるのかを考えてみよう。
2．事業部制組織の事例において，「事業部制組織」がもたらした新たな課題である「縦割りの組織構造」の課題に対して，その事例では，どのように解決しているのか，あるいは，どのように解決したらよいのかを考えてみよう。
3．機械的管理システムと有機的管理システムの概念を具体的に検証するためには，どのような調査方法を実施すべきか，考えてみよう。
4．「無視してはならない統計的な異常値」の事例は，どのようにしてみつけ，どのようにしてその意義や事例としての重要性を主張すればよいのか，考えてみよう。

参考文献

浅沼萬里（1997）『日本の企業組織 革新的適応のメカニズム―長期取引関係の構造と機能』東洋経済新報社。
大野耐一（1978）『トヨタ生産方式―脱規模の経営をめざして』ダイヤモンド社。
桑田耕太郎・田尾雅夫（2010）『組織論（補訂版）』有斐閣。
財部誠一（2002）『カルロス・ゴーンは日産をいかにして変えたか』PHP研究所。
藤本隆宏（1997）『生産システムの進化論―トヨタ自動車にみる組織能力と創発プロセス』有斐閣。
日産自動車資料(https://www.nissan-global.com/JP/DOCUMENT/PDF/FINANCIAL/REVIVAL/DETAIL/1999/fs_re_detail1999h.pdf：2021年8月17日閲覧)
水野由香里（2013）「利益相反の可能性を内在的に抱える協同体が存続する要件」『日本経営学会誌』32, 82-93。
水野由香里（2015）『小規模企業の特性を活かすイノベーションのマネジメント』碩学舎。
山倉健嗣（1993）『組織間関係論―企業間ネットワークの変革に向けて』有斐閣。

Astley, W. G. and Fombrun, C. J.（1983）Collective Strategy: Social Ecology of Organizational Environments, *Academy of Management Review*, 8 (4), 576-587.
Burns, T. and Stalker, G. M.（1961）*The Management of Innovation*, Tavistock

Publications.

Chandler, A. D. Jr. (1962) *Strategy and Structure : Chapters in the History of American Industrial Enterprise*, MIT Press. (有賀裕子訳『組織は戦略に従う』ダイヤモンド社，2004年)

Clark, K. and Fujimoto, T. (1991) *Product Development Performance: Strategy, Organization and Management in the World Auto Industry*, Harvard Business School Press.

Daft, R. L. (2001) *Essentials of Organization Theory & Design, 2nd edition*, South-Western College Publishing. (髙木晴夫訳『組織の経営学—戦略と意思決定を支える』ダイヤモンド社，2002年)

Dollinger, M. J. (1990) The Evolution of Collective Strategies in Fragmented Industries, *Academy of Management Review*, 15 (2), 266-285.

Ford, R. C. and Randolph, W. A. (1992) Cross-functional structures: A Review and integration of matrix organization and project management, *Journal of Management*, 18 (2), 267-294.

Glenn, R. and Harrar, G. (1988) *The Ultimate Entrepreneur: The Story of Ken Olsen and Digital Equipment Corporation*, Contemporary Books.

Harris, C. D. (1990) NASA Supercritical Airfoils: A Matrix of Family-Related Airfoils, *Nasa Technical Paper* 2969.

Horwitz, S., and Horwitz, I. (2007) The effects of team diversity on team outcomes: A meta-analytic review of team demography, *Journal of Management*, 33 (6), 987-1015.

Joshi, A. and Roh, H. (2009) The role of context in work team diversity research: A meta-analytic review, *Academy of Management Journal*, 52 (3), 599-627.

Miner, J. B. (2005) *Organizational Behavior 2: Essential Theories of Process and Structure*, Routledge.

Office of Management, and Management Processes Branch eds. (1985) *The Evolution of the NASA Organization, National Aeronautics and Space Administration*. (https://history.nasa.gov/orgcharts/evol_org.pdf)

Takeuchi, H. and Nonaka, I. (1986) The new new product development game, *Harvard Business Review*, 64 (1), 137-146.

Williamson, O. E. (1985) *The Economic Institutions of Capitalism*, Free Press.

第**10**章

現代的な技術水準の変化 I
―技術以外の要素に焦点を当てたエビデンス
（ユーザー・イノベーション）―

---

1 ユーザーがイノベーションにコミットする現象

(1) ユーザーに着目したきっかけ

▶フォン・ヒッペルの学術的バックグラウンド

　イノベーション研究において，ユーザーの果たす役割に着目した最初の研究者は，エリック・フォン・ヒッペル（Eric von Hippel）でした。フォン・ヒッペルは，ハーバード大学で経済学を学び，その後，MIT（マサチューセッツ工科大学）で機械工学の修士号を取得しました。そして，ベンチャー企業を設立し，マッキンゼーではコンサルタント業務を担っていました（フォン・ヒッペル，1991：223；小川，2021：174）。すなわち，フォン・ヒッペルは，文系と理系の知識を兼ね備え，実務の経験も有しているのです。

　そして，3年間の実務経験の後，大学教員になるためにカーネギーメロン大学の博士課程に入学し，（通常，課程の修了に4年程度を要するにもかかわらず）わずか1年で「技術革新のマネジメント」で博士の学位を取得します（フォン・ヒッペル，1991；小川（2021））。1974年のことでした。フォン・ヒッペルが1年で博士課程を修了することができたのは，ベンチャー企業経営をしているとき，社内イノベーションがどのように起こり，どのような成果が得られるのかについてのデータを集めていたからであるとフォン・ヒッペルに師事した小川（2021）では指摘しています（p.174）。

　そして，フォン・ヒッペルは，MITに就職し，教鞭をとりながら，ユー

ザー・イノベーションの研究を始めたのです。

▶フォン・ヒッペルの研究のきっかけ

　フォン・ヒッペルが，ユーザー・イノベーションの研究を始めるようになった背景には，ユーザーがイノベーションに関わる現象を身近で二度，体験していたからであるといいます（小川，2021：174-176）。一度目は，フォン・ヒッペルの子どもの頃の経験です。当時，MITに勤め，著名な物理学者であった父親を観察していたときの気づきです。父親の実験室でフォン・ヒッペルが目にしたのは，研究テーマを探究するために，研究者ら自らが必要な実験器具を自作していた様子でした。すなわち，実験器具のユーザーである研究者自らが，実験を進めるのに必要とする新たな科学器具を開発していた現象に着目したのです。

　二度目は，フォン・ヒッペル自身の体験でした（小川，2021：174-176）。MITで教鞭をとる前，ベンチャー企業を経営していたときのことです。製品開発上，必要な部品の製作を複数の部品メーカーに依頼しても断られたり，市販の製品よりも優れた機能を持つ小型ファンの開発をメーカーに依頼しても，なかなか製作を承諾してくれなかったことがあったといいます。そこで，フォン・ヒッペルは，空気力学の専門家に依頼して，彼が求める性能を実現するファンを設計してもらいました。そして，その設計図をメーカーに持ち込み，さまざまな難しい製品化の条件（加工のための工具はフォン・ヒッペルが用意することや，ファンの製品加工に1万個分の料金を負担することなど）で，なんとかそのファンを製品化してもらったそうです。

　このエピソードには，後日談がありました。フォン・ヒッペルが設計図を持ち込んだメーカーから問い合わせの電話があったのです。そのメーカーが調査したところ，フォン・ヒッペルが必要としていたファンに多くのニーズがあることがわかり，ファンの製造に必要な工具類を使わせてほしいという連絡でした。

　こうして，そのメーカーは，フォン・ヒッペルが求めていたファンを商業化して一般販売したのです。このような経験を通して，フォン・ヒッペルは，メーカー主導のイノベーション・モデルではなく，ユーザーが中心となるイノベーション・モデルの重要性を認識し，それが彼自身の研究テーマに結びつくようになっていったのです。

(2)　ユーザー・イノベーションの初期研究

▶フォン・ヒッペルの1970年代の研究手法

　MITに就職したフォン・ヒッペルが最初に取り組んだユーザー・イノベーションに関する研究は，まず，MITラボのワーキング・ペーパー（von Hippel, 1975）として発表されました（このワーキング・ペーパーは，2021年9月13日現在，https://dspace.mit.edu/bitstream/handle/1721.1/1889/SWP-0764-14547009.pdf?sequence=1&origin=publicationDetailでダウンロードできるのですが，保存の過程で31ページだけ抜け落ちています）。このワーキング・ペーパーの内容は，その後，von Hippel（1976）として掲載されることになります。これらの論文では，ユーザー・イノベーションに関する初期の研究で，科学機器のユーザーがどれほどのイノベーションを実践しているのかという問いを検証したものでした。子どもの頃に目にしていた様子を実際の現象で確認しようとしたのでしょう（小川［2021］においてもこの見解が示されています）。

　調査対象は，液体やガスなどを測定するのに用いられる4つの装置の改良・改善された製品を対象に，113のサンプルが集められています。製品サンプルの選定基準は，ユーザーのニーズが反映されていることや，ユーザーのニーズに関する理解が深められていることに主眼を置いています（von Hippel, 1975: 3；von Hippel, 1976: 215）。

　そして，その調査対象としてこの4つの装置に着目した理由は，科学的研究において機能的な価値があり，調査研究のプロセスで装置をめぐる産業の日々のプロセスも同時に追うことができること，そして，それぞれの装置が商業化されたのが1934年から1954年の間であり，イノベーションが起きて装置が商業化されるまでの展開をインタビュー・ベースで十分に追うことが可能であること，と説明されています（von Hippel, 1975: 3-4；von Hippel, 1976: 215）。

　この調査研究の113のサンプルは，「基本的なイノベーション（basic innovation）」に該当する数と「大きな改善（major improvement）」に該当する数，そして，「小さな改善（minor improvement）」に該当する数を実績ごとに整理しています（**図表10－1**）。調査方法については，対面や電話による質問調査を実施しています。具体的にどのような調査の手順を踏んだかについては，フォン・ヒッペル（1991）で詳しく説明されています。「MITの修士課程

図表10−1　von Hippel（1975；1976）の調査対象

装置のタイプ	基本的な イノベーション	大きな改善	小さな改善	合計
ガス液体クロマトグラフィー	1	11	—	12
核磁気共鳴分光器	1	14	—	15
紫外線分光光度計（吸収・光電タイプ）	1	7	—	8
透過型電子顕微鏡	1	14	63	78
合計	4	46	63	113

出所：von Hippel（1975；1976）をもとに筆者作成。

の学生の中から，理工系のバックグラウンドを持つ優秀な学生を選んだ。われわれは全員が一つの大きなオフィスに集まり，電話によるデータ収集や図書館での資料収集を行った。また，データ収集の標準手続きに従ってフィールド・ワークを実施した。ノートを頻繁に比較しあい，また共同で作業した（昼休みには一緒にバレーボールやチェスなどもして遊んだ）ために，データの信頼性は高い水準に維持することができた」（p.22）と記述されています。

▶フォン・ヒッペルの1970年代の研究結果

　von Hippel（1975；1976）の結果では，「全ての『大きな改善』が行われたイノベーションの81％において，ユーザーが，より良い装置を求め，発明し，プロトタイプを作成し，その価値を検証して，作り上げたものをさまざまなところで（学会やシンポジウムなどの場で）発表して，その価値に関する詳細な情報を普及させていた」（von Hippel, 1975: 11-12; von Hippel, 1976: 220-221）と記述されています。ここで留意すべきことは，「大きな改善」の合計は46サンプルであり，この調査結果に該当するのがその81％ですので，「既存の装置に対して大きな改善を行ったユーザーの実数は，37サンプルである」ということになります。

　また，「興味深いことに，『基本的なイノベーション』に対して，ユーザー・ドミナント（ユーザーが中心となって科学機器を開発する人のこと）が『大きな改善』や『小さな改善』の割合よりも多く，100％となっている」（von Hippel, 1975: 13; von Hippel, 1976: 221-222）ことも記述されています（**図表10−2**）。しかし，ユーザーの実数を確認すると，100％と記述されているその回答数は，4サンプルにしか過ぎません。

図表10－2　von Hippel（1975；1976）のイノベーション・プロセスの担い手

イノベーションのタイプ	ユーザー・ドミナントの比率	ユーザー	製造企業	NA	合計
基本的なイノベーション	100%	4	0	0	4
大きな改善	81%	35	8	3	46
小さな改善	70%	32	14	17	63
合計	79%	71	22	20	113

注：NAは，イノベーション・プロセスの担い手がユーザーにも製造企業にも分類できない事例の数となっている。
出所：von Hippel（1975；1976）をもとに筆者作成。

　これらの点をどのように解釈するのか，そして，フォン・ヒッペルの主張の妥当性（すなわち，4つの装置について，ユーザーがイノベーションの担い手になっているのかどうか）についての見解には，判断が分かれるのです。
　その一方で，von Hippel（1975；1976）では，イノベーティブなユーザーには2つのタイプがあることを指摘しています。それは，（相対的な数は少ないものの）ユーザー自身が自らのニーズを製品化するタイプと，ユーザーが装置メーカーに問い合わせてニーズを商業化するタイミングを確認してアーリー・アダプターとなるタイプを明確に区別していることです。これは，ユーザー・イノベーションには，自ら製品を作り出すタイプのものと，メーカーに問い合わせて作ってもらうタイプのものとが含まれていることを表しています。すなわち，後者は，卓越したユーザーが，その要望をメーカーに伝えて作ってもらうもので，フォン・ヒッペルは，これもユーザー・イノベーションの1つのタイプであると定義していることがわかるのです。
　また，von Hippel（1975；1976）では，ユーザーが中心となって自らが欲しい製品を開発する対象のことを「ユーザー・ドミナント」と名付けています。この層の存在は，その後のフォン・ヒッペルの研究を発展させていくことになる「リード・ユーザー」の基本的考え方となっており，かつ，企業はこの層をいかに取り込んで製品開発に結びつけていくのかの議論である「リード・ユーザー法」の開発に結びついていくのだということがフォン・ヒッペルの初期の研究からわかるのです。

(3) ユーザー・イノベーション研究の発展

▶経済学的視点で「イノベーション」を理解しようとしたフォン・ヒッペル

　ユーザー・イノベーションに関する初期の研究をはじめ，ユーザー・イノベーションに関する研究をさらに深めていった研究結果をまとめたものがvon Hippel（1988）です。同書のメインの研究テーマは，「イノベーションの源泉」です。同書では，なぜ，イノベーションが起きるのか，そして，その担い手は誰なのか，イノベーションの担い手となる主体の意図は何かについて，経済学的視点から説明しようとしています。そのため，イノベーションから得られる経済的利益（レント）や，開発のインセンティブに結びつく期待利益，イノベーションの権利（特許やライセンシング）をめぐる独占的支配とそれに係るコスト，公式取引や非公式取引およびそれらに関連する取引に関する情報（ノウハウ）のやりとりや，そこから発生する囚人のジレンマなどの経済学的論点が含まれています。

　フォン・ヒッペル（1991）において経済学的見地からの分析に関して，興味深い指摘は，既存研究から鑑みても特許のライセンスから生じる企業の利益は一般的に低く，「理由がどうであれ特許制度による（権利の）保護が事実上一般的に弱いものであることを示唆している。多くの分野で，特許のライセンスから収益を得たいとイノベーターが仮に思ったとしても，たぶん彼らはそれを期待できなかったであろうということである」（p.78）という指摘や，「イノベーターは典型的には，他人に対してイノベーションをライセンス（供与）することではイノベーションから利益を得ることができない。なぜなら，特許権によっても営業秘密法によっても，イノベーターは利益の獲得のために必要な独占的支配を実現することができないからである」（p.93）という指摘をしていることです。

　これらの指摘が具体的に何を意味しているのかというと，「それゆえ，イノベーター（開発企業，あるいは，個人）は，独自で費用を負担して開発し，特許による権利を保護・独占することによって収益化を目指すのではなく，さまざまなニーズを多方面のユーザーから得て早期に製品化して広く普及させることが重要である」という見解に結びつくということです。すなわち，権利を独占的に支配するよりも，ユーザーを巻き込んでイノベーションの費用を最小化して収益を最大化するための選択，すなわち，ユーザー・イノベーションの成

果を社会に広く普及させて利益を得る選択のほうが，経済的便益は高いという主張を展開していると読み取ることができるからです。

▶フォン・ヒッペルの２つの「実験」

　von Hippel（1988）は『イノベーションの源泉』というタイトルがつけられ，多様なイノベーションの主体を取り上げてはいますが，フォン・ヒッペルのユーザー・イノベーションの初期の研究で確認されたように，同書の中核ともいえる関心事項は，ユーザー・イノベーションそのものにあることを確認することができます。また，フォン・ヒッペルは，この頃にはすでに，企業の製品化のプロセスにおいて，製品化の発想に卓越し，製品化のニーズを示すことに敏感な「リード・ユーザー」をいかに有効に活用していくのかについての関心を強く示しています。

　そこで，フォン・ヒッペルは，この関心事項の研究を深めるために，興味深い２つの仮説をテスト（実験）する調査研究を行っています。１つ目のテストは，機能および市場の面で同一の製品において，ユーザーにとって改良が困難な製品（デュポン製の臨床化学分析機器）と改良が容易な製品（テクニコン製とアボット製の臨床化学分析機器）を比較することです。この調査は，MITの同僚（スタン・フィンケルスタイン）と共同で行いました。この調査研究によって，イノベーションの源泉となり得るユーザーの対応やイノベーションがもたらす利益，イノベーション活動の総量を測定することができると考えたのです。

　もう１つのテストは，（従来型のマーケティングの市場調査ではユーザーのニーズを掴むのに十分な手法ではないため，それに代わる手法となり得る）リード・ユーザーを特定し，そのリード・ユーザーのニーズを特定することです。このテストによって，製品化の販売予測が可能となり，メーカーは，その意見をもとに価値ある製品コンセプトを製品化に落とし込むことが可能となると考えたのです。

▶フォン・ヒッペルの１つ目の実験：科学機器の比較研究

　１つ目のテストの調査の対象とした臨床化学分析機器は，一般用の測定機器で，病院の臨床化学試験室で最も頻繁に用いられるものでした。しかし，それ以外の分析に利用しようとした場合には，実験に必要な化学薬品を変更するか，

機器それ自体を改良するかなどの手を加えなければならないものでした。そのため，この分析機器を一般的な測定（病院の臨床化学試験）以外の用途に使うユーザーに着目しました。

　リード・ユーザーによって開発された新製品で，その後，機器メーカーが発売し，商業化に成功した事例を特定し，文献調査と，メーカーおよびユーザーへのインタビュー調査で１つ１つ確認していきました。すると，リード・ユーザーによって開発された方法が，メーカーにとって商業的に明らかに重要であったことが判明したのです。

　これが何を意味するのかというと，メーカーであるテクニコンとアボットは，ユーザー・イノベーションを起こしやすいような製品設計にしたこと，そして，両社は一般ユーザーが変更を加えやすい設計にすることでユーザー・イノベーションによる潜在的商品価値に期待していること，が明らかになったのです。それでは，なぜ，デュポンがそのような手法を取らなかったのかという疑問が出てきます。

　この疑問に対して，フォン・ヒッペルは，「ユーザーの開発に基づくハードウエアの改良がデュポン製品では見られなかったが，それはデュポンの方針（ポリシー）の結果ではないという点には注目すべきであろう。デュポン製品のハードウエアをユーザーが改良しなかったのは，（デュポンの分析機器は一体型のデザインであったため）テクニコンの製品を改良する場合に比べるとコストがかさむという，単にそれだけの理由だったように思われる」（p.164）と解釈しています。

▶フォン・ヒッペルの２つ目の「実験」：PC-CAD

　２つ目のテストは，先端技術産業のような急速に変化する市場でユーザーのニーズを正しく捉えた新製品のプランをテストするために，電子製品に用いられるプリント配線基板のデザイン用CADシステム（PC-CAD）の市場でリード・ユーザーを特定し，リード・ユーザーによって開発された製品を調査することです。この調査は，Urban and von Hippel（1988）でも発表されています。共著者であるアーバンもまた，MITの同僚です。

　フォン・ヒッペルがハイテク産業を選択した理由は，メーカーが一般的なユーザーのニーズをもとに製品を開発したときには，すでにそのニーズが陳腐化していたり，製品ライフサイクルの時代遅れになってしまうという認識が背

景にあります。そして，それゆえ，正確な市場調査を行うためには，一般的な
ユーザーではなく，新奇な製品や製造プロセスのニーズについて深く理解して
いるリード・ユーザーのほうが，新製品開発において重要な役割を果たすと考
えたのです。

　この調査では，リード・ユーザーを，次の2つの特徴を同時に兼ね備えてい
る対象であると定義しています（フォン・ヒッペル，1991：176）。それは，
「リード・ユーザーとは，市場で今後一般的になるであろうニーズに現在直面
しているユーザーである。すなわち，市場の大部分がそのニーズに出くわす数
か月から数年早く，彼らはそれらのニーズに直面している」ことと，「リード・
ユーザーとは，それらのニーズを解決することによって，多大な利益を得るこ
とができる状況にいるユーザーである」こと，です。

　PC-CADのユーザーについては，企業を単位として，関係学会（IPCA）の
メンバーリストと取引関係にあるサプライヤーから入手した顧客リストからラ
ンダムに選ばれました。結果的に，178社の回答者と接触し，電話あるいは郵
送による質問票に回答してもらう形で進められました。最終的に回収された質
問票は，136回答（136企業）でした。企業の代表として回答した個別の回答者
の内訳は，3分の1はエンジニアまたはデザイナー，3分の1はCADプリン
ト配線板のマネジャー，26％はジェネラル・エンジニアリング・マネジャー，
8％は本社役員でした（フォン・ヒッペル，1991：181-182）。

　この回答をもとに，リード・ユーザーを特定していきます。まず，リード・
ユーザーのグループとその特性を明らかにするためにクラスター分析を行って
います。そして，フォン・ヒッペル（1991）がリード・ユーザーのクラスター
と呼んでいるグループは，集積度増大のトレンドで先行していて，PC-CADの
イノベーションに対する利益期待が大きい（すなわち，既存の製品に対する満
足度が低い）という特性を明らかにしました。また，このような特性を持つ
リード・ユーザーは回答者の28％でした。

　このなかから，PC-CADの改善や新たなコンセプトを開発するトライアルを
実施するためのグループ・ディスカッションに参加してくれる少数のユーザー
を選出しました。その対象は，MITの近くに工場や研究所を持つ5つのリー
ド・ユーザー企業とし，そのなかから専門家を選びました。このような一連の
新製品の開発手法は，後に「リード・ユーザー法」と呼ばれるようになります。

　そして，「選ばれたリード・ユーザーの改善や新たなコンセプトが，実際に

どの程度一般的なユーザーに受け入れられるのか」を確認するために，その提案を評価する一般的なユーザーを調査対象とした新たな質問票がつくられました。いわゆる「再検証」，本書の文脈に換言すると「追試」を行ったのです。その質問票は，ユーザーの認知と選好の測度を含むものでした。このようにして作成された質問票は，グループ・ディスカッションに参加したリード・ユーザー企業を除く173のユーザーに送り，その結果，71の回答（回収率は41％）を得ました（フォン・ヒッペル，1991：185-188）。

　リード・ユーザーの改善や新たなコンセプトに関する一般的なユーザーからの評価は，「リード・ユーザーのグループによって生み出されたコンセプトは，社内の既存のシステムよりも一般的に好まれていた」「リード・ユーザーのコンセプトに対し競合コンセプトより高い価格がつけられた時でも，回答者はリード・ユーザーのコンセプトへの選好を維持した」「価格が競合コンセプトの2倍に設定されたときでさえ，リード・ユーザーのコンセプトは，市場で最も売れているシステムよりもより強く選好された」（p.189）という結果が得られたのです。

▶フォン・ヒッペルの2つの「実験」結果

　この一連の調査結果は，フォン・ヒッペルが仮定していたような性質を持ったリード・ユーザーの存在が明らかとなったこと，新奇な製品コンセプトはリード・ユーザーの洞察と問題解決活動に基づいて生み出されていたこと，リード・ユーザーのコンセプトが既存の選択肢よりも優れていると判断されていること（p.191），を支持したのです。

　その一方で，フォン・ヒッペルは，「PC-CADのリード・ユーザーの間でみられたような高水準の製品イノベーションが実現されるためには，ユーザー・イノベーションを引き起こすのに十分なほどユーザーの期待利益が大きい製品領域に限られる」（同）という条件を付け加えています。それは，調査結果からも確認されたように，リード・ユーザーは既存の製品に対して明確な不満を持っており，この不満こそが，開発のインセンティブの源泉になっていると考えたためです。既存製品に対する不満が大きければ大きいほど，リード・ユーザーが新たなイノベーションに取り組むよう動機づけられ，一方で，その不満が小さければ，いくらリード・ユーザーであっても，新たな製品を開発するインセンティブには結びつかないためです。

(4)　ユーザー・イノベーション研究のさらなる進化

▶「イノベーションの民主化」の一貫したメッセージ

　フォン・ヒッペル（1991）の出版後，フォン・ヒッペルは，ユーザー・イノベーション研究の対象範囲を，産業材（実験装置）だけでなく消費財も，ハードウエアと同様にソフトウエアも視野に入れて研究を進めるようになっていきました。また，その分析の単位も，それまでの行為者（企業）や業界という単位のみならず，コミュニティという単位でユーザー・イノベーションの現象を捉えるようになっていったと小川（2021）では指摘しています（p.182）。さらに，研究の対象とする現象としては，リード・ユーザー自身が起業することや，リード・ユーザーが自身のアイディアや作り上げた製品（ソフトウエアのコード）を無料で公開すること，企業がリード・ユーザー法を導入して高い利益を得ること，などにも着目して，ユーザー・イノベーションの考えを進化させていきました。

　フォン・ヒッペルは，この，ユーザーが中心となってイノベーションが展開していく考えを「イノベーションの民主化（democratizing innovation）」と名づけて論理を展開し，2005年には新たな本を上梓しました。それが，von Hippel（2005）でした。同書は，von Hippel（1988）以降の研究の成果（論文）をまとめたものとして出版されています。しかし，全体的なメッセージは，一貫しています。それは，

1．イノベーション活動の中心は，ユーザーにあり，メーカーではないこと（それゆえ，イノベーションの源泉としてのユーザーの重要性が高まっていること）

2．リード・ユーザーによる製品開発は（メーカー主導の製品開発よりも），社会全体が得る効用，すなわち，社会福祉を向上させていること

3．ユーザーが求める製品開発に要するニーズ情報やソリューション情報の移転には，情報の粘着性（von Hippel, 1994）という特性から発生する多額のコストを要するため，ユーザーが持っている情報のすべてをメーカーに移転することは容易ではないこと（すなわち，ユーザーとメーカーの間には，情報の非対称性という課題が付きまとうということ）

4．（3．ゆえに）ユーザーによるユーザー自身のイノベーションは低コストで実現できること（そのため，リード・ユーザーによるイノベーションの多

くは，その後の商業化を狙うメーカーにとって商業的に魅力であること）

5．（特に，開発する製品が有形である場合，スケールメリットが必要な活動を伴うため）開発と初期の普及段階はユーザー自身とユーザー・コミュニティ内の役割とし，量産と全般的な普及活動をメーカーが行う役割とすることで，相互の補完関係が成立すること（このような関係が成立すると，相互に共生関係が生まれること）

6．ユーザーがユーザー自身でイノベーションを実現しようとするのは，メーカーに頼むことで発生するエージェンシー・コスト（代理人が委託者の利益に沿う行動をしているかどうかを監視するためのコストや，代理人が委託者の利益に相反する行動をしないことを確約させるためのコスト，結果が委託者の利益に十分合致しないことにより発生するコスト）の存在が背景にあること

7．イノベーションの成果を（特許で保護するなどして）営業秘密にすると長期的視点では成功に結びつきにくく，無料公開して共有することの社会的利益のほうが高いこと

8．リード・ユーザー法やユーザー・イノベーションのカスタム設計用ツールキッドは，企業のイノベーションの収益性を高める手段であること

です。これらのメッセージの特徴的な点の1つは，フォン・ヒッペルが経済学的知識をもとにユーザー・イノベーションの論理を説明しようとしている側面があるという点にあることをうかがい知ることができるのです。

　以下では，フォン・ヒッペルがvon Hippel（1988）以降，新たなユーザー・イノベーションの現象として捉えるようになったリード・ユーザーのアイディアや作り上げた製品（ソフトウエアのコード）の無料公開に関する研究と，リード・ユーザー法を導入した企業の実践に関する研究を取り上げます。

▶リード・ユーザーに関する研究①：個人がつくり上げた製品を無料公開する現象

　フォン・ヒッペルがオープンソースのソフトウエアに興味を持つようになったのは2000年前後のことだと小川（2021）では指摘しています。そのきっかけは，後に共著論文（Lakhani and von Hippel, 2003）を執筆することになった当時大学院生のラクハニがフォン・ヒッペルの授業後にコメントしたことに遡ります（小川，2021：182-183）。GEで働いた経験を持つラクハニは，GEが顧

客に提供していた医療画像のソフトウエアよりも，ユーザーが手を加えたオープンソースのソフトウエアのほうが優れていたという自らの体験を語ったのです。

このとき，フォン・ヒッペルはユーザーがソフトウエアの不具合や使い勝手が悪い部分を自分で修正するという現象の重要さを改めて認識し，ソフトウエアとオープンソースに関わる研究を追究することになったのです（これがきっかけとなって，ラクハニはMITの博士課程に入学し，その後，研究業績が認められてハーバード大学ビジネス・スクールに着任したそうです［小川，2021：183]）。

一連のユーザーによるイノベーションの無料公開に関する研究で共通する結論は，「イノベーションの無料公開が，ユーザーであるイノベーターにとって最良の現実的な選択肢である」（フォン・ヒッペル，2006：108）ということです。なぜそのような論理が成立するのでしょうか。イノベーターが無料公開するという選択肢を行使することは，その情報に関するあらゆる知的財産権を自発的に破棄することを意味し，その情報が公共財となってしまうはずです。本来，得られるはずであったであろう利益が消失してしまい，機会損失を発生させてしまうのです。それでもなぜ，「イノベーションの無料公開が，ユーザーであるイノベーターにとって最良の現実的な選択肢」（同）となるのでしょうか。フォン・ヒッペルは，開発したものを無料公開することで，イノベーターには，それを上回る便益・効用があるということを主張しています。

フォン・ヒッペル（2006）では，その理由を4つ挙げています。第1に，イノベーターにとって，その行為や作業が，そもそも低コストで実現されるからです。それを可能にする理由はイノベーションに関する情報を宣伝することもなく，単にウエブサイトに掲載することもできるからです。この情報の中身が知りたければ，別のユーザーが自ら探し当てにきてくれるのです。一方で，イノベーターが注目されたいのであれば（流行りの言葉に置き換えると「バズらせたいのであれば」），別のユーザーに探し当ててもらうための尽力をすればいいのです。

第2に，イノベーターが無料で提供する情報によって，イノベーターが享受する見返りがあるからです。それでは，その見返りにはどのようなものがあるのでしょうか。たとえば歴史的な視点で無料公開について研究を蓄積しているAllen（1983）では，情報の無料公開によって被る利益の現象を補って余りあ

る名声が得られると主張しているほどです。このような「見返り」には，コミュニティにおける知名度が向上することや，それが開発者の評判に結びつくこと，開発した情報の普及度が向上すること，ネットワーク効果が期待されること，業界や商業化のインフォーマル・スタンダードになることが期待されること，最初に公表することによってイノベーションが広範囲に採用される機会が大きくなること，などが挙げられています（フォン・ヒッペル，2006：114-116）。

　第3に，イノベーターが情報（オープンソースのソフトウエア）を無料公開することで，他のユーザーが「全員」の利益のために，そのモジュールをデバッグしたり，改善したりすることが可能になるからです（フォン・ヒッペル，2006：116）。参加者が多ければ多いほど，モジュールのデバッグや改善に寄与することになります。ラクハニがGEの勤務時に経験していたことそのものが，市場で実現され，再現されることになるのです。また，モジュールをデバッグしたり改善したりするための「権限」が必要な場合には，それが参加者の名声や評判に結びつくことになります。「イノベーション・コミュニティ」（フォン・ヒッペル，2006：127）の主要なメンバーとして認識されるためです。

　第4に，ユーザーが情報を無料公開することによって，メーカーの学習を促し，メーカーはそれを改善して，ユーザーが開発したもの以上の製品が開発されることで，社会全体の効用が高まるからです。実際に確認されている事例としては，玩具であるブロックを製造するレゴが，ユーザーによる無料公開を上手く活用し，企業業績を伸ばしたことで注目されています（小川，2013：87-90）。

　無料公開で得られる便益は，私たち，学術の業界でも同様のようです。フォン・ヒッペル（2006）によると，「最近の実証研究によると，読者が自由にアクセス可能な論文，たとえば研究者のホームページから自由にダウンロード可能な論文の方が，図書館や研究者の有料ホームページでしか入手できない同等の論文よりも，ずっと頻繁に引用されている事実が見出されている」（pp.118-119）そうです。論文でさえも，情報を「囲う」よりも無料公開したほうが，世の中の興味を引くということを示唆しています。改めて，私たちの研究業績を「発信」していくことの重要性を認識した次第です。

▶リード・ユーザーに関する研究②：３Ｍ社のプロジェクトの比較研究

　フォン・ヒッペル（2006）では，リード・ユーザーを特定し，ユーザー・イノベーションによって高い業績を実現した事例として３Ｍ社の実践が紹介されています。この実践は，Lilien, Morrison, Searls, Sonnack, and von Hippel（2002）において，先に発表されています。３Ｍ社は，1996年の段階からアイディア創造のためにリード・ユーザー法を導入していたといいます。フォン・ヒッペルの研究チームが３Ｍ社のデータを収集し始めた2000年５月の時点では，５つの事業部で７つのプロジェクトにおいてリード・ユーザー法が実践され，研究を始める時点では５つのプロジェクトに予算が割り当てられていました。

　その一方で，この５つの事業部において，伝統的な企業主導型の開発手法も依然として実践されていました。そのため，フォン・ヒッペルの研究チームの３Ｍ社の研究プロジェクトでは，この２つの手法の成果を比較することが可能となったのです（フォン・ヒッペル，2006：177）。

　比較対象となるプロジェクトの条件を揃えるために，人材の配置や成果報酬システムの違い，能力差，動機付けの違い，ホーソン効果の有無，プラシーボ効果の有無を実験の前に確認しました（同，p.178）。３Ｍ社におけるリード・ユーザー法の実践は，ゴールを見定め，リード・ユーザーを特定するために，関係者間で市場を探り（Phase 1），その市場の研究トレンドを探って（Phase 2），ターゲットとなる市場およびそれと類似する市場からピラミッド・ネットワーキング（トレンドの重要な役割を担うユーザーを段階的に特定していく手法）を行いました（Lilien *et al.*, 2002）。

　３Ｍ社の従来型のプロジェクトでは，ターゲット市場の情報やユーザー情報を集めたものの，リード・ユーザーからの情報を集めるものではありませんでした。こうして，リード・ユーザー法を用いた５つのプロジェクトと，従来型のプロジェクトで進めた42のプロジェクトのパフォーマンスの比較をしたのです。

　その結果は，一目瞭然でした。リード・ユーザー法によって生み出された製品コンセプトは従来型の手法より，新奇性が高いことが確認され（前者が9.6で，後者が6.8），５年目の市場シェアも高く（前者が68％で，後者が33％），５年目の売上（予測値）はリード・ユーザー法によって生まれた製品コンセプトによる売上が8倍以上（前者が平均１億4,600万ドルで，後者が平均1,800万ドル）見込まれたのです。ただし，Lilien *et al.*（2002）やフォン・ヒッペル（2006）

では，売上については「予測値」であるため，この数値を特定する際には，別途，事前に検証を行っています。具体的には，３M社のこれまでの新製品の売上予測値と実績がどれほど乖離しているのかを確認し，３M社の経営者らと協議を行った結果，すべてのプロジェクトの売上予測値を25％差し引いて考えたうえで計上された予測値となっているのです。

　そして，Lilien *et al.*（2002）とフォン・ヒッペル（2006）で着目したのは，リード・ユーザー法と従来型で比較したプロジェクトの内容です。リード・ユーザー法を導入したプロジェクトでは，３M社にとって重要な新たな製品ラインを生み出すタイプであった一方，従来型の手法で行ったプロジェクトの（42プロジェクト中）41までが既存の製品ラインの改善や拡張を行うタイプのものであったことです。

　そこで，Lilien *et al.*（2002）とフォン・ヒッペル（2006）では，プロジェクト内容の「重み」について確認するために，1950年から2000年までに３M社が開発した画期的かつ重要な新製品プロジェクトの数値と，リード・ユーザー法を導入したプロジェクトの数値の比較を試みました。これまでの３M社の画期的かつ重要な新製品プロジェクトの数は16ありました（このなかには，３M社の代表的なB2C商品の１つである「スコッチ・テープ」シリーズも含まれています）。すると，この２つの比較が多くの点で類似していたのです。すなわち，リード・ユーザー法を導入して新たなアイディア創造を行うことの潜在的可能性を十分に感じさせる結果となったのです。

(5)　ユーザー・イノベーション研究から生まれた新たな概念

　これまでのフォン・ヒッペルの研究では，リード・ユーザーによる製品開発は（メーカー主導の製品開発よりも）社会全体が得る効用が高いという基本的前提がありました。この点に関する議論を深めていった新たな概念が「フリーイノベーション」です。

　フォン・ヒッペル（2019）では，フリーイノベーションを，「１）消費者が自費で，無給の自由時間に生産し（つまり，報酬を得ていないということ），２）開発者の保護を受けないため，潜在的には誰もが支払いをすることなく無料で手に入れることができる，機能的に斬新な製品やサービス，あるいはプロセスである」と定義しています（p.1）。このフリーイノベーションの担い手は，自己報酬型の性質を持っているがゆえに，イノベーションを開発するのに要し

た時間や費用に対して，報酬や補償を求めない存在であると主張しています。また，フリーイノベーションの担い手がこのような特性を持つために，GDP計算の上では「家計部門で行われている活動」としてしかみなされず，ミクロ経済統計には現れてこない未だ認められていない基本要因であると指摘しています。

　さらに，フォン・ヒッペル（2019）によると，フリーイノベーションは体系化された概念であり，シュンペーターにまで遡る経済学的供給の概念を根源にした「供給側イノベーション体系」（pp.5-6）と対をなす体系であるとも主張しています。ただし，このフリーイノベーションの概念は，まだ初期段階にあり，今後，この概念を進展させていく必要があるとフォン・ヒッペルは主張しています（pp.179-180）。

　このように，フォン・ヒッペルは，40年以上も前から，一貫してイノベーションにおけるユーザーの役割に着目した研究を続けて，ユーザー・イノベーションに関する研究を蓄積してきました。そして，今，またさらに，ユーザーが中心となったイノベーションのその先の研究のステップとなる概念化を目指していることがわかるのです。

⑹　ユーザーの視点からイノベーションを読み解く　（第1節のまとめ）

　本節では，本章のテーマ「現代的な技術水準の変化Ⅰ：技術以外の要素に焦点を当てたエビデンス」において，ユーザーの観点からイノベーションを捉えてきました。イノベーションにおけるユーザーの重要性に着目した研究者であるフォン・ヒッペルは，50年近くにわたって，一貫してユーザー・イノベーション研究を追い続けてきていることを確認することができました。また，フォン・ヒッペルのユーザー・イノベーションに関する研究の主張にもまったくブレがないことも確認することができました。

　フォン・ヒッペルが，「なぜ，イノベーションにおけるユーザーの役割に着目したのか」の原点は，自身の体験にありました。研究のテーマが身近なところに隠れていることを表すエピソードでもあります。研究テーマを探し当てることは，簡単ではないこともありますが，研究テーマ選択に煮詰まったときには，フォン・ヒッペルの経験に学んでみることも，1つの手かもしれません。

　また，フォン・ヒッペルのユーザー・イノベーション研究の進め方は，ユー

ザーがイノベーションにコミットした特殊な現象に着目したり，可能な限り条件を整えて比較検討したり，ユーザーのアイディアが他のユーザーにも支持されるかどうかを実際に検証したりすることでした。「注目した特殊な現象」の調査研究については，子どもの頃に実際に目にしていた科学機器の改良・改善に目をつけ，科学機器の特性について調べあげて，（理系に強い修士課程の院生の手を借りて）対面および電話でインタビュー調査を進めています。

「可能な限り条件を整えて比較検討」する調査研究については，同一の機能および市場の製品でユーザーの開発を特定して，ユーザー・イノベーションを進めることが，メーカーにとって商業的に有効であることを確認しました。また，３Ｍ社の調査研究のように，新製品開発のプロセスで，リード・ユーザー法を導入したプロジェクトと従来型の手法を導入したプロジェクトの比較を通して，ユーザー・イノベーションを進めるほうが効果的であることを検証しています。

「リード・ユーザーのアイディアが他のユーザーにも支持されるかどうか」を検証する調査研究については，ユーザー・イノベーションの主導者となるリード・ユーザーを厳格に選び出し，リード・ユーザーに実際に改善や新たなコンセプトを開発してもらい，このリード・ユーザーによって提案されたプランが，実際に他のユーザーに支持されるかどうかを検証しています。

このようなフォン・ヒッペルの研究の進め方を，von Hippel (1988) の訳者である榊原は「訳者あとがき」（フォン・ヒッペル，1991）のなかで，「著者のエリック・フォン・ヒッペルは，イノベーション関係の研究者の間で，既に評価の定まった学究である。彼は独自の視点に立ち，大変興味深い調査研究をすることで知られている。また，この本を読むと，調査研究のスタイルがいかにも『MIT風』だと私は思う。『MIT風』だというのは，手堅い調査手法に支えられ，明快で骨太な議論をするといった意味だが，きっと読者もそうした私の感想に賛成してくれると思う」(p.226) と，敬意を表しています。

さらに，ユーザー・イノベーション研究の分析の単位も個人のみならず，コミュニティに広げ，また，対象とする現象も，有形製品のみならず，ソフトウエアなどの無形製品にまで広げることで，研究を深化させてきたのです。

そして，研究者としてのフォン・ヒッペルのこの先には，体系的な「概念化」が見えてきたのだといえるのでしょう。

②　ユーザー・イノベーションの根拠となるデータと収集方法

▶フォン・ヒッペルの1970年代の研究

　ユーザー・イノベーション研究は，フォン・ヒッペル自身の体験が原点になっていました。1970年代に行われたフォン・ヒッペルの初期の研究では，科学機器の改造や改良による製品化を行った事例に対して，どのようなユーザー・イノベーションが確認されたのかを，質問票を用意して対面や電話でのインタビュー調査を行いました。標本は113でした。

　この調査研究を実施するためには，科学機器の専門的な知識を必要とするため，図書館での資料収集を行ったうえで，進められました。また，科学機器の選定に際しては，研究開発において重要な機器であること，そして，ユーザーによるイノベーションが実践（製品化）された後に機器メーカーが商業化するのに十分な時間を担保することが可能なこと，を条件として，4つの装置を対象にした調査研究が行われました。

▶フォン・ヒッペルの研究の特徴

　また，ユーザー・イノベーション研究を進めていくプロセスで，フォン・ヒッペルは，比較対象となる機器を選定して「違い」を特定したり，テストと称して実験のような調査研究を進めたこともありました。前者は，機能および市場の面で同一の製品でユーザーによる製品化がなされた事例の比較研究がありました。この調査研究も，機器に関する文献調査やメーカーおよびユーザーに対するインタビュー調査を実施しています。

　実施調査については，より手が込んだ調査研究設計を行い，調査研究を実施していました。これには大きく2つの調査研究が実施されていました。1つ目の調査研究は，先端的かつ変化の速い事業環境に置かれているハイテク企業を対象にして，リード・ユーザー企業が開発した新製品プランが支持されるかどうかを検証したものでした。2つ目の調査研究は，3M社の製品開発手法の比較調査研究で，リード・ユーザーを巻き込んで新製品プランを作成したプロジェクトと従来型の3M社の開発メンバーが主導して新製品プランを作成したプロジェクトのパフォーマンスを比較するものでした。

▶フォン・ヒッペルの研究で着目した２つの調査研究（実験）

　１つ目の調査研究は，次のような手順を踏んで進められました。第１段階として，（ハイテク産業の１つの製品として位置付けられる）PC-CADのユーザーに対して，質問によるアンケート調査を行いました。この目的は，回答を通してリード・ユーザーの層（クラスター）を特定することでした。第２段階として，このリード・ユーザーの層のなかから実際のトライアルに参加してくれる対象として５つのリード・ユーザー企業を選びました。そして，これらのリード・ユーザー企業の専門家が参加して，PC-CADの新製品プランを作ってもらいました。第３段階は，その新製品プランを実際にテストする段階です。リード・ユーザーが提案した新製品プランを一般的なユーザーが買うかどうかを答えてもらうための調査研究です。第１段階で行ったアンケート回答企業からリード・ユーザー企業を抜いたユーザー企業に対してアンケート調査を行ったのです。

　２つ目の調査研究の手順は，次のように進められました。第１段階は，リード・ユーザーを巻き込んだプロジェクトと従来型の３M社の開発メンバーが主導するプロジェクトの条件を揃えることでした。実際の調査に先立って人材の配置に差がないかどうか，成果報酬システムに違いがないかどうか，参加メンバーの能力差はないかどうか，プロジェクトに参加する動機付けの違いがないかどうか，ホーソン効果やプラシーボ効果が発生していないかどうか，を確認しました。そして，比較検討することが可能であると判断したプロジェクトを選定し，その結果，リード・ユーザーが参画した開発プロジェクトが５プロジェクトに，従来型の開発プロジェクトが42プロジェクトになり，この２つのプロジェクト群のパフォーマンスの違いを測定しました。その際，３M社の１つのパフォーマンスを測定する基準では，売上が予測値となっているために，同社の過去の製品開発プロジェクトとの売上予測値と実績値の乖離を確認し，売上の予測値を修正する作業を行ってからこの予測値を算定していました。その結果，リード・ユーザーが参画した開発プロジェクトのほうが高いパフォーマンスの値を出したことが明らかとなりました。

　２つ目の調査研究の２つのプロジェクト群の比較を通して，フォン・ヒッペルの調査研究チームが気づいたことがありました。それは，リード・ユーザーが参画した開発プロジェクトは，３M社にとって重要かつ新たな製品ラインを生み出すタイプであったのに対して，３M社の従来の手法で行われた開発プロ

ジェクトは1つのプロジェクトを除いて，すべて既存の製品ラインの改善や拡張に関するものであったということでした。そこで，第2段階の調査研究を実施します。それが，リード・ユーザーが参画した開発プロジェクトと，3M社がこれまで社内で行ってきた画期的かつ重要な新製品プロジェクト（その数は，16プロジェクト）のパフォーマンスの比較です。その結果，この2つのプロジェクトのパフォーマンスが類似していることが確認されたのです。

　フォン・ヒッペルが実施してきた調査研究は，いずれも，特異性を持つ事例を特定し，アンケート調査やインタビュー調査を実施することで進められてきました。すなわち，注視すべき統計的な異常値となる事例に目を向け，調査研究の条件を慎重に整えながら実施されてきたということがわかるのです。

考えてみよう

1. ユーザー・イノベーションの事例を探し，なぜ，ユーザーがそのイノベーションを成功させることができたのか，その論理を考えてみよう。
2. その際，なぜ，その事例を選定することがユーザー・イノベーション研究を深めるうえで妥当であるのかの理由も含めて考えてみよう。

参考文献

小川進（2013）『ユーザーイノベーション―消費者から始まるものづくりの未来』東洋経済新報社。

小川進（2021）『世界標準研究を発信した日本人経営学者たち―日本経営学革新史1976年-2000年』白桃書房。

Allen, R. C. (1983) Collective innovation, *Journal of Economic Behavior and Organization*, 4 (1), 1-24.

Lakhani, K. R. and von Hippel, E. (2003) How open source software works: 'Free' user-to-user assistance, *Research Policy*, 32 (6), 923-943.

Urban, G. L. and von Hippel, E. (1998) Lead user analyses for the development of new industrial products, *Management Science*, 34 (5), 569-582.

von Hippel, E. A. (1975) The dominant role of users in the scientific instrument innovation process, *MIT Libraries Working Paper*, 764-75, 1-43.

von Hippel, E. A. (1976) The dominant role of users in the scientific instrument innovation process, *Research Policy,* 5（1976）, 212-239.

von Hippel, E. A.（1988）*The Source of Innovation,* Oxford University Press.（榊原清則訳『イノベーションの源泉─真のイノベーターはだれか』ダイヤモンド社，1991年）

von Hippel, E.（1994）"Sticky Information" and the locus of problem solving: Implications for innovation, *Management Science,* 40（4）, 429-439.

von Hippel, E.（2005）*Democratizing Innovation,* The MIT Press.（サイコム・インターナショナル監訳『民主化するイノベーションの時代─メーカー主導からの脱皮』ファーストプレス，2006年）

von Hippel, E.（2017）*Free Innovation,* The MIT Press.（鷲田祐一監修・訳，古江奈々美，北浦さおり，グェン・フォン・バオ・チャウ訳『フリーイノベーション』白桃書房，2019年）

———— 第**11**章 ————

現代的な技術水準の変化Ⅱ
―技術以外の要素に焦点を当てたエビデンス
（イノベーターのジレンマ）―

---

① イノベーターが失敗する現象：
イノベーターのジレンマと非連続なイノベーション

⑴ 「優良な大企業がなぜ失敗するのか？」の問いを立てた研究者

　「これまで優良とされてきた成功企業が，なぜ失敗したのか？」の問いに対して容易に思い浮かぶ答えは，「これまでなかった優れた技術が開発されて急速に普及し，市場が新たな技術にとってかわったから」や，「成功企業は，過去の『栄光』にしがみ付いて慢心し，いつの間にか変化する環境についていけなくなった，すなわち，ゆでガエルになってしまったから」と言われることも少なくないでしょう。前者は，デジタルカメラの台頭で，写真フィルムの需要が年率25％で減少したような事例が該当します。後者は，日本企業がなぜ国際的競争力を失ったのかという議論でしばしば見受けられる論調です。

　しかし，この「これまで優良とされてきた成功企業が，なぜ失敗したのか？」の問いに対して，異なる解を導き出した研究者がいます。それが，クレイトン・クリステンセン（Clayton M. Christensen）でした。クリステンセンがどのような研究で上記とは異なる解を導出したのかについては，次節で取り上げますが，まず，クリステンセンのバックグラウンドについて確認していきましょう。

▶クリステンセンの学術的バックグラウンド

　クリステンセンの公式ホームページの経歴（https://claytonchristensen.

com/biography/）によると，クリステンセンは，ブリガムヤング大学の経済学部で学んだ後，オックスフォード大学にローズ奨学生（オックスフォード大学の名誉ある奨学制度）として進学し，計量経済学で修士号を取得します。ハーバード大学ビジネススクールでMBAを取得した（その際，優秀な学生に与えられるジョージ・ベーカー・スカラーの称号を与えられた）後，ホワイトハウスフェローとして運輸長官の補佐をしながら，ボストン・コンサルティング・グループで製造業のコンサルタントをしていました。その後，自らも起業します。セラミック素材を扱う研究開発型ベンチャー企業でした。

クリステンセンは，これらの実務界での自身の経験を通して「優秀な大企業がなぜ失敗するのか」という問題認識を抱くようになります（クリステンセン，2001：313）。その問いに対峙するために，ハーバード大学ビジネス・スクールの博士課程に進学します。彼は，博士の課程を2年で修了し（フォン・ヒッペルほど早くはないものの，それでも一般的な博士課程のプロセスからすると，かなり短い期間での修了となります），博士号（DBA）を取得しました。1992年のことでした。この研究が，Christensen（1997）に結びついていくわけです。クリステンセンの経歴を確認すると，彼もまた，フォン・ヒッペルと同様，経済学の基礎を学び，実務経験を有した研究者だったことがわかるのです。

▶クリステンセンの研究の仮説

クリステンセンは，研究の当初，「優秀な大企業がなぜ失敗するのか」の問いに答える仮説として，「技術泥流説」を立てていました。この仮説は，クリステンセン（2001）で「仮借なき技術革新の波に対応することは，押し寄せる泥流に逆らって坂を登るのに似ている。頂上に止まるには，あらゆる手段を駆使してよじ登らねばならず，立ち止まって一息つこうものなら泥に埋もれてしまう」（p.33）と表現しています。すなわち，クリステンセンは，優秀な大企業の失敗の原因が，技術革新の速さや対応の難しさ，すなわち，事業環境や業界の技術変化にキャッチアップし続けることができなくなっていくからであると考えていたのです。

そして，「この仮説を検証するため，世界のディスク・ドライブ業界の企業すべてが1975年から94年の各年に発売したあらゆるモデルのディスク・ドライブについて技術仕様と性能のデータベースを作成し，分析した。このデータベースによって，さまざまな新技術を最初に導入した企業を特定し，時間の経

過とともに新技術がどのように業界全体に広がっていったかを追跡し，どの企業が進んでいたか，どの企業が遅れていたかを調べ，それぞれの新技術がディスク・ドライブの記憶容量，速度などの性能指標にどのような影響を与えたかを測定」（pp.33-34）したのです。その結果，最終的には「技術泥流説はまちがっていた」（p.34）と結論づけるに至ったのです。

　そこで，次項で「世界のディスク・ドライブ業界の企業すべてが1975年から94年の各年に発売したあらゆるモデルのディスク・ドライブについて技術仕様と性能のデータベースを作成し，分析した」（p.33）研究のプロセスと詳細を確認していきます。

(2)　「優良な大企業が失敗する」論理

▶クリステンセンの研究手法

　「優秀な大企業がなぜ失敗するのか」という問いに取り組む研究対象としてクリステンセンが着目した現象はハードディスク・ドライブ産業でした。なぜ，ハードディスク・ドライブ産業だったのでしょうか。

　その理由は，クリステンセンが友人から受けた助言にありました。「遺伝の研究者は人間を研究対象にしない。新しい世代が現れるのは30年に1度かそこら，変化の因果関係を理解するには長い時間がかかる。だから，一日のうちに受精し，生まれ，成長し，死に至るショウジョウバエを使うのだ。産業界でなにかが起きる理由を理解したいのなら，ディスク・ドライブ産業を研究するといい。ディスク・ドライブ・メーカーは，産業で最もショウジョウバエに近い存在」（p.27）との指摘を受けたそうです。こうして，クリステンセンは，業界の変化や技術進歩が速く，次から次へと新製品が開発される事業領域では，産業のリーディング企業が次々と移り変わっていくために「優秀な大企業がなぜ失敗するのか」の問いを解決する研究対象として最適であると考えたのです。

　クリステンセンは，この研究を進めるために，3つのデータセットを用意しました（Christensen and Bower, 1996）。

　1つ目のデータセットは，1975年から1994年の各年に発売された1,400以上もの製品モデルのディスク・ドライブの技術仕様と性能のデータベースを作成したものでした。調査研究を開始するタイミングを1975年に設定している理由は，（クリステンセン［2001］では明確には示されていませんが，同書のp.38の周辺情報から推測すると）1960年代から主流だった取り換え可能なディス

ク・パックに代わって14インチ・ウィンチェスター・ドライブがちょうど普及
し始め，次から次へと技術革新が発生するタイミングに焦点を当てたためであ
ると考えられます。

　2つ目のデータセットは，1976年から1990年までに記憶媒体に関する卓越し
た情報をふんだんに掲載している雑誌*Electronic Business*誌に取り上げられた
商業的に成功あるいは失敗したハードディスク・ドライブ・メーカーの戦略や
データを収集したものです。

　3つ目のデータセットは，21のハードディスク・ドライブ・メーカーに勤め
る70人以上の経営陣（executives）に対する非構造化インタビューを実施する
ことで得られた情報です。実際にインタビューした人々の肩書は，創業者を初
め，社長，販売・マーケティング担当副社長，エンジニア・ファイナンス担当
副社長，製品開発チームの中枢にいるエンジニア責任者やマーケティング責任
者，事業部長が含まれていました。また，経営陣らのインタビュー内容の信
ぴょう性を確認するために，対象となった21のハードディスク・ドライブ・
メーカーのうち16社の従業員に対しても，インタビュー調査を実施しています。

▶クリステンセンの「気づき」

　クリステンセンは，ハードディスク・ドライブ業界の歴史から確認された技
術革新の調査を通して，気づきを得ます。それは，新技術・技術革新には2つ
のタイプのものがあり，それぞれが既存の「優れた企業」（イノベーター）に
対してまったく異なる影響を与えていたことでした。

　1つ目のタイプの新技術・技術革新は，「主に記憶容量と記録密度によって
測られる性能の向上を持続する技術で，漸進的な改良から抜本的なイノベー
ションまで多岐にわたる」（邦訳，p.35）ものでした。業界の既存のリーディ
ング企業（既存の「優良な大企業」）は，常にこのようなタイプの技術革新に
率先して取り組んでいました。Christensen（1997）では，このような技術の
ことを，現在の技術をより高度化させるという意味で「持続的技術」と名づけ
ました。

　2つ目のタイプの新技術・技術革新は，「性能の軌跡を破壊し，塗り替える
もの」（同）でした。実は，このタイプの技術革新こそが，幾度となく業界の
既存のリーディング企業を陥落させる直接的な原因となっていたことが明らか
となったのです。すなわち，既存のリーディング企業は，消極的だったり，傲

慢だったり，リスク回避的な意思決定をしていたからではなく，既存顧客の要望に応えるような技術を開発し，持続的技術を採用してきていたにもかかわらず，2つ目のタイプの技術革新が訪れたからこそ，その結果としてリーディング企業としての地位を失ってしまったことが明らかになったのです。それゆえ，クリステンセンは研究当初に立てていた仮説である「技術泥流説」が棄却されたと判断したのです。

▶「破壊的技術」の訳をめぐる日本の経営学者の論争

　この2つ目のタイプの技術革新は，クリステンセン（2001）では「破壊的技術」と訳されています。実は，このタイプの技術革新を「破壊的技術」と呼ぶことが（日本語のニュアンスとして）正しいかどうかについて，日本の経営学者の中では意見が分かれています。

　Christensen（1997）において，「破壊的技術」と訳されている原語を確認すると，"disruptive technological change" や "disruptive innovation" となっています。その一方で，イノベーション研究において日本語で「破壊的」と訳すこともできる議論は，他にTushman and Anderson（1986）やAnderson and Tushman（1990）があります。同論文の中の技術の非連続性（"technological discontinuities"）の議論で，"competence-destroying" という用語を用いているのです。「この文脈こそ，『破壊的』と訳すことが適しており，両者は日本語として区別して考える必要がある」という立場・見解があるのです。

　そのため，クリステンセンの "disruptive innovation" は，「分断的イノベーション」と，あえて訳す経営学者もいるのです。水野（2018）や長内・水野・中本・鈴木（2021）もその立場に立って執筆しています（水野［2018］における「破壊的イノベーション」に関する記述は，文字通り，「それまで業界にはなかった，既存の業界の常識を覆すような新たな技術」という意味であえて使っています）。そのため，以下では，クリステンセンの文脈における "disruptive technological change" と "disruptive innovation" は，それぞれ，「分断的な技術変化」と「分断的イノベーション」として表記することにしたいと思います。

▶「分断的イノベーション」を理解するポイント

　また，Christensen（1997）の議論で注意すべき点は，「分断的イノベーショ

ン」が，当初から技術的に優れた性能を持っていて，その新たな技術が，既存技術に置き換わったことを意味しているわけではないということにあります。この点は，Christensen（1997）やChristensen and Bower（1996）を理解するうえで，極めて重要なポイントとなります。

　なぜなら，これらの研究における分断的イノベーションの本質的意味は，「少なくとも短期的には，製品の性能を引き下げる効果を持つイノベーション」（クリステンセン，2001：9）であって，「従来とは全く異なる価値基準を市場にもたらす」（同）技術であるためです。したがって，一時的には製品の性能が下がったとしても，それによって，新たな価値（パラダイムと呼んでもよいのかもしれません）が生まれる技術こそが「分断的イノベーション」に該当するのです。

　この分断的イノベーションとなる技術の登場こそが，業界の既存のリーディング企業をその地位から陥落させる直接的な要因となるとChristensen（1997）やChristensen and Bower（1996）は指摘しているのです。Christensen（1997）では，この「分断的イノベーション」の事例として，ハードディスク・ドライブ業界の他に，掘削機業界における油圧式ショベルカーとプリンター業界におけるインクジェット印刷機を挙げています。本項では，Christensen（1997）で多くの記述がなされ，また，業界でのリーディング企業が次々に変わっていった現象を捉えたハードディスク・ドライブ業界の事例を中心に確認していきます。

▶ハードディスク・ドライブ業界における「分断的イノベーション」の数々

　ハードディスク・ドライブ業界における「分断的イノベーション」の鍵となったのは，ドライブの小型化にありました。研究対象となっている1975年から1990年までの間に，ディスクの直径が14インチから8インチへ，8インチから5.25インチへ，5.25インチから3.5インチへ，3.5インチから2.5インチへ，2.5インチから1.8インチへと徐々に小型化していったのです（邦訳，p.43）。その移り変わりとハードディスクの容量を表したものが**図表11-1**となります。

　そこで，以下では，ハードディスク・ドライブ業界における「変化」を1つ1つ確認していきます。第1に，図表11-1を確認すると，14インチがハードディスク・ドライブの主流となった1974年時のハードディスクの容量は，130MBでした。このときのハードディスクは，メインフレーム市場（大型汎

図表11-1 ハードディスク・ドライブの需要容量と供給容量の軌跡の交差

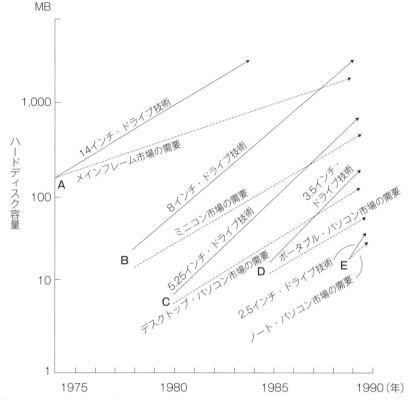

出所：クリステンセン（2001）。

用コンピュータ）や大規模な科学計算機，スーパーコンピューターなどで活用
されていました。また，この容量は，その後15年にわたって年率15％で増加し
ていきました。すなわち，Christensen（1997）が持続的技術と呼んでいる技
術変化，すなわち，技術の精度が徐々に高まっていたのです。

　第2に，1978年から1980年にかけて新規参入企業が8インチのハードディス
クを開発しました。小型化されても，ハードディスクの容量そのものが小さく，
価格も高かったため，技術的に劣ると判断した従来のメインフレーム市場の
メーカーには見向きもされませんでした。そこで，新規参入企業は，ミニコン
ピューター（オフィス用コンピューター，以下，ミニコンと略します）という
新しい用途向けにそのハードディスク・ドライブを発売しました。

　たしかに，発売当初の8インチのハードディスクは容量が少なく，発売当初の価格も高かったのですが，オフィス用のPCに組み込みやすくパソコンを小型化できるという点が評価されました。ミニコンで8インチ・ドライブのコンピューターは，オフィス需要を生み出しました。

　そして，急激に高まった8インチ・ドライブ需要の影響で，この型のドライブの持続的技術開発が進み，ディスクの容量は急激に増加し，生産量の規模の経済が効いて1MB当たりの価格も徐々に低下し，そのうちに14インチのハードディスクを下回るようになりました。そのため，メインフレームのメーカーも8インチのハードディスクを採用するようになっていきました。こうして，従来14インチを製造していた「優良な大企業」は追い込まれ，市場から撤退する結果となったのです。

　第3に，1980年に新規参入企業が5.25インチのハードディスクを開発しました。ただし，発売時のハードディスクの容量は，8インチのものよりも少なかったため，ミニコン・メーカーの関心を引くことはありませんでした。しかし，さらなる小型化を求めていた個人用デスクトップのメーカーにアプローチすることによって，5.25インチのハードディスクが急速に普及するようになりました。

　この状況は，またもや，需要の急増によって持続的技術開発を進めてディスクの容量の増加と，規模の経済による価格の下落をもたらすことになりました。そして，5.25インチ・ドライブは，個人用デスクトップのみならず，ミニコン市場でも採用されるようになり，8インチのハードディスクに置き換えられるようになったのです。

　第4に，1984年に新規参入企業が3.5インチのハードディスクを開発しました。ハードディスクのより一層の小型化は，小型デスクトップや持ち運びが可能なポータブル・パソコンの用途を捉え，これまた，持続的技術開発によってハードディスクの容量の増加と，規模の経済による価格の下落をもたらすことになりました。こうして，3.5インチのハードディスクを搭載したパソコンが，5.25インチのハードディスクに代わって普及することになったのです。

　第5に，1989年に新たな新規参入企業が2.5インチ・ドライブを発表しました。これまでの状況と異なっていた点は，3.5インチ・ドライブを製造していたメーカーも，次々と自社製の2.5インチのドライブを発売していったことでした。もちろん，2.5インチ・ドライブが発売された当初の容量は，3.5インチのもの

よりもはるかに少なく，価格も高価でした。

　しかし，新たに開発された2.5インチのハードディスクは，別の需要を捉えました。それは，ポータブル・パソコンの小型化による持ち運び用ニーズを捉えるものでした。すなわち，3.5インチのハードディスクを使用したポータブル・パソコンよりも，重量が軽く，耐久性があり，消費電力が少なく，小型化されるというニーズでした。

　このようなハードディスク・ドライブ市場の変遷は，6番目の1.8インチ・ドライブの開発，7番目のフラッシュ・メモリーの開発へと続いていきました。

▶ハードディスク・ドライブ業界の「分断的イノベーション」が示す
本質的意味

　これらのハードディスク・ドライブ開発の歴史が表しているのは，新たに開発された小型のドライブは，「少なくとも短期的には，製品の性能を引き下げる効果を持つイノベーション」（邦訳，p.9）ではあるものの，「従来とは全く異なる価値基準を市場にもたらす」（同）技術であったということです。すなわち，次から次へと分断的イノベーションが起きていたということでした。

　Christensen（1997）の指摘するハードディスク・ドライブの小型化がもたらした「従来とは異なる価値基準」というのは，それまでとは異なるパソコンの価値，すなわち，「重量が軽く，耐久性があり，省力化に優れ，小型化されており，発売当初は性能が低いもののその後は性能が上がり，また，発売当初は価格が高いもののその後は価格が低下する」という価値を生み出したという論理が導出されているのです。これを，Christensen（1997）では，「アーキテクチャーのイノベーションである」（邦訳，p.43）と表現しています。

　そして，このようにハードディスク・ドライブの小型化が行われるたびに，かつての「優良企業」が取り残され，衰退して，市場の覇権が新規参入企業に移り変わっていくという歴史が繰り返されてきたのだということをクリステンセンは指摘したわけです。すなわち，「優良な大企業がなぜ失敗するのか」の解は，優良な大企業が既存の顧客の要望に応えようとするあまり，開発当初は性能が低く価格も高かった「分断的イノベーション」の潜在的可能性（すなわち，耐久性の向上や，小型軽量化，省力化，後の性能の向上と価格の低下のニーズを捉える可能性），そして，将来的な成長を見誤ってしまい，（その段階では短期的な成長が見込まれる）既存技術の開発に資源を投入し続けることに

ロックインしてしまった結果，市場が「分断的イノベーション」に取って代わられてしまったことにあったのです。

　これを「イノベーターのジレンマ」と表現しているのです。そして，このような状況に陥らないために，「イノベーターのジレンマ」に陥らないための解については，Christensen（1997）の後半で，クリステンセンが考える解決方法を説明しています。

⑶　イノベーターのジレンマからイノベーションを読み解く（第1節のまとめ）

　本節では，本章のテーマ「現代的な技術水準の変化Ⅱ：技術以外の要素に焦点を当てたエビデンス」において，技術革新（持続的技術）を進めている優良企業がその地位から転落する現象，「イノベーターのジレンマ」に焦点を当ててイノベーションを捉えてきました。クリステンセンもまた，フォン・ヒッペルと同様に，自身の経験から研究のテーマを出発させています。研究のテーマは，やはり，身近なところに隠れていたのです。

　「これまで優良とされてきた成功企業が，なぜ失敗したのか？」という研究の問いに対し，クリステンセンは，短い期間でリーディング企業が変わっていくハードディスク・ドライブ業界に焦点を当てて，公開情報とインタビュー調査をもとに読み解いていったのです。その研究の問いを読み解く鍵は，新技術・技術革新には2つのタイプのものがあるという気づきでした。なぜ，この気づきが重要であったかというと，それぞれの新技術・技術革新のタイプが既存の「優れた大企業」（イノベーター）に対してまったく異なる影響を与えていたためでした。

　それが，持続的技術と分断的イノベーションでした。前者がそれまでの技術の延長線上で技術的性能を高度化・精巧化していくのに対して，後者はそれまでの技術の延長線上の性能の軌跡を壊し，従来とは異なる価値基準を市場にもたらすものでした。既存のリーディング企業が分断的イノベーションに気づきにくい，そして，適応しにくい理由は，分断的イノベーションが「少なくとも短期的には，製品の性能を引き下げる効果を持つイノベーション」（邦訳，p.9）であるからでした。リーディング企業は，既存顧客が求める持続的技術に取り組んでいる一方で，製品の性能を下げる効果を持つ技術への投資は矛盾する意思決定になるためです。これが，「イノベーターのジレンマ」なのです。この

論理に，世界中のChristensen（1997）の読者が，唸り，「なるほど」（吉原，2014）と納得したのです。

　また，この論理を導出するにあたって，研究上の重要なプロセスだったのは，クリステンセンが「技術泥流説」という仮説を立てたことにあります。その仮説を検証する過程で，当初の仮説が棄却され，「イノベーターのジレンマ」という結論に結びついていったからです。研究において，研究の問いに対する仮説が支持されるのか，あるいは，棄却されるのかという結果だけが重要なのではありません。重要なのは，仮説を検証するプロセスにおいて，支持される，あるいは棄却されるエビデンスを特定し，読み解くことができるかどうかです。これが，研究の質（研究結果）と，その社会的意義を左右することになるためです。

　さらに，クリステンセンの研究から確認することができるのは，同じ研究の問いを立てたとしても，研究対象が異なれば，異なる結論が導出されることがあるということです。それゆえ，私たち研究者は，「どのような現象を研究の分析対象とし，どのような情報をどのような方法で収集し，どのような研究手法で分析するのか，という研究のプロセスの妥当性を熟考し，選び抜く」ことがきわめて重要であるということを，クリステンセンの研究から改めて認識することができるのです。

② イノベーターのジレンマの根拠となるデータと収集方法

　クリステンセンの「イノベーターのジレンマ」の研究もまた，自身の経験に基づく研究テーマでした。「優良な大企業がなぜ失敗するのか」という研究の問いを解決するために，ハードディスク・ドライブ業界のディスク・ドライブの標準（スタンダード）の変化（移り変わり）に着目したのです。

　クリステンセンの研究は，3つのデータによって結論が導出されていました。それは，1975年から1994年の各年に発売された1,400以上もの製品モデルの技術仕様や性能のデータと，1976年から1990年までに記憶媒体の専門誌である*Electric Business*誌に掲載された情報，そして，ハードディスク・ドライブ・メーカー21社に勤める70人以上の経営陣とそこで働く従業員に対するインタビュー調査によって得られた情報でした。

　これらの3つのデータセットを注意深く，1つ1つ事実関係を確認しながら，

分析を加えていきました。ハードディスク・ドライブが誕生するごとにリーディング企業が変わっていくこと，既存の性能が劣るにもかかわらず，小型化していくというトレンドの背景にあるロジックを読み解くことで「イノベーターのジレンマ」という結論を導出したわけです。

３　時間軸の長い研究（観察と洞察の研究）：
第10章と第11章のまとめ

　シュンペーターが「創造的破壊」と称して，イノベーション研究について言及して以降，多くのイノベーション研究が蓄積されてきました。第10章と本章では，そのイノベーション研究について，技術的要素そのものに焦点を当てるのではなく，イノベーション全体を俯瞰することのできる視点を提供している研究の調査方法について確認してきました。その視点を提供する研究とは，イノベーションをユーザーの視点から分析している研究と，（技術的に優れたものを開発しているにもかかわらず）イノベーターが失敗する原因を特定する研究でした。

　イノベーション研究の中には，膨大な特許データを分析し，イノベーションの傾向や相関関係および因果関係を特定することに主眼を置いたタイプの研究も少なくありません。いわゆる，統計学的エビデンスに基づく研究です。このような研究は，世界全体やある特定の国，ある特定の産業といった研究の分析の単位となる大きな母数が，どのようなイノベーションの方向性を示しているのか，イノベーションの要因（因子）は何かを特定するのには有効だといえるでしょう。

　しかし，第10章と本章で取り上げた研究は，そのような目的なのではなく，「なぜ，このような現象を確認することができるのか？」「なぜ，このような結果になったのか？」という問題認識のもとで行われた研究でした。このような現象を対象にした研究は，そもそも統計学的エビデンスを収集できるほどの観察数がないことのほうが圧倒的に多いのが現実です。そのため，本章で取り上げたタイプの研究は，あえて統計学的に位置付けると，外れ値および異常値となる特殊な現象に限定したものとなります。

　このような現象を研究対象とした研究者は，それほど頻繁には現象として表れない，きらりと光る特異な現象に焦点を当てて研究を進めていくのです。そして，このような現象を研究対象とした研究は，必然的に（一時点を切り取っ

た静的研究ではなく）長い時間軸の中で分析することになり，そのプロセスや，因果関係の特定，コンテクスト（文脈）を注視しながら進められるという特徴を持つことになるのです。その結果，記述的プロセスを取ることが少なくないのです。

　ただし，このような研究は，気づきや洞察力に優れていなければ，その結論の糸口にまでたどり着くことができません。その意味では，フォン・ヒッペルもクリステンセンも，経済学と経営学の学術的バックグラウンドを持ち，実務経験を有していることで，多面的に現象を観察して，それを大局的に整理し，分析する眼を持っていたからこそ，このような研究成果を残すことができたのではないかと推察されるわけです。また，特異な現象を分析の対象として，経済的成果を実現したイノベーション研究を追究するためには，このような研究スタイルが，合致しているともいえるでしょう。

　しかし，このような研究スタイルを取る場合，留意しなければならないのは，同じ研究の問いを立てたとしても，研究対象が異なれば，そして，その研究対象が「外れ値」であればあるほど，異なる結論が導出されることがあるということです。それゆえ，改めて記しますが，私たち研究者は，「どのような現象を研究の分析対象とし，どのような情報をどのような方法で収集し，どのような研究手法で分析するのか，という研究のプロセスの妥当性を熟考し，選び抜く」ことがきわめて重要なこととなるのです。

考えてみよう

1．クリステンセンが主張する「イノベーターのジレンマ」や「優良な大企業が失敗する」事例を探し，なぜ，その企業が失敗したのかの論理を考えてみよう。
2．その際，クリステンセンの研究結果と異なる結論が導出された場合，その原因がどこにあるのかも比較検討して考えてみよう。

参考文献

長内厚・水野由香里・中本龍市・鈴木信貴（2021）『イノベーション・マネジメント（ベーシック＋）』中央経済社。

水野由香里（2018）『戦略は「組織の強さ」に従う――“日本的経営”の再考と小規模組織の生きる道』中央経済社。

吉原英樹（2014）『「バカな」と「なるほど」―経営成功の決め手！』PHP研究所。

Anderson, P. and Tushman（1990）Technological discontinuities and dominant designs: A cyclical model of technological change, *Administrative Science Quarterly*, Dec., 1990, 35（4）, 604-633.

Christensen, C. M.（1997）*The Innovator's Dilemma*, Harvard Business School Press.（玉田俊平太監修，伊豆原弓訳『イノベーションのジレンマ（増補改定版）』翔泳社，2001年）

Christensen, C. M. and Bower, J. L.（1996）Customer power, strategic investment, and the failure of leading firms, *Strategic Management Journal*, 17（3）197-218.

Tushman, M. L. and Anderson, P.（1986）Technological discontinuities and organizational environments, *Administrative Science Quarterly*, 31（3）, 439-465.

———————— 第**12**章 ————————

学術的バックグラウンド・
研究スタイル・エビデンス
―組織編―

1 **組織編で取り上げた研究者の
学術的バックグラウンドと研究スタイル**

⑴ ブルース・ヘンダーソン

　コンサルティング会社であるボストン・コンサルティング・グループの創業者で，プロダクト・ポートフォリオ・マネジメントのフレームワークを提示したヘンダーソンは，大学では工学部を専攻し，その後，ハーバード大学のビジネス・スクールで経営学を学んだ経験を持っていました。

　そのような経歴を象徴するかのように，ヘンダーソン（1981）には，数学的・経営工学的思考で経営の現象を分析している記述がいくつも確認されました。ミンツバーグら（2013）においても「（ボストン・コンサルティング・グループが）異常なまでに市場シェアを重視する」傾向があることが指摘されていたほどでした。

　ヘンダーソンの経歴やヘンダーソン（1981）からは，大きく2つの特徴を見てとることができます。1つ目の特徴は，ヘンダーソンの思考が，経営に関する細かな現象を1つ1つ細かく追うというスタイルではなく，経営現象の全体を大局的に俯瞰し，構造を分析的に読み解くスタイルを取っているという特徴を持っているということです。

　2つ目の特徴は，コンサルティング会社を経営していることに由来するもので，大企業の目線を持ち，その視点から分析を行っているということです。一般的に，事業のコンサルティング業務を依頼できる企業は，それなりの企業規

模で資金力がある企業に限られます。そのため，必然的に，分析の対象は大企業となるのです。

(2)　マイケル・ポーター

　ポーターは，大学では工学部で航空機械科で学び，ハーバード大学のビジネス・スクールで経営学を学ぶかたわら，MITで経済学（産業組織論）を学び，最終的にはハーバード大学で経済学博士を取得していました。その後，ハーバード大学の教員として，経済学を教え，MBA学生の業界指導はもちろんのこと，自身でコンサルティング業務も手掛けていました。

　ポーターは，自身の著書でも取り上げているように「企業戦略と産業経済学の両方を教え書く」（ポーター，1995）ことや「経済学者としての訓練を受けており，経済学的な説明のしかたが思考の方法としてしみ込んでいる」（ポーター，1999）ことを明確に認識して研究業績を蓄積していました。

　このような学術的バックグラウンドを持つポーターですから，経済や産業全体を俯瞰するタイプの思考を持ち，「産業経済学の視点を企業戦略に適用し，その業界構造とその変化について理解するためのフレームワーク」（ポーター，1999）を導出することに結びついていったのです。

　ポーターの思考もまた，ヘンダーソンと同様の特徴を持っています。それは，上述したように，経営現象の全体を大局的に俯瞰し，構造を分析的に読み解くスタイルであるという特徴を持っていることと，大企業の目線の思考を持っているということです。

(3)　ジェイ・バーニー

　バーニーは，大学では社会学を専攻し，その後，修士号も博士号も社会学の学位を取得していました。社会学は，社会全体の構造や機能，およびその変遷について理解しようと試みる学問です。バーニーは，この観点から経営現象を理解する立場を示していることになります。

　また，バーニーは，社会学のディシプリンのなかでも，理論社会学の観点から経営学研究を進めています。それゆえ，バーニーの研究の多くは，理論研究が中心となります。具体的には膨大な既存研究や文献を整理し，それらの研究の関係性や立場を明らかにして読み解き，体系化していく研究手法を採用しているのです。

　このような特徴を持つバーニーの研究の多くには，具体的な経営現象がほとんど記されていません。そもそも事例研究や具体的な経営現象を直接的な研究の分析の対象としていないのです。既存研究のレビューを通して，演繹的アプローチで経営学を分析し，理論的視点で経営学を理解しようとしているのです。

(4)　伊丹敬之

　伊丹は，一橋大学の商学部に進学したものの，学問の関心の中心は経営学そのものにではなく，数学的概念を経済学的に解釈する学問領域である経営工学や管理工学にありました。大学院も一橋で数学や計量経済学を中心に研究を進めていましたし，留学先のカーネギーメロン大学では数学を応用したタイプのオペレーションズ・リサーチの研究を進めていました。博士課程では，管理会計に転換して博士号を取得しましたが，それまでは一貫して数学的概念を中核にした研究を進めていました。そのため，一橋大学やスタンフォード大学では，当初，管理会計を教えていたほどです（末席の教え子の1人である筆者からすると，未だに信じられないことです）。

　しかし，数学や管理会計の研究手法で現実の経営現象を読み解くことに限界を感じた伊丹は，経営現象そのものに着目した「伊丹スタイルの戦略論」を模索することにしたのです。より具体的には，（数学や数字を使った管理会計の研究手法ではなく）公開されている企業に関する膨大な情報から必然性や法則性を読み解いていくという研究手法に大きく舵を切ったのです。すなわち，伊丹は，経営現象を説明するための数学という学問領域に見切りをつけ，社会で発生している具体的な経営現象を（経営に関する専門雑誌に記述された記事という2次データからではあるものの）分析の対象にすることにしたのです。

　その意味では，伊丹は，ヘンダーソンやポーターのような数学的な学術的バックグラウンドを持ちながらも，両者とは，異なる研究スタイルを選択するに至ったということがわかるのです。

(5)　野中郁次郎

　野中は，早稲田大学で政治経済学部に入学した後，民間企業での勤務経験を積んだ後，カリフォルニア大学バークレー校で経営学を学び，そのまま博士課程に進学しました。研究のテーマは市場と組織の関係を読み解くコンティンジェンシー理論でしたが，その一方で，博士課程では社会学のディシプリンを

学んでいました。カリフォルニア大学バークレー校では，経営学を専攻する学生は副専攻として，経済学か心理学，社会学のディシプリンを選択する必要があったためです。野中は，その副専攻として社会学を選択したのです。

　野中は，自身の研究において，経営現象を読み解き，概念化や理論化させていくプロセスにおいて社会学のディシプリンが根底にあることを公言しています。知識の議論に関しては，社会学のみならず，哲学の学問領域にまで踏み込んで解釈することにより，組織的な知識創造に関する一般理論を構築しようとしたのです。そのため，Nonaka and Takeuchi（1995）の第2章では，「知識と経営」と題して，哲学や認識論の既存研究のレビューを行っているほどです。

　野中は，自身の理論的な研究や，理論的な既存研究のレビューを行う一方で，現象と理論を読み解く具体的な研究手法として，インタビュー調査を実施しています。社会で発生している具体的な経営現象については，インタビュー調査から得られた1次データを分析の対象にしたのです。

⑹　アルフレッド・D・チャンドラー, Jr.

　チャンドラーは，ハーバード大学で一貫して歴史を学んでいました（チャンドラー，2004：vi）。学問を追究する途中で，第二次世界大戦の兵役で中断しなければならない状況に直面しましたが，退役後には，ハーバード大学院の歴史学科とシュンペーターが創設した企業家史研究センターで研究を継続することができました（同）。

　チャンドラーの博士論文は，曾祖父であるヘンリー・バーナム・プアーが残した膨大かつ貴重な歴史的資料をもとに書き上げられたものでした。その意味では，チャンドラーの家系や生い立ちは，チャンドラーの研究に大きな影響を与えたのです。博士論文を書き上げるのに不可欠であった貴重な歴史的資料以外にも，チャンドラーの家系や生い立ちが，チャンドラーの研究に深くかかわっていることがありました。その糸口は，チャンドラーのフルネームにありました。チャンドラーのフルネームは，アルフレッド・D・チャンドラー, Jr.です。実は，このミドル・ネームのDの頭文字は，デュポン家の一員であることを表しているのです。チャンドラーの母方の出身がデュポン家だったからです。

　そのため，チャンドラーは，自身の研究を進める際に，「デュポン家のアーカイブに入り込んで，デュポンの1次資料を閲覧する機会に恵まれた」（同）

のです。チャンドラーは，一般的な研究者であればアクセスすることが難しい貴重な歴史的資料を，容易に入手することができたという幸運にも恵まれたのです。

　しかし，これらの事実は，逆の見方をすることもできます。それは，チャンドラーの家系や生い立ちともいえるデュポン社の事業展開や鉄道業界の発展が，チャンドラーにとって身近なものであり，それゆえ，研究対象として興味を持っていたということでもあるのです（少なくない経営学研究者において，実家で家業を行っている・行っていたことを確認できるというのもその１つであると思われます）。その説明を裏付ける事実として，チャンドラーは，曾祖父が残した貴重な歴史的資料を手に入れる前から歴史学を専攻していたのです。

　いずれにせよ，チャンドラーは，自身の研究手法として，膨大な歴史的資料や，それに関連するインタビュー調査をもとに歴史的史実を読み解いていくという研究スタイルが定着したといえるのでしょう。

(7)　トム・バーンズ＆ G. M. ストーカ

　バーンズは社会学を学術的バックグラウンドとして，組織行動論を研究していました。共同研究者であったストーカは，心理学を学術的バックグラウンドとして持っていました。Burns and Stalker（1961）の研究が終わると，ストーカは学術界から去って，コンサルタントになったようですが，それまでは，バーンズとはスコットランドにあるエディンバラ大学の同僚でした。両者とも，スコットランドを拠点とし，地元の自治政府を巻き込んだ調査研究を進めることが可能な立場であったのです。

　その意味では，バーンズらは，スコットランドの自治政府と一体となって調査研究を進め，政策提言をする立場にあった研究者であったということができるでしょう。しかし，彼らは，俗に言う「御用学者」ではなかったようです。それは，彼らの研究からもうかがい知ることができます。Burns and Stalker（1961）の研究のきっかけこそ，スコットランドの自治政府から依頼されて，低迷するエレクトロニクス産業の現状について調査研究を行いましたが，その研究結果を発表するプロセスにおいて，同じ業界における２つのタイプのマネジメント・システムの違いを認識し，追加的調査を行っていたことからも推察されるのです。

　バーンズらの研究は，学問領域としては社会学と心理学という違いがあると

はいえ，共に社会科学を学術的バックグラウンドに持つ研究者らが，社会科学的参与観察と社会人類学の研究手法を用いて，インタビュー調査や観察をこまめに行っていたことがわかるのです。

⑻　エリック・フォン・ヒッペル

　フォン・ヒッペルは，ハーバード大学で経済学を学び，MITで機械工学の修士号を取得しました。その後，ベンチャー企業を興したりコンサルタントとしての経験を積みました。フォン・ヒッペルの父親も含め，家族に研究者が多かったという背景もあり（小川，2021），研究者になるためにカーネギーメロン大学の博士課程に進学し，経営学の博士号をわずか1年で取得しました。

　博士論文の研究テーマは，社内のイノベーションの発生経路とそれによる事業成果に関する研究でしたが，研究者になった後は，イノベーションの源泉としてのユーザーに着目した研究テーマを選択しました。

　フォン・ヒッペルがイノベーションの源泉としてのユーザーに着目したきっかけは，彼の2つの体験が根底にありました。それは，彼の父親の研究室において，研究者自らが必要な実験器具を自作していたことと，ベンチャー企業を経営していたとき，要望を出した製品アイディアをなかなか製品化してくれなかったにもかかわらず，何とか作ってもらった製品を量産したいという希望がそのメーカーから寄せられたことでした。すなわち，2つの体験とも，ユーザーに起因するイノベーションだったからです。

　そのため，フォン・ヒッペルは，大学教員になって以後，一貫してイノベーションの源泉としてのユーザー，すなわち，ユーザー・イノベーション研究を追究したのです。そして，フォン・ヒッペルは，研究の初期から，そのユーザー・イノベーションのなかでも，製品化の発想に卓越し，製品化のニーズを示すことに敏感なリード・ユーザーに着目して研究を進めていたのです。

　一方で，フォン・ヒッペルはイノベーションの源泉を経済学的視点から分析しながらも，ユーザー・イノベーションの研究手法は，アンケート調査やインタビュー調査から得られた情報をもとに分析しています。ヘンダーソンやポーターと類似の学術的バックグラウンドや経験を持ちながらも，彼らとは異なった研究手法を実践していることがわかるのです。それは，（研究手法そのものは違えども）伊丹の研究スタイルにも通じることなのかもしれません。

(9)　クレイトン・クリステンセン

　クリステンセンは，大学で経済学を学んだあと，大学院では，オックスフォード大学で計量経済学の修士号を取得しました。その後，ハーバード大学のビジネス・スクールで経営学を学んでMBAを取得し，政府機関で働きながら，コンサルタントとして実務経験を積んでいました。

　さらにその後，自ら，研究開発型ベンチャー企業を起業し，コンサルタント業務や事業リスクの高い研究開発型のベンチャー企業の経営を通して，「優秀な大企業がなぜ失敗するのか」という疑問を抱きました。この疑問を解決するために，出身校であるハーバード大学のビジネス・スクールの博士課程に入学し，2年で修了して博士号を取得したのです。

　博士課程に進学するきっかけとなった「優秀な大企業がなぜ失敗するのか」の研究の問いに対して出した，その答えとなる研究成果がChristensen（1997）だったのです。クリステンセンもまた，フォン・ヒッペルと同様，研究のテーマが身近なところで発生していたのです。

　クリステンセンの経歴から，クリステンセンが経済学に裏付けられた数学的知見を持ち，経営学の知識，そして，実務家経験を持っていることがわかります。しかし，クリステンセンも，フォン・ヒッペルや伊丹と同様に，ヘンダーソンやポーターとは異なり，その研究手法として，インタビュー調査やアンケート調査といった1次データを収集したり，カタログ調査や専門雑誌の記事という2次データを収集したりする方法を採用していたのです。

2　組織編で取り上げた研究者の研究の問いとエビデンス

(1)　ヘンダーソン研究

　ヘンダーソンは，プロフィット・センターという一時点，および，短期の利益のみを追求する企業の姿勢に危惧を抱いていました。なぜなら，ヘンダーソンは，企業が営むそれぞれの事業の将来性や，事業の長期的成長を踏まえたうえで資源配分すべきであるとの問題認識を持っていたからです。したがって，ヘンダーソンの考えを研究の問いに置き換えると，「長期的に事業のポートフォリオを組むためにどのようなフレームワークを構築すべきか？」になりま

す。

　ヘンダーソンがこの問いを解決するために前提としていた考えは，市場が成長するタイミングによって，企業が採用すべき戦略は大きく異なること，また，経験曲線が発生するがゆえに，できるだけ早期に市場シェアを獲得する必要があること，さらには，市場シェアはリーダー企業のシェアとの対比で考える必要があること，でした。

　そして，ヘンダーソンは，大企業のコンサルティング業務によって蓄積された膨大なデータから，プロダクト・ポートフォリオ・マネジメントという戦略的フレームワークを提示したのです。この戦略的フレームワークは，多角化した企業が，個別の事業に関する意思決定や事業のマネジメントを長期にわたってどのように進めていくのかの１つのモデル（指標）として受け止められるようになっていったのです。

(2)　ポーター研究

　ポーターは，博士課程から蓄積してきた産業経済学の視点から経営学を追究する研究のみならず，学生指導やコンサルティング業務を踏まえて５つの競争要因という戦略的フレームワークを構築しましたが，そもそもの目的は，「競争を理解するための厳密かつ使い勝手のよいフレームワークを開発し，理論と実践の間のギャップを埋める事だった」（ポーター，1995）と強調しています。このポーターの問題認識を研究の問いに置き換えると，「産業構造とその変化を理解し，ストラテジストや投資家がその状況下でどのポジショニングを選択するかを決めるためには，どのような戦略フレームワークを構築すべきか？」になります。

　この研究の問いを解決するために，ポーターは，1973年にハーバード大学で経済学博士を取得するまでの研究や，その後，ハーバード・ビジネス・スクールで10年を超える研究を蓄積しました。その研究には，旧来の意味での統計をもとにした学術研究と，無数の業界の実証研究（ポーター，1995）が含まれていました。後者は，より具体的には，ポーターが担当していたコースに使う教材の作成に要した追加研究や，新たなコース設計のために収集した情報，MBA学生の研究指導，そして，企業へのコンサルティング業務を通して得た情報がエビデンスとして挙げられています。すなわち，ポーターの研究を鑑みると，統計的な定量的データと膨大な定性的データが，研究のエビデンスに

なっていることがわかるのです。

　これらの研究をもとに，ポーターは，分析の単位を「産業」（1つの業界）と設定し，産業組織論の知識をベースに，産業内でのプレイヤーをグループ化して，グループ間の競争関係の構図を可視化する戦略的フレームワークを導き出しました。そして，このポーターが提供する戦略フレームワークは，企業が戦う産業構造と自社のポジショニングを可視化し，どのようにして競争戦略を遂行するのかを決定するための分析ツールとして，広くビジネス界で活用されるようになったのです。

(3)　バーニー研究

　バーニーは，社会学を学術的バックグラウンドとして，理論社会学の見地から，既存研究を分類し体系化していく研究手法を取って研究を進めてきました。バーニーの研究の関心は，組織の内部資源にありました。バーニーの1980年代の研究の関心は，組織の内部資源のなかでも，組織文化に着目していました。バーニーの当初の研究は，組織文化こそが企業の持続的競争力につながるという主張を展開していたのです。バーニーのこの研究の根底には，「企業文化という資源に価値があり，その資源こそが稀少であり，それゆえ，競合企業が完全に模倣できるものではないために，結果的に組織の持続的競争力を維持することができる」という基本的認識がありました。

　バーニーのこの基本的認識は変わらぬものの，分析の対象が組織の文化から組織の内部資源全体に変化します。より具体的には，企業が統率する資産や能力，組織プロセス，組織の属性，情報，知識などを包含するようになりました。既存研究の分析などを通して，組織の内部資源を幅広く包含するようになったのです。

　バーニーの基本的認識を研究の問いに置き換えると，「企業の内部資源が持続的競争力に発展するために必要な要素は何か？」になります。その解を導くための要素が，内部資源そのものの経済価値（V：Value）や稀少性（R：Rarity），模倣困難性（I：Inimitability），組織の内部体制（O：Organization）だったのです。換言すると，組織の内部資源が持続的競争力を発揮し続けるためには，資源に経済価値があり，稀少であり，模倣が困難であり，組織の内部体制・統制が整備されていることであるとの結論を導出しているのです。

　バーニーは，一連の研究において，組織の内部資源が持続的競争力を発揮し続けるために求められる要素をVRIOフレームワークに概念化したということが言えますが，これは，既存研究をもとに，分類し，体系化するプロセスで演繹的に導き出されたフレームワークであるということが１つの特徴となっています。

(4)　伊丹研究

　伊丹は，数学や管理会計が経営現象を読み解くことの限界を悟り，伊丹なりの戦略論を追究しようと，研究の方向性を転換させました。伊丹の当初の問題認識は「戦略論では当たり前のことをなぜ説教っぽく言う必要があるのか」（小川，2021）にありました。そこで，「（従来型の戦略論の議論で）語られていることの背景に何か必然性，法則性があるのではないか」（小川，2021）という研究の問いを立てたのです。

　この研究の問いに答えるために，伊丹は，経営を取り扱う専門誌である『プレジデント』や『週刊　東洋経済』『週刊　ダイヤモンド』『日経ビジネス』を過去３年にわたってすべての記事に目を通しました。そして，「とにかくこれは面白いと自分が直感的に思ったもの」（小川，2021）や「何か論理的に面白いことが背景にありそうだ，これは典型的にああいう話の実例だとかということに全部付箋」（伊丹・加藤・西村，2020）をして，その記述を１つ１つカードに書き込んで，エビデンスを収集したのです。

　集められたエビデンスは，KJ法の研究手法を取り入れて分析にかけられました。具体的には，関連している情報の山（束）を作って整理していくことを通して，関係性を整理し，戦略の構成要素，論理の流れ，因果関係などを１つずつ読み解いていったのです。その結論が，伊丹の考える「良い戦略」の論理であり，「見えざる資産」の概念につながっていったのです。その概念を読み解く鍵となったのが，「情報の流れ」に対する考え方と解釈であり，「見えざる資産」を蓄積する直接ルートと業務副次ルートに関する知見や洞察だったのです。

(5)　野中研究

　野中が「知識創造」の研究に取り組むきっかけは，ハーバード・ビジネス・スクール75周年記念シンポジウムに登壇するための論文でした。その論文では，

日本企業の新製品開発の速さと柔軟性に関する研究を，ラグビーのメタファーで，すなわち，選手たち（新製品開発を担う担当者たち）がラグビーボールをパスするように状況に応じて柔軟に対応していたと解釈したことにありました。この当時は，野中は，日本企業の「情報処理の迅速さ」と理解していましたが，後に，「知識を創造する力」に源泉があると解釈するようになりました。

　ここから，野中の研究の問いを導出することができます。それは，「日本企業は，なぜ，ゆっくりとだが着実に，国際競争での地位を高めて成功することができたのか？」です。そして，この研究の問いの解を導くために，（日本企業のサクセス・ストーリーを選択したのではなく）日本企業で確認される代表的なケース・スタディを通して明らかにしようと考えたのです（野中・竹内，1996）。

　「代表的なケース・スタディ」の選定は，野中が参加していた「政策フォーラム」という勉強会に出席していた企業の経営トップ層への働きかけによって行われました（小川，2021）。そして，この「代表的なケース・スタディ」となった企業のトータル130人のマネジャーに綿密な聞き取り調査（インタビュー調査）を実施したのです。

　また，野中は，これらの調査研究によって得られたエビデンスと，知識に関する哲学の理論や議論，解釈とすり合わせました。その結果として，組織的知識創造の一般理論を創り出したのです（野中・竹内，1996）。それこそが，「知識創造の4つのモード」であり，SECIモデルだったのです。この文脈で重要な点は，この知識創造は「理論」であると野中が主張していることです（理論化についての議論は，第13章で行います）。

(6)　チャンドラー研究

　チャンドラーは，曾祖父が残した歴史的に貴重な資料を手にして，アメリカの初期の大企業の成り立ちを追うことができる研究環境に恵まれました。そのような環境に身を置くうちに，アメリカの企業がビッグ・ビジネス化していくプロセスと，そのプロセスにおける組織の改編に興味を持つにいたりました。そして，チャンドラーは研究の問いを「近代的な大規模企業がどのように誕生・発展し，事業組織をどのような理由で，いかに改編していったのか？」と立てるようになりました。

　この研究の問いを明らかにするために，チャンドラーは，企業規模と業績の

両面で突出したアメリカ企業の組織改編に着目し，1948年の時点で資産額上位50社を対象にした予備調査を実施しました。この予備調査で明らかになったのは，大企業がビッグ・ビジネス化するプロセスにおいて，組織構造が変化していたということでした。より具体的には，集権的職能別組織から事業部制組織へと組織改編が行われていたことでした。

次に，アメリカの大企業のなかでも，早期に組織がビッグ・ビジネス化した4つの代表的な事例（ケース・スタディ）を選定しました。その事例がデュポンとゼネラルモーターズ，ニュージャージー・スタンダード，シアーズ・ローバックだったのです。チャンドラーは，事例研究のためのエビデンスを集めるために，当該企業の年次報告書や行政広報，雑誌などの入手可能な資料や，社史などの公開情報，当時の経営陣や組織改編にかかわった人々へのインタビュー調査を実施しました。

そして，事業部制がどの業界にどのようにして普及したのかを追跡するために，また，組織改編の一般化を試みるために（チャンドラー，2004），1909年時点での資産額上位50社と1948年時点での資産額上位70社を対象にして企業のマネジメントの歴史を確認したのです。

その結果，4社の事例研究から導き出された「組織がビッグ・ビジネス化（多角化）すると事業部制組織へと組織改編が行われる」という因果関係を特定し，アメリカ企業がビッグ・ビジネス化するとともに組織改編が行われることの「一般化」が確認されることになったのです。

(7)　バーンズ&ストーカ研究

バーンズ&ストーカ研究では，当初は人が働く場のコミュニティに研究の関心がありましたが，研究の方向転換を図りました。かつて絶大な競争力を誇っていたスコットランド地方のエレクトロニクス産業の競争力の低下という現象を調査することを通して，研究の問いが明らかになっていきました。それは，「技術や商業的要素が変化しているにもかかわらず，なぜ，マネジメント・システムが変化していない企業群が存在するのか？」という問いです。そして，「同じ業界において，2つのタイプのマネジメント・システムを確認することができるのはなぜか？」という研究の問いを立てたのです。

これらの研究の問いを解決するために，バーンズらは，12社のスコットランド研究と8社のイギリス研究を対象にしました。調査研究の対象となった20社

のうち，具体的な内訳は，技術の発展に投資をしてマネジメントがうまくいっ
た企業15社と，そうではない企業が5社あったこと，そして，技術の発展に寄
与した企業のうち4社はエレクトロニクスとは異なる産業の企業となっていた
ことが示されています。すなわち，バーンズらの調査の標本は，Burns and
Stalker（1961）では明示されていませんが，8社のイギリス企業のうち，技
術や商業的要素に投資してマネジメントがうまくいっているエレクトロニクス
企業4社と，マネジメントがうまくいっているものの，それ以外の産業に従事
している企業4社，そしてスコットランドで商業的要素に投資してマネジメン
トがうまくいっている7社のエレクトロニクス企業（投資して発展している企
業数15から，発展しているイギリス企業の8社を引いた企業数），そして，同
じくスコットランドで産業の変化に取り残されたエレクトロニクス企業5社
（スコットランド研究の対象企業12社のうち，マネジメントがうまくいってい
る7企業を引いた残りの5企業），ということが推察されるのです。

　この標本として選び出された企業に対して，バーンズらは社会学的参与観察
と社会人類学の一般的な研究手法，すなわち，インタビュー調査や参与観察を
実施しました。数々のインタビュー調査や参与観察による情報が，研究のエビ
デンスとして集められていきました。

　この調査研究から導き出された結論は，企業のマネジメント・システムには，
機械的管理システムと有機的管理システムが存在し，それぞれの管理システム
は，直面する環境の状況に応じて採用する必要があるということでした。換言
すると，その組み合わせを誤ると，企業の存続は難しいということを示唆した
結論だったのです。

⑻　フォン・ヒッペル研究

　フォン・ヒッペルは，2つの経験からイノベーションの源泉としてのユー
ザーに着目しました。フォン・ヒッペルの研究の問いは，「イノベーションの
源泉としてのユーザーの役割は？」や「イノベーションにおけるユーザーが果
たす役割とは？」にあるといえるでしょう。この研究の問いを明らかにするた
めに，フォン・ヒッペルは，いくつもの調査研究を実施しました。

　1つ目の調査研究が，科学機器に改良を加えるユーザーを対象にした113の
サンプルに対するインタビュー調査でした。「ユーザーがどれほどのイノベー
ションを実践しているのか」，その実態を4つの装置の改良改善をしているの

かを確認したものでした。

　2つ目の調査研究が，科学機器に改良を加えやすい機器と，そうではない機器を比較検討したインタビュー調査でした。そして，前者を行ったユーザー・イノベーションの商業化について検証しました。この調査によって，ユーザーによって開発された製品がメーカーにとって商業的に重要であることを確認したのです。

　3つ目の調査研究は，実施したアンケート調査からリード・ユーザーを特定し，そのリード・ユーザーによって提案された新たな製品コンセプトが実際のユーザーに支持されるかどうかを検証したものでした。その結果，リード・ユーザーが製品開発に直接的に関与することの有効性を支持したのです。

　4つ目の調査研究は，3M社のプロジェクト比較でした。3M社の新製品開発プロジェクトにおいて，従来型の開発担当者主導で行われる新製品開発プロジェクトとリード・ユーザーが関与して行われる新製品開発プロジェクトの比較調査研究を行いました。その結果，リード・ユーザーが関与して行う新製品開発プロジェクトの有効性が支持されました。また，従来型の新製品開発プロジェクトの内容が，それまでの商品の延長線上の製品開発であったのに対し，リード・ユーザーが関与した新製品開発プロジェクトが新奇性の高いものであったことを特定したため，追加的な調査研究を行いました。それが，リード・ユーザーが関与した新製品開発プロジェクトと，これまで3M社が開発した新奇性の高い新製品開発を比較する調査研究でした。その結果，両者には多くの類似点があったことが明らかとなりました。これによって，リード・ユーザーが製品開発にコミットすることの有効性が改めて検証されたのです。

　フォン・ヒッペルの研究手法が，von Hippel（1988）の訳者である榊原清則が「訳者あとがき」のなかで，「（調査研究のスタイルが）手堅い調査手法に支えられ，明快で骨太な議論をする」（フォン・ヒッペル，1991）と表現するほどのものでした。適切な調査対象を厳選して選び出し，その調査研究の目的に合致した研究手法を実施してエビデンスを収集し，必要性が確認されると追加的にエビデンスを収集して検証を行う方式で調査研究が進められていたのです。

(9)　クリステンセン研究

　クリステンセンは，自らのコンサルティング経験やリスクの高い研究開発型のベンチャー企業経営を通して，研究の問いを立てました。それが，「優良な

大企業がなぜ失敗するのか？」でした。

　この問いを解決するために，業界のリーダー企業が次々と変わっていく，業界の変化や技術的進歩が速いハード・ディスク・ドライブ業界を研究対象として選びました。対象となる調査期間の1,400ものモデルのディスク・ドライブの技術仕様と性能のデータベースを作り，2次データであるものの，調査期間の専門誌の記事の情報を収集し，21のハード・ディスク・ドライブ・メーカーに勤める70人以上の経営陣に対する非構造化インタビュー調査およびその部下へのインタビュー調査によって得られた情報をエビデンスとして，分析したのです。

　その結果，新技術・技術革新には2つのタイプが存在し，「性能の軌跡を破壊し，塗り替えるタイプのもの」（分断的イノベーション）こそが業界のリーダー企業を転落させる原因となるということを特定しました。それは，このタイプのイノベーションが「少なくとも短期的には，製品の性能を引き下げる効果を持つイノベーション」（クリステンセン，2001）であり，「従来とは全く異なる価値基準を市場にもたらす」（同）技術であったためです。業界のリーディング企業は，一時的とはいえ，製品の性能が下がる技術に対する投資をすることが難しいことから，クリステンセンは「イノベーターのジレンマ」と名付けたのです。

３　立場の違いと結論の違い

(1)　ヘンダーソン研究

　ヘンダーソンは，数学的バックグラウンドを持ったコンサルタントとして，企業の事業活動をマクロ的視点から俯瞰し，事業の長期的成長を見据えた資源配分をするための戦略的フレームワークを提示しました。ヘンダーソンが提示した戦略フレームワークは，大企業のコンサルティング業務によって蓄積された膨大なデータから導出されたものです。

　そして，この戦略的フレームワークは，事業を複数抱える多角化した企業が意思決定するためのもので，1つのノウハウ（手法）です。その意味では，ヘンダーソンは，企業に1つの戦略的意思決定のための枠組みを提供しているといえるのです。

(2)　ポーター研究

　ポーターもまた，数学的バックグラウンドを持ち，産業組織論の視点から産業の全体像を俯瞰し，構造化することで，可視化した戦略的フレームワークを導き出しました。

　そして，このポーターが提供する戦略フレームワークもまた，ヘンダーソンが提示したものと同様に，企業が戦う産業構造と自社のポジショニングを特定し，どのようにして競争戦略を遂行するのかを決定するための分析ツールを提供しているといえるのです。

(3)　バーニー研究

　バーニーは，理論社会学的見地から，既存研究を分類し体系化していく研究手法を取って研究を進めてきました。バーニーの研究のエビデンスは，既存研究の存在です。

　バーニーは，既存研究を体系化することによって，組織の内部資源が企業の持続的な競争優位につながる論理を導出しました。その結果，演繹的に導き出されたフレームワークがVRIOだったのです。

　しかし，VRIOは，ヘンダーソンやポーターが提示したツールとしてのフレームワークとは異なり，企業の持続的な競争優位となる4つの要素を概念化して表しているところが重要なポイントになります。このVRIOフレームワークが示しているのは，組織の内部資源が持続的競争力を発揮し続けるためには，資源に経済価値があるかどうか，稀少であるかどうか，模倣が困難であるかどうか，組織の内部体制・統制が整備されているかどうか，ということだからです。

(4)　伊丹研究

　伊丹は，複数のビジネス雑誌に取り上げられた3年間にわたる経営の記事をデータソースとし，KJ法による2次データの分析結果をエビデンスとして，「良い戦略の論理」を読み解いていきました。関連している情報の山（束）を作って整理していく研究手法を用いました。

　こうして，要素間の関係性を整理し，戦略の構成要素や論理の流れ，因果関係などを1つ1つ明らかにしていったのです。その1つが，「情報の流れ」に

対する考え方やその解釈であり，情報を蓄積する直接ルートと業務副次ルートに関する知見や洞察に結びついていったのです。

伊丹は，経営や戦略をめぐる現象を具体的事象として捉え，「良い戦略」を説明するための論理を読み解いていくプロセスで「見えざる資産」という概念を抽出したのです。

(5) 野中研究

野中は，常に2つの思考のパターンを持っているように見受けられます。1つ目の思考パターンは，学術的バックグラウンドに裏付けられた理論を読み解くことです。「社会学や哲学で議論されている知識をどのように理解し，体系づけられるのか」については，この思考パターンで考えるべき研究課題となります。すなわち，理論的思考です。

2つ目の思考パターンは，現象を分析し，読み解くことです。野中は，「日本企業は，なぜ，ゆっくりとだが着実に，国際競争での地位を高めて成功することができたのか？」という研究の問いを立て，日本企業で確認される代表的なケース・スタディを通して明らかにしようとしました。このタイプのテーマについては，こちらの思考パターンで考えるべき研究課題となります。すなわち，具現化あるいは実践的思考です。

そして，野中研究で重要なのは，この理論的思考と具現化・実践的思考をすり合わせて結論を導出したことです。野中自身は，日本企業の代表的なケース・スタディの調査研究によって得られたエビデンスと，知識に関する哲学の理論や議論，解釈とすり合わせた結果として，「組織的知識創造の一般理論を創り出し」（野中・竹内，1996）したと主張しています。その知識創造の理論が，「知識創造の4つのモード」であり，SECIモデルだったわけです。

(6) チャンドラー研究

チャンドラーは経営学の歴史家です。歴史家には，史実を正確に，公開資料や当事者へのインタビュー調査をエビデンスにして，歴史を解釈していくミッションがあります。

チャンドラーは，このミッションを達成するために，3つの段階的な調査研究を行いました。その一連の調査研究が，1）企業規模と業績の両面で突出したアメリカ企業の組織改編の予備調査を行い，2）アメリカの大企業のなかで

も，早期に組織がビッグ・ビジネス化した4つの代表的な事例（ケース・スタディ）を時系列で詳細に追い，3）事業部制がどの業界にどのようにして普及していったのか，そして，ビッグ・ビジネス化する企業の組織改編の一般化を試みるための追跡調査だったのです。

こうして，チャンドラー研究では，これらの3つの調査研究段階を経て，「アメリカの企業がビッグ・ビジネス化すると，事業部制組織への組織改編が行われる」という因果関係を特定しました。これがビッグ・ビジネス化するアメリカ企業の共通の特性として確認される現象だったのです。そして，チャンドラーは，一連の研究を通して，この命題が支持された，すなわち，一般化されたと主張しているのです。

(7) バーンズ＆ストーカ研究

バーンズ＆ストーカ研究は，「技術や商業的要素が変化しているにもかかわらず，なぜ，マネジメント・システムが変化していない企業群が存在するのか？」「同じ業界において，2つのタイプのマネジメント・システムを確認することができるのはなぜか？」という研究の問いを立てました。

この研究の問いを解決するために，定性的なスコットランド研究とイギリス研究を実施しました。それは，インタビュー調査と参与観察の手法を用いて分析するためのエビデンスが集めたものでした。

そして，環境の変化に適応することができた企業とそうでなかった企業の比較分析を通して，企業のマネジメント・システムには，機械的管理システムと有機的管理システムが存在すると主張し，それぞれの管理システムは，直面する環境の状況に応じて採用する必要があるということ，そして，その組み合わせを誤ると，企業の存続は難しいということを示唆しました。

この機械的管理システムや有機的管理システムの考え方は，図表9－4でその特性を比較していますが，これは，明確に「これが機械的管理システムです」「あれが有機的管理システムです」と特定することができません。その意味では，組織の管理システムの共通の特性を導き出して概念化したものであると判断することができるのです。

(8) フォン・ヒッペル研究

フォン・ヒッペルは，研究の問いを「イノベーションの源泉としてのユー

ザーの役割は？」や「イノベーションにおけるユーザーが果たす役割とは？」
として，アンケート調査やインタビュー調査手法を用いて，さまざまなタイプ
の調査研究を実施してきました。

　一連のフォン・ヒッペル研究の一貫した主張は，ユーザー・イノベーション
の社会的便益が高いこと，そして，リード・ユーザーが製品開発にコミットす
ることが有効であること，です。このフォン・ヒッペルは，この主張を，調査
研究結果からのみならず，経済学的理論からも説明してきたのです。

　フォン・ヒッペルの一連の研究を通して，イノベーションにおけるユーザー
の存在や，イノベーションにおいてユーザーおよびリード・ユーザーを中心に
考えることの重要性が指摘されているということは，イノベーションの1つの
特性を捉えたという観点から解釈することができます。その点では，ユー
ザー・イノベーションが，イノベーションの議論における一般化がなされたと
判断することができるでしょう。

　しかし，フォン・ヒッペルの研究には，その続きがあるのです。「フリーイ
ノベーション」という新たな概念です。フォン・ヒッペル（2019）では，その
フリーイノベーションの定義や概念化のトライアルがなされていますが，今は，
その概念化の初期段階にあり，今後，この概念を進展させていく必要があると
指摘しています。

(9)　クリステンセン研究

　クリステンセンは，自らのコンサルティング経験やリスクの高い研究開発型
のベンチャー企業の経営経験から「優良な大企業がなぜ失敗するのか？」の研
究の問いを立てました。クリステンセンは，当初，「リーディング企業は，変
化し続ける技術革新や業界の変化にキャッチアップすることができないからだ
ろう」という仮説を立てましたが，一連の研究を通して，その仮説が棄却され
ました。

　そして，クリステンセン研究の結論として，業界のリーディング企業は，一
時的とはいえ，製品の性能が下がる技術に対する投資をすることが難しいため
に「分断的イノベーション」を採用することは難しく，その結果，「イノベー
ターのジレンマ」に陥ってしまうという法則を導き出したのです。これは，す
なわち，クリステンセン研究が，優良な大企業が失敗するのは，「イノベー
ターのジレンマ」によるものであるという一般化を行ったということがわかる

のです。

4 組織編からみた「経験と学習」を読み解く （本章のまとめ）

　本章では，まず，第1節において，第Ⅱ部で取り上げた研究を中心に，その研究を主体的に進めた研究者の学術的バックグラウンドを整理して，研究者の特徴を包括的に捉えてみました。この記述を通して，研究者の学問的ディシプリンや研究者人生の軌跡を改めて確認することができました。また，この研究者の学問的ディシプリンや人生の軌跡が，実際の研究のテーマ選択や，研究スタイルに与える影響が少なくないことも明らかとなりました。加藤（2021）では，「研究で取り上げる問題の重要性は，まず研究者コミュニティで共有された認識によって大きく左右される」（pp.78-79）ことを指摘していますが，本章の記述は，この点が改めて確認されたとも言えるでしょう。

　そのうえで，第2節において，それぞれの研究者がどのような研究の問いを立てて，具体的研究手法で検証しようとしたのか，その際，どのようなエビデンスを収集して分析したのかについても確認してきました。

　そして第3節においては，それぞれがどのような立ち位置で研究を行い，どのような結論を導き出したのかについて整理しました。その際，当該研究が一般化を目指したものなのか，それとも，概念化を目指したものだったのか，さらには，理論化を目指したものだったのかについても，筆者の見解ではあるものの，確認してきました。

　以上から，本章では，研究者の研究の原点や，研究者の「研究の現場」について確認できたかと思います。また，本章の記述を通して，研究者の研究の立ち位置の決定や，研究者として何を明らかにしようとしたのかの研究の一連のプロセスを確認することができたのではないでしょうか。そして，これらの記述は，研究者の研究のバックグラウンドの違いや観察手法の違い，そして，研究者個人の持つ「パラダイム」の違いによって，同じ現象を観察し，分析対象として選定したとしても，それぞれの説明の仕方が異なることがあり得るということを示唆しているのです。

　次章では，それぞれの研究が「研究の現場」から，学術的なインプリケーションに結びつける，あるいは，抽象化する方法やその妥当性について考えていきたいと思います。

考えてみよう

1．Google ScholarやCiNiiなどの論文検索サイトで，経営学者（あるいは自分の学問領域の研究者）の名前を検索し，その研究者がどのような論文を発表しているのか，探してみよう。
2．ある特定の研究領域（研究テーマ）の3本以上の論文を選んで，どのような問いを立て，いかなる研究手法で検証しようとしたのか，そして，その結論は何かについて，整理してみよう。
3．本書で取り上げた研究の問いを，別の研究手法で追試するための方法を考えてみよう。

参考文献

伊丹敬之・加藤敬太・西村友幸（2020）「経営学者のこゝろ〔Ⅴ〕―伊丹敬之先生に聞く」『商学討究』71（1），221-266。

小川進（2021）『世界標準研究を発信した日本人経営学者たち―日本経営学革新史1976年-2000年』白桃書房。

加藤俊彦（2021）「研究活動の社会性と研究成果の評価基準」，青島矢一編著『質の高い研究論文の書き方―多様な論者の視点から見えてくる，自分の論文のかたち』白桃書房，pp.73-87。

Chandler, A. D. Jr. (1962), *Strategy and Structure : Chapters in the History of American Industrial Enterprise*, MIT Press.（有賀裕子訳『組織は戦略に従う』ダイヤモンド社，2004年）

Christensen, C. M. (1997), *The Innovator's Dilemma*, Harvard Business School Press.（玉田俊平太監修，伊豆原弓訳『イノベーションのジレンマ（増補改訂版）』翔泳社，2001年）

Nonaka, I., and Takeuchi, H. (1995), *The Knowledge-Creating Company: How Japanese Companies Create the Dynamics of Innovation*, Oxford University Press.（野中郁次郎・竹内弘高著，梅本勝博訳『知識創造企業』東洋経済新報社，1996年）

von Hippel, E. A. (1988), *The Source of Innovation*, Oxford University Press.（榊原清則訳『イノベーションの源泉―真のイノベーターはだれか』ダイヤモンド社，1991年）

von Hippel, E. (2017), *Free Innovation*, The MIT Press.（鷲田祐一監修・訳，古江奈々美，北浦さおり，グェン・フォン・バオ・チャウ訳『フリーイノベーション』白桃書房，2019年）

───────── 第**13**章 ─────────

経営学研究の3つの型Ⅱ
―マクロ編―

───────────────────

1 体系化するということ

(1)　結論とインプリケーション

　これまで，経営学研究の戦略・組織・イノベーションの観点から，それぞれの代表的な研究者の学術的バックグラウンドや研究手法，研究から導き出された結論を1つ1つ確認してきました。このプロセスを通じて，研究者の「研究の現場」を確認してきたのです。

　ただし，研究者は，「研究の現場」での実践を通して得られたエビデンスを通して「何が明らかになったのか」を主張するだけでは不十分であるということを，私たち研究者は改めて認識しなければなりません。この議論は，本章のタイトルにもある「経営学研究の3つの型」に通じることでもあります。その点では，本章のテーマである「経営学研究の3つの型」の議論をする前に理解しておくべき前提があります。

　そこで，本節では，まず，この前提の議論から始めたいと思います。その糸口となるのは，「結論」と「(学術的) インプリケーション」の違いです。

▶結論とは
　結論とは，一連の研究活動を通してわかったこと，明らかになったこと，と本章では定義します。すなわち，研究の結論は，研究の結果，導き出された指摘・主張であるということです。それでは，第Ⅱ部の「組織に関するマネジメ

ント」で取り上げた研究の結論を1つ1つ確認してみましょう。

　外部に起因する戦略論で取り上げたヘンダーソン研究の結論は，多角化した企業はそれぞれの事業の長期的利益と市場の成長性を踏まえてプロダクト・ポートフォリオ・マネジメントというフレームワークに則って意思決定すべきであるということです。また，ポーター研究の結論は，産業構造に則って，5つの競争要因で分析して戦略ポジショニングを決定する必要があるということです。

　内部に起因する戦略論で取り上げたバーニー研究の結論は，競争優位は企業の内部資源にこそあり，持続的な競争優位を発揮するためには，VRIOという資源の4つの属性（要素）に秀でていなければならないということです。一方で，伊丹研究の結論を確認すると，「良い戦略」は，見えざる資産の源泉となる情報の流れがうまくコントロールできている組織にこそ実現できるという結論です。また，野中研究の結論は，日本企業が着実に国際競争力を発揮することができた理由は，組織的知識創造が作り出される組織づくりが実現されていることにあったのです。

　組織論で取り上げたチャンドラー研究の結論は，アメリカ企業が多角化を繰り返すことでビッグ・ビジネス化すると，事業部制組織への組織改編が起こることです。また，組織改編が行われる理由は，多角化によって経営上層部の下すべき判断が多岐にわたり，複雑性を増すために，事業部制組織を採用して権限委譲せざるを得なくなるからという主張です。そして，バーンズ＆ストーカ研究の結論は，急速に変化する事業環境下では有機的管理システムが適しており，不確実性が低い環境下では機械的管理システムが適している（その組み合わせを間違えると組織マネジメントはうまくいかない）という主張です。

　イノベーションの議論で取り上げたフォン・ヒッペル研究の結論は，イノベーションの担い手はユーザーであることが少なくない（イノベーションの源泉はユーザーであることのほうが多い）ことです。また，ユーザーにイノベーションを任せたほうが経済的便益も社会的厚生も高いという主張を展開しました。そして，クリステンセン研究の結論は，優良とされた成功企業が転落する原因は，分断的イノベーションに対応できないイノベーターのジレンマによるものにあったということです。

　しかし，研究者にとって，より重要な点は，自らの研究が，学問体系においてどう位置付けられるのか，すなわち，既存の学問体系にどのような新たな知

見を提供し，学問の探究に役立ったのかという視点を提供することです。それが，学問に対する「インプリケーション」（学術的貢献，あるいは，含意）です。

▶インプリケーションとは

そこで，本章では，学術的インプリケーションを，学問体系に対して行った貢献（新たな発見・知見の提供）と定義します。本項では，第Ⅱ部で取り上げた研究を，学術的なインプリケーションという観点から整理してみましょう。

外部に起因する戦略論で取り上げたヘンダーソン研究は，戦略論の枠組みにおいて，事業の長期的利益と市場の成長の要素を加味して戦略のポジショニングを見出すプロダクト・ポートフォリオ・マネジメントのフレームワークを提供したことになります。また，ポーター研究は，戦略論の枠組みにおいて，産業経済学の視点を企業戦略に適用して企業がポジショニングを決定できるようなフレームワーク（5つの競争要因）を提示したことになります。

一方，内部に起因する戦略論で取り上げたバーニー研究は，戦略論の理論的枠組みにおいて，（企業のポジショニングの視点ではなく）持続的な競争優位性を発揮するためのリソース・ベースド・ビューを理解するための枠組み（VRIO）を示したことになります。また，伊丹研究では，戦略論の枠組みにおいて，良い戦略の必然性，法則性とは，「見えざる資産」にこそあるという概念とその論理を導出したことになります。さらに，野中研究は，組織論や社会学，哲学の枠組みにおいて，知識についての学問体系を読み解き，知識が創造されるプロセスに着目し，知識創造の一般理論（SECIモデル）を提示したことになります。

組織論で取り上げたチャンドラー研究は，組織論における組織形態の枠組みにおいて，多角化を繰り広げる前の企業の組織形態が集権的職能別組織でマネジメントされていたものの，買収を繰り返して多角化し，ビッグ・ビジネス化すると，事業部制組織へと組織改編が行われる（組織が複雑化すると，権限を分権化して管理しなければ，組織のマネジメントに支障をもたらす）ことを指摘したことになります。また，バーンズ＆ストーカ研究は，組織論の枠組みにおいて，環境と組織は密接な関係にあり，環境の変化が早い場合には有機的管理システムが適しており，不確実性の少ない場合には集権的な機械的管理システムが適していることを指摘したことになります。

　イノベーションの議論で取り上げたフォン・ヒッペル研究は，イノベーション研究の枠組みにおいて，リード・ユーザーやユーザーに着目し，これらの主体の果たす役割が大きいということを指摘したことです。そして，クリステンセン研究は，イノベーション研究の枠組みにおいて，優れた大企業が衰退する理由は「技術泥流説」ではなく，分断的イノベーションにあることを指摘したことです。より具体的には，分断的イノベーションが短期的に製品の性能を引き下げてしまう効果を持っているものの，従来とは全く異なる価値基準を示す新たなイノベーションであるために，技術的に優位性のあるリーディング企業は，この選択ができないという「イノベーターのジレンマ」に陥ってしまうことを指摘したことです。

▶学術的インプリケーションが重要であることの理由

　これらのことからもわかるように，研究者は，学問体系のなかに自身の研究の結果をどのように位置付けることができるのかをきちんと明示する必要があるのです。換言すると，そうしなければ，苦労して研究を成し遂げたとしても，研究そのものの価値が毀損してしまうということなのです。その意味では，研究の結論のインパクトも重要ですが，それ以上に，研究結果が学問体系にどのような影響を与えたのか，すなわち，学術体系にどれほどの貢献ができたのか，ということが重要になってくるわけです。

　そして，その学術的なインプリケーションには，本書の位置付けで言う「マクロの視点」で考えると，大きく3つのタイプ，すなわち，「経営学研究の3つの型」があるのです。そこで，次項からは，その3つの経営学研究の型とともに，第Ⅱ部で取り上げたそれぞれの研究がどの型に位置付けられるのかを確認します。

(2)　一般化する（Generalization）

　1つ目の型は，一般化です。研究結果の一般化というのは，一定の条件下において，どれでも当てはまる「法則」や「順序」「対立」「因果」などの関係が確認されることや，共通の特性が確認されることです。第Ⅱ部で取り上げた研究で，一般化の型に該当するのは，ヘンダーソン研究と，ポーター研究，チャンドラー研究，フォン・ヒッペル研究，クリステンセン研究になります。

　ヘンダーソン研究での一般化は，プロダクト・ポートフォリオ・マネジメン

トというフレームワークがそれに該当します。数多くの（大企業を対象にし
た）コンサルティング経験から，多角化した企業の事業の選定基準をプロダク
ト・ポートフォリオ・マネジメントというフレームワークに集約したためです。
また，ポーター研究の一般化は，自身の研究や学生の業界指導，コンサルティ
ング経験をもとに，企業を取り巻く5つの競争要因というフレームワークを導
出しました。

　チャンドラー研究の一般化は，多角化する大企業，すなわち，1920年代に
ビッグ・ビジネス化したアメリカ企業を対象に行われました。そして，多角化
する組織は事業部制を採用するという法則を導出しました。したがって，この
研究は，多角化する組織の一般法則を特定したということになるのです。

　フォン・ヒッペル研究の一般化は，イノベーションという現象を対象にして
行われました。イノベーションの担い手はリード・ユーザーおよびユーザーで
あるという一般法則を特定したのです。そのうえで，イノベーションにおける
ユーザーの役割の重要性を強調しました。また，クリステンセンの研究の一般
化は，分断的イノベーションが発生すると，優良な大企業がイノベーターのジ
レンマに陥り，リーディング企業の座から失脚するという一般法則を特定した
のです。

　これらの一般化に到達した研究の事例を改めて確認すると，大きく，2つの
タイプに区別することができます。それは，フレームワークに落とし込む，い
わゆる，構造化するタイプのものと，ある特定の条件が揃うとある特定の結果
が得られるという，すなわち，「AならばB」という法則性を示すタイプです。
前者は，ヘンダーソン研究とポーター研究が該当し，後者は，チャンドラー研
究とフォン・ヒッペル研究，クリステンセン研究が該当します。

⑶　概念化する（Conceptualization）

　2つ目の型は，概念化です。研究結果の本質を捉えるプロセスで抽象化し，
言葉や図によって表現することで概念化が行われます。換言すると，多くの情
報を集約し，共通項を絞り込んで，ものごとの本質を導出するのです。第Ⅱ部
で取り上げた研究で，概念化の型に該当するのは，バーニー研究と，伊丹研究，
バーンズ＆ストーカ研究になります。

　バーニー研究は，リソース・ベースド・ビューに関する大量の既存研究（情
報）から，企業の内部資源が持続的競争力を発揮するための要素を抽出し，最

終的に4つの要素（VRIO）に集約することで概念化したのです。また，伊丹研究は，経営の専門誌に取り上げられた興味深い戦略実践に関する大量の記事（情報）から，組織内部の情報の流れに着目して，「良い戦略」の論理を構築し，その本質を「見えざる資産」という概念で説明したのです。

バーンズ＆ストーカ研究は，20社という限られたサンプル数ではあるものの，インタビュー調査や参与観察によって集められた膨大な量のフィールドワークの情報から，環境の変化に適応することができた企業群とそうでなかった企業群の比較を通して，「機械的管理システム」と「有機的管理システム」という概念に落とし込んでいったのです。

(4)　理論化する（Theorization）

3つ目の型は，理論化です。理論化は，学問体系を明らかにしたうえで，その学問体系に自身の研究の結論を理論として明確に位置付けることです。この「研究を理論化」するプロセスは，経営学研究の3つの型の中で，もっとも難度が高い研究であるといえるでしょう。それと同時に，抽象化の度合いも極めて高いものとなります。

研究を学問体系に位置付け，研究結果の理論化を行った研究が野中研究になります。野中研究では，まず，知識に関する研究を古代ギリシャにまで遡り，プラトンやアリストテレス，デカルト，カント，ヘーゲルなどの哲学者の知識に関する学問体系，および，その構造を明らかにしました。そして，その知識の体系のなかで，マイケル・ポランニーの「暗黙知」と「形式知」を野中研究の議論の中核に据えて，知識創造や知識変換の理論化を行ったのです。この知識創造の理論を，短期間に最強の競争力を持つことができた日本企業のケース・スタディで検証することを通して，理論の「正当性」を担保しようとしたのです。

(5)　組織編で取り上げた研究の概要と体系化の整理

本節では，第Ⅱ部の組織編で取り上げたそれぞれの研究が，どの経営学研究の型に該当するのかを整理してきました。しかし，研究者の間でしばしば議論の的となるのが，次節のテーマである「一般化・概念化・理論化の妥当性」です。すなわち，一般化・概念化・理論化された研究における研究対象と研究手法，研究結果，学術的インプリケーションに，どれほどの正当性や妥当性，説

得性，納得性があるのかという議論です。

　この点を議論するために，まず，第Ⅱ部で取り上げた企業の概要や体系化を

図表13-1　組織論で取り上げた研究者の概要

研究者	学術的バックグラウンド	研究対象	研究手法	学術的インプリケーションのタイプ	主張・フレームワーク
ヘンダーソン	数学／経営工学	大企業（クライアント）	コンサルティング	一般化	プロダクト・ポートフォリオ・マネジメント
ポーター	経営工学／経済学（産業組織論）	産業の上位企業／大企業（クライアント）	定量調査（産業データ）／産業の上位企業データ／企業へのコンサルティング	一般化	5つの競争要因
バーニー	社会学	研究論文	文献レビュー	概念化	VRIO
伊丹敬之	数学／オペレーションズリサーチ／管理会計	興味深い戦略を実践した企業	経営専門雑誌の記事	概念化	見えざる資産
野中郁次郎	経営学／社会学	ゆっくりとだが着実に，国際競争での地位を高めて成功する日本企業のケース・スタディ	社会学や哲学の文献レビュー／インタビュー調査	理論化	知識創造
チャンドラー	歴史学	ビッグ・ビジネス化したアメリカ企業	歴史資料／公開資料／インタビュー調査	一般化	多角化企業は事業部制組織を採用する
バーンズ＆ストーカ	社会学／心理学	エレクトロニクス企業15社とそれ以外の産業の企業5社	インタビュー調査／参与観察	概念化	有機的管理組織と機械的管理組織
フォン・ヒッペル	機械工学／経営学	ユーザーがイノベーションにかかわった事例やリード・ユーザーによる開発の事例	アンケート調査／インタビュー調査	一般化	ユーザー・イノベーション
クリステンセン	経済学（計量経済）／経営学	ハードディスク・ドライブ産業	カタログ調査（製品スペックの性能の記録）／ハードディスク・ドライブの専門雑誌の記事／インタビュー調査	一般化	イノベーターのジレンマ

出所：筆者作成。

整理してみました。それが，**図表13−1**となります。

　研究結果を「経営学研究の3つの型」，すなわち，学術的インプリケーションに落とし込む際に研究者として慎重に行うべきことは，研究対象と研究手法が，研究の問いを解明するのに適切であるかどうかということです。

　クリステンセン研究を例に挙げると，同研究では，「優良な成功企業がなぜ失敗したのか？」という研究の問いを立てました。そして，この問いを解決するために，研究の対象を1975年から1994年のハード・ディスク・ドライブ産業に定めました。その理由は，優良な成功企業が短期間に次々と失脚していく現象を捉えるのに最適な産業であると判断したためです。そして，研究手法として，製品のカタログや業界紙に掲載された情報の収集と分析，70人以上のインタビュー調査を選択したわけです。

　しかし，穿った見方をすると，「優良な成功企業がなぜ失敗したのか？」という問いを別の産業で検証しようとした場合，すなわち，本書の文脈でいうと追試（replication）しようとした場合，必ずしも，クリステンセンが主張したものと同様の結論が得られるとは限りません。もしかしたら，異なる産業で追試した場合には，クリステンセンが棄却した当初に立てた仮説である「技術泥流説」が支持され，「イノベーターのジレンマ」が棄却される可能性も否定できないのです。ある特定の現象を選択するということは，このような反論の余地を生んでしまうのです。それゆえ，私たち研究者は，研究の対象や研究手法の妥当性を綿密に，かつ，丹念に検討したうえで，選定する必要があるということがわかるでしょう。

　そこで，次節では，一般化・概念化・理論化の妥当性に直結する，研究の対象や研究手法を綿密かつ丹念に行うために，どのような点に留意すべきなのかについて考えていきたいと思います。

② 一般化・概念化・理論化の妥当性

　本節のテーマである一般化・概念化・理論化の妥当性を考えるにあたって，まず，研究の「お作法」を理解しておく必要があります（筆者は，修士課程の大学院生の頃，授業中，恩師の一人の先生に「君たちは，今，学者としての『お作法』を学ぶタイミング，ペットに例えると『ペットのトイレット・トレーニング』を受けているようなものだ」と言われたことを今でも覚えていま

す。それほど，研究の「お作法」が研究の基本中の基本であるということを表
しているエピソードであるといえるでしょう）。一般化・概念化・理論化につ
いての議論の大前提となるからです。

　そのため，（本書は，研究手法を説明するタイプの教科書ではないものの）
研究を進める際に留意しなければならない必要最低限のことを，本節の前半部
分で押さえておこうと思います。その意味では，本節の前半部分の記述は，具
体的な読者対象として，修士課程の学生（およびビジネス・スクールで学ぶ学
部上がりのストレート・マスターの学生）を明確に意識している点を書き添え
ておきます。また，その意味でも，本節は，修士論文を書こうとしている学生
に対する筆者からのメッセージでもあると思ってください。

　そのうえで，研究結果の一般化・概念化・理論化についての議論を検討して
いきます。

(1)　研究の問い（リサーチ・クエスチョン）

　第12章の第2節では，第Ⅱ部で取り上げた研究者の研究の問い（リサーチ・
クエスチョン：RQ）とエビデンスについてまとめました。それぞれの研究の
問いを改めて整理すると，**図表13−2**のようになります。

　それぞれの研究の問いを確認すると，基本的に問いの内容がシンプルで，明
確であるということがわかるでしょう。このことは，私たちに1つの重要な示
唆を与えています。それは，「研究の問いを絞り込む必要がある」ということ
です。なぜなら，研究の問いは，「これから自分の研究で明らかにすること」
を表明することですから，シンプルかつ焦点を絞るべきなのです。

　そして，その問いに対する答えを導くためには「なぜ，○○○か？」と，問
いかけるものであるほうが，その解を導出しやすいことは言うまでもないで
しょう。研究の問いが抽象的，かつ，包含する範囲が広いものであると，何を
検証しようとしているのかがぼんやりしてしまう危険性や，研究する自分自身
が何を，どうして，どう考えたらよいのか迷走してしまう危険性，さらには，
読者や論文を審査する教員の誤解を招いてしまう可能性があるので，気をつけ
ましょう（実際に，特にビジネス・スクールのストレート・マスターの学生の
研究発表や修士論文の中間発表を聞いていると，その傾向が顕著に確認されま
す）。

図表13-2　**第Ⅱ部で取り上げた研究の問いの一覧**

研究	研究の問い
ヘンダーソン研究	「長期的に事業のポートフォリオを組むために，どのようなフレームワークを構築すべきか？」
ポーター研究	「産業構造とその変化を理解し，ストラテジストや投資家がその状況下でどのポジショニングを選択するかを決めるためには，どのような戦略フレームワークを構築すべきか？」
バーニー研究	「企業の内部資源が持続的競争力に発展するために必要な要素は何か？」
伊丹研究	「（従来型の戦略論の議論で）語られていることの背景に何か必然性，法則性があるのではないか？」
野中研究	「日本企業は，なぜ，ゆっくりとだが着実に，国際競争での地位を高めて成功することができたのか？」
チャンドラー研究	「近代的な大規模企業がどのように誕生・発展し，事業組織をどのような理由でいかに改変していったのか？」
バーンズ＆ストーカ研究	「技術や商業的要素が変化しているにもかかわらず，なぜ，マネジメント・システムが変化していない企業群が存在するのか？」「同じ業界において，2つのタイプのマネジメント・システムを確認することができるのはなぜか？」
フォン・ヒッペル研究	「イノベーションの源泉としてのユーザーの役割は？」「イノベーションにおけるユーザーが果たす役割とは？」
クリステンセン研究	「優良な大企業が，なぜ失敗するのか？」

出所：筆者作成。

(2)　既存研究のレビュー

　研究を行ううえで，それまで，当該学問領域では，どのような研究が行われ，どのような学問体系が構築されてきたのかを確認する必要があります。それが，既存研究のレビューです。そのため，どの既存研究をレビューすべきかもまた，研究を進めるうえで極めて重要なプロセスになります。

　まず，手に取るべきものは，「古典」と言われている論文や書籍でしょう。「古典」と称されてきたほどですので，多くの研究者に読み継がれ，研究手法も含めて議論され，解釈されてきたものだからです。次に，その多くの研究者に読み継がれ続ける論文の参考文献欄に記載され，他の論文にも頻繁に引用されている論文や研究書を読むことを推奨します。このように，「古典」と称されている論文や研究書から芋づる式に論文や研究書を辿っていくことで，「良質な論文・研究書」を手にする確率が高まるのです。

　そして，インターネットが普及するようになって，研究のキーワードを入力するだけで，論文や研究書が簡単に検索できるようになりました。これ自体は大変便利なことで，私たちはその恩恵も受けているのですが，その一方で，大きな危険性も増えてきました。それは，インターネットで検索すると，学界での「お墨付き」を得ていない研究論文までヒットしてきてしまうからです。ここで言う「お墨付き」とは，学術誌の査読を受けた論文であるということです。学界では，査読を受けた論文こそが，学界で正当性のある質の高い研究の成果であると認められているためです。

　インターネットで検索できる論文には，学会誌の査読を受けた論文と，研究者が自分の想いや思い込みを一方的に書き綴ったまま公表されたものが混在しています。後者の多くは，大学が独自で編集して出版している学内の研究紀要に散見されます。そのため，後者を主な既存研究として引用すると，学界での「お墨付き」を得ていない，ものによっては，（失礼ながら）学術的根拠の薄い研究を引用しているということになりかねません（筆者は，これまで大学3校での勤務経験がありますが，学部生や大学院生がこのような論文を引用していた場面に遭遇したことが複数あります）。

　どのような既存研究をレビューして書かれた論文か，ということは，その論文の評価基準の1つになるため，引用する既存研究も吟味する必要があるのです。また，これは，筆者からのアドバイスなのですが，論文のドラフトを作成するときや，実際の論文を書くプロセスでは，それと並行して，引用する既存研究のリストを「参考文献」として，最初から作成しておくとよいでしょう。掲載する既存研究の漏れを防ぐことができるからです。

⑶　研究対象とする現象の選定

　そして，研究の問いの結論を導くために，どの現象を研究の対象として選定することが最も望ましいのか，という判断もまた，容易なことではありません。あまたある現象のなかから，なぜ，特定の現象を研究対象として選定したのかの説明が求められます。この説明が十分でないと，研究結果，および，一般化・概念化・理論化に際して，研究の妥当性が問われることが少なくありません。

　そのため，特定の現象を選定した合理的かつ説得性の高い説明をする必要があるのです。それが研究の妥当性を担保する1つの手段となるからです。

(4)　母集団と標本

　研究対象として分析する現象を決定すると，必然的に母集団が決まります。すなわち，現象や研究の対象となる主体の全体数や範囲です。研究対象となる現象が限られたものである場合には，母集団すべてを分析の対象とすればよく，問題はないのですが，アンケート調査やインタビュー調査を実施する際に，母集団全体を対象にすることは簡単ではないことが少なくありません。

　筆者は，モノづくり中小企業のイノベーションについて研究していますが，「モノづくり中小企業」は，日本中にあまた存在しています。このあまた存在するすべてを研究の対象として定性的なエビデンスを集めることは，筆者独りの力ではほぼ不可能と言っても過言ではありません（母集団すべてを研究することにこだわっていたら，いつまで経っても研究結果も研究業績も出ずに，大学教員になることはできなかったでしょう）。

　そのため，母集団のすべての個体の中から，どの企業を，そして，どれだけの数の企業を抽出するのか，そして，その選定基準をどう定めるのかを考える必要があります。母集団の中からある特定の数や範囲に絞って調査対象を選定したものは，標本と呼ばれます。この標本をどのように設定するのかもまた，研究の妥当性が問われるポイントになります。

　この点についても，標本を選定した合理的かつ説得性の高い説明をする必要が出てくるのです。そうでなければ，すぐに「サンプルにバイアスがある」との批判を受けることになってしまうのです。

　しかし，実際に研究する際に障害となるのは，合理的かつ説得性の高い標本を抽出したとしても，その標本となる企業や主体の協力が得られるとは限らないことです。また，標本となる企業や主体の協力が得られて研究成果が出たとしても，論文を発表する際に，さまざまな理由から，意図せざる修正が求められたり，最悪の場合，掲載許可が得られないこともあります。

　掲載許可が得られないと，せっかく論文を完成することができたとしても，公表することはできません。そのような悲惨な状況にならないためにも，研究に協力してくださる方々との信頼関係の構築は，必要不可欠です。

　また，指導教官をはじめとした研究者として実績をお持ちの先生方の口添え（お墨付き）をいただくのも，特に若手研究者にとっては，ありがたい「援護射撃」の1つになります。筆者の場合は，大学院生の頃，京都のモノづくり中

小企業の研究をする際，幸いにも，多くの方々の協力を全面的にいただくことができました。そのときは，その理由はわからなかったのですが，おおよそ，その20年後，筆者のインタビュー調査にご協力いただいたお一人に「なぜ，私の研究に協力してくれたのですか？」と，ふと尋ねたことがありました。その方は，「それは，今井賢一先生（一橋大学名誉教授）から，『一橋で頑張っている研究者のたまご（院生）が京都でインタビュー調査をするから，全面的に協力してやってくれ』と，お願いされたから」と，言われました。筆者もまた，今井先生の「援護射撃」をうけてインタビュー調査を実施でき，その研究結果を研究業績に結びつけることができたのです（多くの研究者と同様，筆者もまた，先人の研究者の先生方に支えられて，今の研究業績とポジションがあるのです）。その点では，指導教官が進める研究対象を調査研究にすると，関係者の協力が得やすいということもあるでしょう。

(5)　研究調査方法

　母集団や標本に対して，どのような調査研究を実施するのかという選択もまた，研究の妥当性に大きくかかわってきます。アンケート調査の場合は，どのような回答項目を用意したのか，どのように実施したのか，回答方法は何か，などが問われることになります。また，インタビュー調査の場合には，いつ，誰に，どのような質問項目で実施したのか，インタビュー回答の後にどのような分析作業を行ったのかなどが問われます。

　一般的に，これらすべてのエビデンスを論文の査読者や読者が目にすることはありません。そのため，調査研究を実施する本人以外には，「見えざるエビデンス」と映ってしまうのです。そのうえ，特にセミ・ストラクチャード方式のインタビュー調査の場合には，インタビュー・アー（インタビュー調査を実施する側）の力量が，インタビュー・イー（インタビュー調査を受ける側）から得られる回答の質を左右することも少なくありません。それゆえ，これらの研究方法を採用する研究において，研究の妥当性が指摘されることが少なくないのです。

　このような指摘にディフェンスするためにも，それぞれの調査研究方法の「お作法」（研究手法やエビデンスの分析方法）をしっかりと学び，研究手法の実践の経験を積んでおく必要があるのです。

(6)　結論とインプリケーション

　研究調査手法によって研究が実施されると，何らかの結論が導出されます。しかし，上述したように，研究者は，「研究の現場」での実践を通して得られたエビデンスを通して「何が明らかになったのか」を主張するだけでは不十分です。その研究が学問体系においてどう位置付けられるのか，あるいは，既存の学問体系にどのような新たな知見を提供し，学問の探究に役立ったのかを示す必要があるのです。それが，「インプリケーション」です。

　そのインプリケーションとして，本章では，「経営学研究の３つの型」として，一般化・概念化・理論化を示しました。そして，抽象化の度合いが極めて高く，難度が高い「型」が理論化と言えるでしょう。

　ただし，次項で議論する「再現性と追試」という課題があるために，社会科学の一般化や概念化，理論化に対して，厳しい目を向けられることが少なくありません。

(7)　再現性と追試（replication）

　自然科学の学問領域においては，実験結果に再現性があるかどうかが１つのポイントになります。すなわち，同じ条件で同じ調査を実施して検証した場合，すなわち，追試（replication）をした場合には，同じ研究結果が得られることを求められます。

　しかし，社会科学の研究の多くは，母集団や標本が異なると，異なる研究結果が出る可能性が高く，それゆえ「科学的ではない」という批判を受けるのです。実際に，心理学の研究領域のことではあるのですが，心理学の国際的なトップ・ジャーナルに掲載された100の実証研究の追試をしたところ，完全に再現性が確認された研究は36%に過ぎないという研究結果が発表されています（Open Science Collaboration, 2015）。この研究結果は，社会科学研究のあり方について，一大論争を起こしました（今もまだ起こし続けているといったほうが正しい表現なのかもしれません）。

　しかし，社会科学研究において，特にイノベーション研究の多くは，統計的な異常値を調査研究対象にすることが少なくありません。これは，そもそも再現性を実施することが難しい稀にしか確認できない現象を扱っている研究であるからとも言えるのです。しかし，だからと言って，「再現性は不可能である」

「再現性の問題からは解放される」と，再現性の議題を放置することは許されない学界の論調になっています。

　実際問題として，この課題が解決されなければ，国際ジャーナルに掲載されることが困難な状況に直面しています。特に，私たち定性的調査をもとに研究を進める研究者にとっては，この再現性の課題をどのように捉え，解決するのかを考える時期がとうに来ているのです（しかし，残念ながら，筆者は，未だ，その解を持ち合わせていません）。

(8)　それでも……社会科学研究の「面白さ」

　再現性の課題や追試の必要性が問われる学界においても，定性的調査による事例研究が国際的なトップ・ジャーナルに掲載されることがあります。また，事例研究における*Academy of Management Journal*の掲載比率が1割に満たないにもかかわらず，このタイプの論文が優秀論文賞を受賞する比率が高いことも確認されています（井上，2014）。これらのエビデンスは，研究の方法論上の限界に直面しているという現実はあるものの，依然として，アンケート調査やインタビュー調査から得られる知見が少なくないことを示唆しています。

　それゆえ，アンケート調査やインタビュー調査を研究手法として採用する研究者は，1つ1つの研究のプロセスで，一般化・概念化・理論化までの研究の妥当性を考えながら，研究を進めていく必要があるのです。

4　組織編からみた「経営学研究の3つの型」を読み解く

　本章では，第Ⅱ部で取り上げた組織編のそれぞれの研究の「研究の現場」から，学術的なインプリケーションに結びつける，いわゆる，一般化・概念化・理論化とその妥当性について検討してきました。研究の問いに始まり，その問いを解決するための研究対象の設定や，母集団と標本の関係と選択，具体的な研究手法を選択して，実際に調査研究を行い，得られた結論から学術的なインプリケーションを導き出す道程は，決して容易かつ短いものではありません。むしろ，果てしなき道程です。しかし，先人となる研究者がこれらの過程を1つずつ真摯に取り組んできたからこそ，学問が発展してきたのです。これから研究の道に足を踏み入れる人々にとっては，相当な「覚悟」が求められるのです。

　そして，１つの研究の最終地点は，本書で言う「マクロ」的な視点で確認すると「経営学研究の３つの型」であるわけです。それが，一般化・概念化・理論化でした。

　学術的なインプリケーションとして一般化を追究しようと思うと，限られた母集団を対象にすることや，標本の数が多いことが鍵となり，分析力が求められます。一般化は，「一定の条件下において，どれでも当てはまる『法則』や『順序』『対立』『因果』などの関係が確認されることや，共通の特性が確認されること」を求めているからです。

　また，学術的なインプリケーションとして概念化を追究しようと思うと，概念となる要素を的確に抽出したり抽象化したりする洞察力が求められます。概念化は，「多くの情報を集約し，共通項を絞り込んで，ものごとの本質を導出する」ことが求められるからです。

　さらに，学術的なインプリケーションとして理論化を追究しようと思うと，学問体系を明らかにしたうえで，その学問体系に自身の研究の結論を明確に位置付けるための思考力，すなわち，慧眼が求められます。それは，この理論化を追究しようとすると，概念化よりも，抽象化する高い力が求められるためです。

　しかし，このような到達点にたどり着いたとしても，社会科学としての経営学は「科学的ではない」という批判を受けてしまうことが，しばしばあるということを認識しておく必要はあるでしょう。

| 考えてみよう |

1．うまく「一般化」「概念化」「理論化」されている研究だと判断できる論文を例に挙げ，その研究者の学術的バックグラウンドや研究スタイル，具体的な研究手法，研究結果，結論，学術的インプリケーションを整理して，どの点がすばらしい研究であると評価できるのか，考えてみよう。

2．「一般化」「概念化」「理論化」と論文で主張しながらも，そこまでだとは判断することができない論文を確認しながら，どこにその問題があるのかを考えてみよう。

3．一般化や概念化，理論化の一部のみに特化している研究（追試のみなど）の例を挙げてみよう。

参考文献

井上達彦（2014）『ブラックスワンの経営学─通説をくつがえした世界最優秀ケース
　　スタディ』日経BP社。

Open Science Collaboration（2015）Estimating the reproducibility of psychological
　　science, *Science*, 28 Aug, Vol.349, Issue 6251.
（https://www.science.org/doi/10.1126/science.aac4716）

第 **III** 部

経営学と実務の対話

　第Ⅲ部は，「経営学と実務の対話」として，大学での学びをどのように活かすかを考えます。日本の大学で学ぶ経営学に特徴があるとすると，それは，卒業論文や修士論文の執筆です。とりわけ，ビジネススクールでも，コースワークだけではなく，論文の執筆を重視していることが特徴だと言えるでしょう。そこで，第Ⅲ部では，2つの章で執筆することによる学びと学びの活かし方を考えていきます。

　第14章では，執筆を通じて，学びを深めるとはどのようなことかを説明します。この章では，実際に受講者が行った研究例を紹介します。経営学のコンセプトやモデルを知ること，あるいはケースを討議することと，それを実際に使って分析すること，執筆することには大きな隔たりがあります。実際のレポートや論文をご覧になると，どのように作業を進めて，どのようにデータを整理するのかについてイメージが沸くでしょう。

　読者の皆さんも，論文を執筆することを通して自分の分析力や洞察力を鍛えることができます。それは，自分のビジネス課題を読み解くための独自の慧眼を養うことにつながります。

　第15章では，経営学の研究戦略を2つの類型として整理し，そのうえで実務との対話について整理しています。もちろんさまざまな立場や戦略はありますが，ここでは社会学での枠組みをもとに，因果推論を重視する「距離化戦略」と，当事者の理解を重視する「反照戦略」として整理しています。これらの戦略の違いは，実務との距離の取り方です。ただし，どちらの立場も，それぞれ，追試と再調査によって実務との対話の経路が開かれており，経営学の発展に結びつくことを示しています。

　研究結果や確定したモデル，すなわち，結論だけを求めるのであれば，インターネット上でもすでに優れた解説が多数みられます。新型コロナウイルス感染症の感染拡大でオンライン講義が進み，国内外の名だたる大学の先生方が，YouTubeなどで解説をなさっています。結論だけを知るという点では，大学で学ぶ必要が薄いと言えます。

　大学でわざわざ学ぶということは，結論だけを学ぶのではなく，なぜそのようになっているのか，どのような過程をたどってそのような結論を得たのかを考えることです。これは本書で繰り返し述べてきました。このようなプロセスを経ることで，経営学に貢献してきた，実務家，経営コンサルタント，研究者たちの観察したもの，思考プロセスを追体験することができます。この追体験

のプロセスは，冒頭で述べたように執筆を通して可能になります。執筆は，非常に負荷のかかる作業ですが，その分，追体験を通した学びも大きいと言えます。そして追体験を通じて得られた発見が，再び，経営学側へ還流していきます。

─────── 第**14**章 ───────

論文執筆により鍛える
分析力，洞察力，慧眼

1) **論文執筆により鍛える概念力**

　日本では，コースワーク（科目の受講）に加えて，修士論文の執筆を修了要件にしているプログラムが少なくありません。なぜこのような負荷の大きい論文執筆を課しているのでしょうか。

　世の中の複雑な現象を，誰かにわかるように説明するための概念力を鍛えるため，これが1つの答えです。執筆過程は，自分の頭を使うために非常に時間がかかります。効率だけを求めるとムダに見えてしまいますが，ただ聞くだけではなく，誰かが読むことを前提に，他者が読んでわかる書き物を仕上げることによって，抽象化して概念を扱う能力が高まります。この時に同時に求められるのが分析力であり，洞察力であり慧眼です。

　これらの能力はマネジャーがより上位の階層に上がっていくにつれて必要とされるようになります。ここでカッツのモデルを掲出します（**図表14-1**）。3つの階層いずれでも，概念化能力，対人関係能力，業務遂行能力は必要ですが，その比重は異なります。

　マネジャーの概念化能力は，混沌に秩序を与えること，すなわち，見た目が複雑な現象を簡単に説明することです。

　ここで，概念化能力の「概念」は他者が作った既成概念と自分のオリジナルの概念があります。既成概念の代表が経営学，MBAで標準化されている概念です。もちろん，優れた実務家は，実務を経験して概念化を繰り返すことで，自らのオリジナルの概念を生み出し自分なりの理論を構築していきます。

図表14−1 カッツモデル（管理者に求められる３つのスキル）

出所：Katz（1955）と河野・長田（2008）をもとに筆者作成。

　一方で，ゼロから概念を作り出すことは非常に時間のかかる作業です。それが独自であっても，結局は，標準的な既成概念と類似しているかもしれません。ですから，部分的に他者の作った標準的な概念を借りてひとまず抽象化する訓練が早道です。他人の作った既成概念で，強引に複雑な現象を切ってみることで，少しでも現象が整理できればよいのです。以降では，本書を通じて取り上げた理論や枠組みを使って書かれた論文・レポート例を具体的にご紹介します。

2 調査例１「ディズニー・ファンのアンケート調査とフィールドワーク」

　この事例は，筆者の前任校の水野ゼミナールに所属していた学生の卒業論文の話です。赤羽さん（仮名）は，東京ディズニーリゾートでアルバイトをしていました。赤羽さん自身もディズニーの大ファンで，年間パスポートを持っていて，時間をみつけては，顧客として東京ディズニーランドやディズニーシーを訪れていました。

　卒業論文のテーマを決めなければならないそのとき，赤羽さんは，ふと気がつきます。「東京ディズニーリゾートのチケットがどんどん値上がりしているのに，また，テーマパーク業界もどんどんレッドオーシャン化しているのに，どうして来場客は増え続けるのだろう？」と。そして，この「（研究の）問い」を卒業論文のテーマにすることに決めたのです。

(1)　既存研究

　そして，赤羽さんは，まず，ディズニーリゾートのビジネスモデルに関連す

る研究を整理しようとしました。その研究として，価格弾力性とレッドオーシャン，顧客満足度を取り上げました。

　価格弾力性の議論では，奢侈品は，価格が上昇すると需要量は低下するとされています。東京ディズニーリゾートのようなテーマパークは，経済学の財の議論の位置付けでは奢侈品に該当します。そのため，価格弾力性の理論から考えると，東京ディズニーリゾートのチケットが上昇すると，来場客は減少するはずです。しかし，チケット価格が上昇しても，来場客は減少していません。東京ディズニーリゾートの事例では，この理論で説明することができないのです。

　レッドオーシャンの議論から考えると，テーマパークはレッドオーシャン化しています。なぜなら，（確かに東京ディズニーランドが開園した1980年代はテーマパークそのものの数が少なく，ブルーオーシャン市場であったとは言えるものの，その後）テーマパークや遊園地などの娯楽施設が続々と増え続けてきたからです。このレッドオーシャン化したテーマパーク市場において，来場客を増加させ続けることは容易ではありません。しかし，データで調べてみると，東京ディズニーリゾートの入場者数は，他のテーマパークや遊園地を圧倒的に引き離していたのです。そのため，赤羽さんは，この市場の中で，ディズニーリゾートはどのように来場客を魅了し続けてきたのかを議論する必要があると考えました。

　顧客満足度の議論では，確かに，従業員満足度が向上すると顧客満足度が向上し，それとともに顧客のロイヤリティや企業利益も向上するという論理が展開されています。しかし，その一方で，顧客の満足度が高いということは，必然的にリピーターの東京ディズニーリゾートの満足度に対する事前の期待値が高くなります。理論的には，事前の期待値が高すぎると事後の顧客満足度のハードルが上がるために，実際の顧客満足度が低下すると言われています。赤羽さんは，自身の経験から，ディズニーリゾートの来場客の事前の期待値はとても高いと判断しています。しかし，これもまた，赤羽さん自身の経験からも，事後の顧客満足度もまた，総じて高いと実感しています。東京ディズニーリゾートは，なぜ，高すぎる事前の顧客の期待値に対して，事後の高い顧客満足度を維持することができるサービスが提供できているのかについて検証する必要があると考えました。

(2)　調査の実施とデータの分析

　赤羽さんは，既存研究から導き出された研究課題に取り組むために，アンケート調査とフィールドワークをすることを決めました。アンケート調査は，Googleフォームを使って，東京ディズニーリゾートのファンに答えてもらおうとしました。アンケート調査の実施方法は，**図表14−2**の通りです。

　1週間の調査期間を経て得られた回答は，118人でした。回答者のおおよそ半数が，1の設問に対して年間来場数が5回以上であると回答していました。ここから，回答者は，圧倒的に，東京ディズニーリゾートのリピーターであることがわかります（リピーターが集まるネットワークのメンバーを標本としていますから当然のことではありますが）。

　また，価格設定の設問に関しては，現在の価格設定は高いとの回答が半数を超えていました。そして，「価格設定には不満がある」と答えていた回答者も少なくありませんでした。赤羽さんは，回答者は「価格が高い」と言いながらも，東京ディズニーリゾートのリピーターになっている顧客層が多いことに着目しました。それは，チケット価格に対する心理的抵抗があっても，東京ディズニーリゾートに行ってしまう顧客心理があると認識したためです。

　東京ディズニーリゾートの魅力に関する設問に対しては，「徹底的に作られ

図表14−2　**赤羽さんが実施したアンケート調査**

【調査方法】
東京ディズニーリゾート好きが集まるネットワークのメンバーに「東京ディズニーリゾートだけの魅力に関するアンケート調査」の回答を依頼した。
実施期間は，2020年7月29日から8月5日までの1週間を設定した。
◆インタビュー調査項目
1．あなたは過去1年間で東京ディズニーリゾートに何回訪れましたか？（選択肢：0回，1回，2〜4回，5回以上）
2．東京ディズニーリゾートのパークチケット（大人1Dayパスポート8,200円）にどれくらい払えますか？（選択肢：8,200円以下，8,200円，8,200円以上）また，現在の価格設定に関する感想を聞かせてください。
3．あなたは以下にあるコンテンツのなかで，他のテーマパークにはない東京ディズニーリゾートだけの魅力は何だと考えますか？（選択肢：多くのアトラクション，多彩なショーやパレードなどのエンタテイメント，充実したフードやグッズ，ホスピタリティに富むサービス（キャストによるサービス），徹底的に作られた世界観，その他）

出所：筆者の指導学生が作成したアンケート調査項目をもとに筆者が一部加筆して修正。

た世界観」を選択した回答者が，6割にも迫る勢いでした。そのため，赤羽さんは，「事前の期待値が高いリピーターに『また東京ディズニーリゾートに行きたい！』と思わせる仕掛けは何か？」「この"世界観"を形成する要素は何か？」を明らかにしようと，フィールドワークを実践してみました。

　赤羽さんの洞察力によって導き出された「東京ディズニーリゾートの世界観」は，1）仮想であるものの映画の世界を現実に再現すること，2）エイジング効果と遠近法によって意図的に「歴史」を感じさせるセットを作り込み，限られたパーク内の空間で映画の世界と同じ世界にいるような錯覚を起こさせる非日常的空間を演出すること，3）パーク外部の「日常」と切り離されたパーク内部の空間の演出やバックステージを見せないこと，などの東京ディズニーリゾートの独自の設計が作り出す空間，によって作り出されているとの分析を加えています。また，リピーターの心理をくすぐる仕掛けとして，季節やイベントに応じた演出や土産物，フードを提供することで，「何度来ても，新しい」演出をしていることにも着目しました。

(3)　結　論

　赤羽さんは，東京ディズニーリゾートの事例において，レッドオーシャン化しているテーマパーク業界で，東京ディズニーリゾートのチケットを値上げしても来場客の数が減らないという価格弾力性の議論が当てはまらない理由は，定期的に映画コンテンツを更新していることや，顧客の利便性を向上させるためのサービスを提供していること，設備のメンテナンスや改良を日々行っていること，お土産や販売グッズの種類も含めて定期的に変更を加えていること，多様な顧客層がいつでも楽しめるサービスを提供し続けていること，従業員満足度を高めるための制度をいくつも導入していること，があると指摘しました。これらの要素は，「稀少性」という言葉で表すことができると指摘しました。

　そして，これらのことを踏まえて導出された赤羽さんの結論は，東京ディズニーリゾートが，さまざまな設計上の工夫によって唯一無二の非日常的空間のディズニーの世界観を提供していること，そして，それでも毎回，顧客が新たな価値を認識できるような空間の演出やサービスを提供しているからこそ，「何度来ても新しい」「また来たい」という顧客の高い満足度に結びついているということでした。

⑷　調査例1からわかること

　赤羽さんのインタビュー調査とフィールドワークには（学部生の卒業論文ということもあり）「粗削り」感はあるものの，赤羽さんの卒業論文では，価格弾力性やレッドオーシャン化した市場での企業戦略，そして，顧客満足度という既存研究では説明できない「研究の問い」を見つけて，自分なりの解を導き出しました。

③　調査例2「ニッチ市場で世界第2位のシェアを持つ企業のインタビュー調査」

　この事例は，筆者の研究業績（水野，2018）をもとにMBA学生が授業レポートを書くことを想定して作った仮想の話です。

　関西のビジネス・スクールに籍を置く社会人学生の井上さんは，機械部品加工を営むファミリー企業の3代目経営者になることが「約束」されています。井上さんは，そのファミリー企業で専務取締役を務めていますが，大学は法学部であったために，経営についての知識がまだ十分にはありません。そこで，父である社長からのアドバイスで経営についての知識を学ぶために，ビジネス・スクールに進学したといいます。入学当初は，経営学についての理論や実務家の授業についていくのに必死でしたが，半年も過ぎると，大変ではあるものの，経営の理論や実践を学ぶことが楽しくなってきたそうです。

　このビジネス・スクールの修了要件の一つは，修士論文を提出することでした。そのため，井上さんは，そろそろ修士論文のテーマを決めなければならないタイミングに差し掛かっていました。そのような折，卵のパック詰め装置の製造の市場において日本ではNo.1のシェアを，世界シェアはNo.2であるというナベルという企業の会長の講演を聞く機会がありました。会長の講演にいたく感銘を受けた井上さんは，講演後，会長のところに挨拶に行き，修士論文の事例企業として取り上げさせてもらいたいと直訴しました。会長は，「将来の日本の企業経営を支える人材育成のためであれば」と，この申し出を快く引き受けてくださり，井上さんはナベルのインタビュー調査を行えることになったのです。

(1) 研究の問い

　井上さんは，会長の講演を聞きながら，2つの疑問を持っていました。1つ目の疑問は，「卵のパック詰め装置市場で後発メーカーであったにもかかわらず，どうして日本市場でトップシェアを握ることができ，世界市場ではNo.2のシェアを握ることができたのか？」です。会長は，「革新的な技術（移送速度封殺技術）の開発に成功してこの業界に参入できたことと，完成までにお客様と一緒になって考えて，調整を繰り返したことですかね。今から思うと，お客様は『情熱』だけの素人集団だと思ったから，協力してくれたのではないでしょうか？」と主張されていました。このような説明がなされていたものの，井上さんは，同社がなぜ，その革新的技術の開発に成功することができたのか，そして，顧客はなぜ，同社の開発に協力したのか，そして，どうやって国内トップシェアを握り，また，海外世界シェア第2位になることができたのかについては，未だ「もやもや」していました。

　2つ目の疑問は，会長の講演では「顧客の困りごとを1つ1つ解決することで，高いシェアを獲得してきた」と強調されていたものの，顧客の困りごとを知っていたのは，同社だけではなく，ライバル企業も知っていたはずです。そのため，「なぜ，ナベルにできて，ライバル企業にできなかったのか？」という疑問が解決できないでいたのです。

(2) インタビュー調査の準備と実施

　インタビュー調査の実施に際しては，事前に会長に，インタビュー調査で伺いたい大まかな質問票を作成し，会長のメールアドレスに送りました。井上さんは，いわゆる，セミ・ストラクチャード方式でインタビュー調査を行おうとしたのです。そのインタビュー調査項目は，**図表14－3**のものでした。

　井上さんが，事前に会長に提出したインタビュー調査のための質問項目は，それほど多くはありません。しかし，実際のインタビュー調査の際には，これらの項目から，会長の回答に応じて，その内容を掘り下げていくような質問を投げかける形で進めていきました。

　会長とのインタビューは，2時間半に及びました。インタビュー調査で得られた情報をインタビュー・ノーツにまとめると，A4用紙6枚分，文字数に換算すると，おおよそ5,000字となりました。「インタビュー・ノーツのまとめは，

図表14−3 井上さんが作成したインタビュー調査の質問票

◆インタビュー調査項目
1．御社の概要や，事業内容，沿革について
 • 概要については，企業規模や従業員数，営業・国内外の製造拠点などについてお伺いします
 • 沿革については，御社の事業展開のきっかけとなった出来事を中心にお伺いいたします
2．御社が開発したそれぞれの装置（移送速度封殺技術を搭載した鶏卵自動選別包装装置，定重量・定数量の選別機能を搭載した装置，ひび卵検査装置，ロボット型自動包装装置，非破壊型異常卵検査装置，タワー型ストックシステムでよろしかったでしょうか？）の詳細
 • それぞれの装置の特徴，開発のきっかけ，開発に取り掛かったタイミング，発売した時期，開発時にボトルネックになったこと，ボトルネックの解決の糸口やエピソード，装置開発・販売によって得られた成果などをお聞かせください
3．御社が国内でトップシェアになったと思われる出来事やエピソード
4．御社が海外に事業を展開することになったきっかけ
5．御社が海外でNo.2のシェアを握るまでの出来事やエピソード

出所：筆者が実際のインタビュー調査を実施することを想定して作成。

インタビュー調査終了後，できるだけ早いタイミングで行うこと」と，フィールドワーク関連の書籍に書いてあったため，井上さんは，インタビュー調査終了後，すぐに，外資系コーヒーショップに入って，取りまとめたといいます。

(3) インタビュー調査から得られた知見

インタビュー・ノーツを取りまとめ，それをじっくり分析してみると，井上さんが当初に抱いていた2つの疑問を解決することができました。

1つ目の疑問については，自動選別包装装置を発売してしばらくたってから，アメリカのメーカーから特許侵害で訴えられたことが転機になっていたとのことでした。突然，アメリカから訴状が届き，最終的には和解したそうですが，この一件を通して，特許をはじめとした知的財産権の重要性を実感したそうです。これが直接的なきっかけとなって，研究開発型企業として成長していくための知財戦略を採るようになっていったといいます。その結果，これまでの同社の特許の出願数は，国内外あわせて600件以上に上るそうです。また，顧客である養鶏業者をどのように巻き込んでいったのかについては，養鶏の現場に入り込み，顧客目線で観察して，どのようにしたら使い勝手が良いのかの改良を加えていったり，顧客の悩み事を真摯に聞いて，それを解決することを繰り

返していると，顧客から困りごとを持ってきてくれるようになったとの回答で
した。

　井上さんは，この同社の開発の姿勢こそが，2つ目の疑問である「なぜ，ナ
ベルにできて，ライバル企業にできなかったのか？」を解決する糸口になって
いたことに気がつきました。それは，ひび卵検査装置の開発の話の記述でした。
「ひび卵を自動で解決する」という顧客ニーズは，どのメーカーにもわかって
いたといいます。そして，他のライバルメーカーは，ひび卵をカメラ技術で解
決しようとしていたそうです。しかし，ナベルは，「現場では，検査の作業者
がひび卵と疑わしき卵を見つけると，力を加減して卵を軽く叩いて，その音で，
卵にひびが入っているかどうかを確認している」ということを観察していたた
めに，「卵のひび割れは，目では見えない。だからカメラではあかん」と会長
が主張して，「音」と「振動」をキーワードにして開発に取り組んだそうです。
いくつもの試行錯誤を繰り返し，綿棒のようなプラスチック製の小さなハン
マーで卵の全周を軽く何度もたたき，その音をセンサーで検知するという装置
の基本的な形にたどり着いたそうです。最終的に，ハンマーは卵の全周を16個
のハンマーで打診する形状にして，そのハンマーの先端も，棒状ではなく玉の
形状にすることで，卵と接する表面積を大きくして，同じ幅で卵を叩くことが
できるうえ，安定した音を取れるようになって，ひび卵検査装置が発売された
そうです。会長は，この開発について「苦節11年」と強調されていたのが印象
的でした（実際の開発プロセスの詳細については，水野［2018］の第6章を参
照してください）。

　海外の事業展開については，インタビュー時間が2時間半を超えようとして
いたタイミングで，会長に次の予定があるということで，日を改めて伺うこと
になりました。そして，井上さんは，今回のインタビュー調査で得られた情報
については，ビジネス・スクールの授業である「イノベーション論」の授業の
レポートとして提出することに決めました。

(4)　調査例2からわかること

　ある特定の稀な現象を説明しようとすると，個別対応が求められることにな
ります。井上さんは，ナベルの会長の講演を聞いて，2つの疑問を抱き，これ
を「研究の問い」としました。そして，実際のインタビュー調査で，知財戦略
が同社の今の事業の原点となっていたこと，そして，ひび卵検査装置を開発し

た一連の出来事とエピソードを通して，現場を深く観察していたことが開発を成功させる鍵であったことが明らかとなったのです。

　これは個別具体的な事例であり，定量的調査の手法では得られることができない細かな情報です。インタビュー調査などの定性的調査方法を実施するには，多くの手間と時間を必要とします。また，インタビュー調査は，インタビュー・イーの全面的な協力がなければ，成し遂げることが難しい調査手法であるといえるでしょう。

　しかし，井上さんは，修士論文にするために，海外の事業展開に関する追加のインタビュー調査を実施した後，1つの残されたハードルを乗り越えなければなりません。それは，インタビュー調査をもとにして作成されたアウトプット（投稿論文や修士論文）は，ナベルの会長の公開許可および掲載許可を得なければならないということです。せっかくインタビュー調査で貴重な情報を聞くことができて，投稿論文や修士論文が執筆できたとしても，会長に，"OK"をもらわなければ，提出することは難しいからです。公開・掲載許可が得られるかどうかは，インタビュー調査で，井上さんが会長との信頼関係をどれほど構築できたのか，そして，ナベルのこの事業展開の秘訣をどれほど公にしてよいか，に大きく左右されることになります。

考えてみよう

1. 経営学で学ぶ概念を使って，あなたの業務上の問題を捉えてみよう。
2. 経営学で学ぶ概念は，どのように測定されるでしょうか？　上記1. で考えた例を使って考えてみよう。

参考文献

水野由香里（2018）『戦略は「組織の強さ」に従う―"日本的経営"の再考と小規模組織の生きる道』中央経済社。

河野真理子・長田洋（2008）「技術者のキャリアデザインと人材育成の環境整備」『年次学術大会講演要旨集』23，1023-1026.

Katz, L.（1955）Skills of an Effective Administrator. *Harvard Business Reviw*, 33, 33-42.

————————— 第**15**章 —————————

追試と再調査による経営学の発展

1 一般的法則と当事者の認識，そしてそれらの統合

　世界の経営学の潮流は，一般的な法則の存在を想定しそれらを明らかにするという実証主義的な研究が支配的です（入山, 2019）。この立場では，理論から演繹的に導かれる一般的な法則が重要です。演繹的に導出された仮説を，数値化されたデータを用いて検証するという方法を採用します。

　一方で，もう1つの立場として，社会全体に働いている一般的な法則の存在を想定せず主体の行動によって対象が変化するという相対主義があります。この立場では，社会に参加している当事者が，どのように社会を捉えているのかという主観的認識が重要です。ですから，当事者の観察やインタビューを用いて，帰納的に自然言語などの質的なデータを用いて世界を理解するという方法を採用します。

　このような，実証主義的な世界観と相対主義的な世界観は，研究者の立場であり，どちらが正しいか，確かめようがありません（**図表15－1**）。社会科学では，さまざまな方法論が並立しており，多元主義だと言われます（隠岐, 2018；筒井・前田, 2017）。

　経営学に限定すれば，実証主義的な世界観に偏りすぎると，現場のマネジャーの主観的世界は捨象されます。一方で，相対主義的な世界観に偏りすぎると，ファクトをベースにした論理が捨象されます。マネジメントを学ぶ者にとっては，両方の世界観が現実を理解するために必要だということです。

　双方の世界観と方法論を用いた説明があってこそ，現実を深く理解できます。

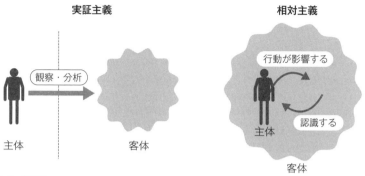

図表15－1　実証主義と相対主義の世界観

出所：入山（2019）。

たとえば，業界関係者の話は貴重であるが，本当かどうか確かめようがない場合があります。当事者はさまざまな利害関係に巻き込まれていますから，同じ現象をみても，自分の視点からさまざまな見え方があります。

　そうすると，複数の当事者たちが「実はこうだった」という歴史論争のようになってしまいます。一方で，何らかの法則が存在するという立場も当事者がどのような意図でその行為を行ったのか説明ができません。双方の立場ともに完璧ではありませんから，これらが合わさってこそより良い説明と理解につながります。経営学でも，双方の立場を合わせた混合研究法が重要だとされ始めています（Bazeley, 2018）。

　客観的説明と当時者の説明の違いを理解するために1つの例を挙げておきます。藤沢武夫（藤澤武夫）は，「私は経営学など勉強した事がない。何冊か手にとって読んだことはあるが，結局その逆をやれば良いんだと思った」と言います（藤沢, 1998）。

　藤沢のこの言葉は，経営学，とくに，戦略論を批判するときに出される例です。当事者の世界観を重視しますから，これで経営学は学ぶ意味がないという極端な結論に持ち込まれることもあります。しかし，よく読むと，あることに気づきます。彼自身は，「役に立たなかった」とは一言も言っていません。彼は，「逆をやれば良い」と言っています。これをどう解釈すべきでしょうか。

　当時のホンダは，二輪のイノベーター，中小企業です。ということは，教科書に載っているような，ケース，そこから抽出された戦略と同じことをやって

も成功しない可能性が高いです。つまり，小さな会社で，大企業の売り方やマネジメントと同じことをしても勝てない，ベンチャー企業は，逆のこと，反対のことをやるしかないという合理的なことを言っていると捉えられます。

　ホンダは，このように，逆のこと，すなわち，差別化を通して，教科書的な成長を遂げていきます。しかし，そんなホンダも，いまは，大企業，エスタブリッシュメント側です。ですから，大企業的な戦略も，マネジメントも必要です。

　ここで，**図表15－2**のようにミンツバーグが取り上げている，BCGのホンダの米国・二輪市場参入の説明と当事者の説明を整理して並べます（Mintzberg *et al.*, 1996；Boston Consulting Group, 1975）。

　注意しておくべきことは，BCGが英国政府へ報告書を出したのは，1975年であることです。1975年当時は，おそらくホンダはBCGの想定するような戦略を描いていたのではないかと思われます。また，ホンダの他の当事者たちは，カブの日本市場での戦略をアメリカで再現したとも述べています。

　ここから推論できることは，当事者の計画は外れたかもしれないが，藤沢とその周囲のマネジャーは事後的な合理性を追求したはずだということです（岩尾，2021）。さらに大事なことは，BCGの合理的な説明と当事者の双方の説明を合わせてこそ，現実に起こったことを深く説明し，理解できるということです。このように，現実をMBAの標準的な説明に置き換えることによって，学びを得られるわけですね。

図表15－2　客観的説明と当事者の説明

■BCGの説明	■当事者の説明
・1車種当たりの生産量を増大させ生産性を上げた ・ターゲットを中産階級に設定した ・小型オートバイで新しい市場創造することに成功した	・「実は，アメリカで売れるかどうかやってみよう，という考え以外に特に戦略があったわけではないのです」 ・「大蔵省は，我々に対して懐疑的でした」 ・50ccのバイクを見たシアーズのバイヤーから電話 　■大型バイクの参入に失敗したため50ccバイクに切り替えた

出所：Mintzberg et al.（1996）とBoston Consulting Group（1975）より筆者作成。

2　距離化戦略と反照戦略で整理する経営学の立場

　前節のように一般的法則と当事者の認識の2つの世界があるとして，どちらをもとに研究を進めるのかという立場には断絶があります。本書の第5章でみたように，類型，機能，状況という経営学の3類型では，類型や機能を明らかにすることを目的とする研究では，当事者の認識をより重視します。一方で，そこに状況を加えて，一般的法則が見られるかどうかを追試することを目的とする研究では，文字通り一般的法則を重視します。

　これは，経営学だけで起こっていることではなく，社会学でも同じようなことが起こっているという指摘があります[1]。筒井（2021）は，社会学者の立場から研究方法論の整理をしています。そこでは距離化戦略と反照戦略という二分類が提示されています[2]。

　距離化戦略は，「あえて対象から距離を置く＝モデル化することで何かを発見しようという方策」（p.43）です。社会に働いている一般的法則を想定すると，この戦略が適合しています。「世界標準の経営学」は，科学としての追試と再現性を重視しており距離化戦略です。

　反照戦略は，「専門知が対象と積極的に距離を取り合わず，そこに依存している」方策です。当事者のいる現場やその実践から問いを受け取ることを前提とすると，この戦略が適合しています。たとえば，ドラッカーは産業社会の変化を捉えた多くの著作を残しています。彼は，社会や企業との距離を近くとっていて，社会の側から問いを受け取るという研究スタイルですから，反照戦略に位置付けられます。

　このように整理すると，入山（2012）がもはや世界標準の経営学では，ドラッカーは読まれないと指摘していたことも明確になります[3]。経営学は独自の学問の専門領域ではありません。主に①経済学，②心理学，③社会学の3つの

---

[1]　非常に興味深いことに，社会学の側から，稲葉（2019）は経営学の方法論に言及して説明しています。

[2]　これは，定性研究と定量研究という分け方と一致しているわけではありません（筒井, 2021, p.46）。

[3]　後にNewsPicksの音声番組企画でドラッカーの著作を読んでいます（https://newspicks. com/news/4612741/body/）。

専門分野から経営学が形成されていると言います（入山, 2019）。いずれの分野も距離化戦略が優勢になっていることから，経営学でも，もともとの理論が依拠しているテーマによっては，距離化戦略が優勢になっているところがあります。

　それでもなお，経営学では，反照戦略になじみやすい質的研究も重要視されていて，アメリカの経営学会が質的研究用の雑誌を創刊しています（Arino *et al.*, 2016）。反照戦略によって，実務の現場から問いを拾い上げて，新しい理論を創出することができるためです。

　以上のように整理すると，距離化戦略も反照戦略も，経営学の知識を蓄積することに貢献します。ただし，それらの知識をどう評価するかについては違いが残ります[4]。これについては本書の範囲を超えてしまうテーマですのでここではおいておきます。

３　追試と再調査による経営学のユーザーとの対話

　本書は，理論や枠組みというきれいな「成果物」を応用するということではなく，なぜ提唱者たちは注目したのか，どのように根拠を得たのかを考えていただくような構成で進めてきました。

　このような構成で進めた理由は，卒業論文や修士論文で読者の方が実際に追試や再調査をすることを期待しているからです。完成度の高いフレームワークを活用して論文を執筆することも学びの一歩ですが，それだけではなくもう一歩進めていただきたいと考えました。

　というのは，いくら完成度の高いフレームワークでも当てはまりが悪いことがあるためです。これは，理論や枠組みを作る過程で，学者あるいはコンサルタントなどの提唱者たちは現実を見たり，あるいは，演繹的な前提を想定しているためです。具体的には，ある時代の工場で働く人たちを観察対象としていた場合もありますし，また，製造業などの比較的初期投資が多い産業を観察していた場合もあります。

　このような背景を知っておけば，おのずと，理論や枠組みの限界がわかりま

4　筒井（2021）が指摘するように，学問としての正当化は，距離化戦略と比較して反照戦略は劣勢です。学術コミュニティで決められた手続きに従っていても，反照戦略は社会との距離が近い分だけ，何でもありの学問のように受け取られがちです。

す。理論や枠組みの完成度が高いとしても，製造業で生まれた理論や枠組みは，サービス業では当てはまりが悪いですし，逆も同じです。当てはまりの悪さを感じたときには，根拠まで遡って理解しておけば，立場や方法論を模倣して，自分も持ち場で調査するとどうなるかを考えることができます。卒業論文や修士論文の執筆では，もう一度，調査することで，前提の違いを調整してモデルを修正できます。これはもとのアイディアを提唱した巨人の肩の上に立って，「ずらす」ことです。ずらすことで，論文のオリジナリティになります。

　経営はサイエンスであり，アートであると言われています。前節で整理した枠組みを用いると，サイエンスの部分は，一般的法則を重視する距離化戦略と，アートの部分は，当事者の理解を重視する反照戦略とそれぞれ相性が良いでしょう。言い換えれば，マネジメントのすべての問題をいずれか一方で扱うのは不可能だということです。

　データの蓄積量が増えたことで，実務において，一般的法則をサイエンスとして追試することもできるようになりました。実際に，IT企業では，ウェブサイト上で経済実験を取り入れていることが知られていますし，働き方についてもデータサイエンスを導入して科学的な知見を得ようという動きがあります。

　一方で，一般的法則ではないが当事者の理解や主観的意味付けも再調査する条件が整ってきています[5]。オンラインプラットフォームで参加者の募集を依頼できますし，得られた音声データも自動で文字に書き起こししてくれます。プログラミングを使えば，自然言語もテキストマイニングによって圧縮して分析できます。

　このように，実務家の方々が，マネジメント研究に近づいていく条件が昔よりもはるかに揃ってきたのです。このように実務家が手持ちのデータによって追試や再調査を行うことで新しい知見が得られれば，それはユーザー・イノベーションです。もう一歩進めれば，そこから得られた知見がフィードバックされることで，学術研究へも波及します。このとき，学術側の反照戦略が有効にはたらきます。こうした実務と学術の対話によって，それぞれの知見が循環することで科学性と実用性の双方を高めることができると期待しています。

5　ここでは，追試は，一般的法則を想定し，それを繰り返し検証することを指す場合，再調査は，一般的法則を想定しないで，当事者の多様な世界の理解を収集することを指す場合，のように区別しています。

☐ 考えてみよう ☐

1．客観的なファクトを積み上げただけでは，わからない現象にはどのようなものが挙げられるでしょうか？
2．当事者の主観を使っただけでは，わからない現象にはどのようなものが挙げられるでしょうか？
3．客観的なファクトと主観の双方を用いたほうが，よくわかる現象にはどのようなものが挙げられるでしょうか？

☐ 参考文献 ☐

稲葉振一郎（2019）『社会学入門・中級編』有斐閣。

入山章栄（2019）『世界標準の経営理論』ダイヤモンド社。

入山章栄（2012）『世界の経営学者はいま何を考えているのか―知られざるビジネスの知のフロンティア』英治出版。

岩尾俊兵（2021）『日本式経営の逆襲』日本経済新聞社。

藤沢武夫（1998）『経営に終わりはない』文藝春秋。

筒井淳也・前田泰樹（2017）『社会学入門―社会とのかかわり方』有斐閣。

隠岐さや香（2018）『文系と理系はなぜ分かれたのか』星海社。

Arino, A., LeBaron, C., and Milliken, F. J. (2016) Publishing Qualitative Research in *Academy of Management Discoveries. Academy of Management Discoveries*, 2 (2), 109–113. https://doi.org/10.5465/amd.2016.0034

Bazeley, P. (2018) *A practical introduction to mixed methods for business and management* (1st edition). Sage.

Boston Consulting Group (Ed.) (1975) *Strategy alternatives for the British motorcycle industry: A report. 1: Hauptwerk*. H. M. S. O.

Endo, T., Delbridge, R., and Morris, J. (2015) Does Japan Still Matter? Past Tendencies and Future Opportunities in the Study of Japanese Firms: Does Japan Still Matter? *International Journal of Management Reviews*, 17 (1), 101–123. https://doi.org/10.1111/ijmr.12039

Mintzberg, H., Pascale, R. T., Goold, M., and Rumelt, R. P. (1996) CMR Forum: The "Honda Effect" Revisited. *California Management Review*, 38 (4), 77–117. https://doi.org/10.2307/41165855

> **コラム7** **日本を分析対象とした世界の研究潮流**
>
> 日本企業や経営実践を対象とした研究は，世界でどの程度，広がっているのでしょうか。これが明らかにされているのが，一橋大学の遠藤らの2015年の既存研究のレビュー論文です。
>
> この論文では，1970年代から2010年代初頭までの既存研究のうち，高い頻度で引用されている影響度の高い496本を内容分析し分類しています。
>
> そこで明らかになったことは，（1）バブル崩壊までは日本がベストプラクティスとして研究されていたこと，（2）しかしその後も，日本企業や経営実践を対象とした論文数は増え続けていることです。
>
> ここに取り上げられている論文では，日本の研究者よりも海外の研究者らが発表していることがわかります。
>
> 遠藤らの論文では，日本を対象とした研究は，テーマを変遷しつつも近年も増えていることが明らかにされています。

あとがき

　本書は，中本龍市先生（九州大学大学院　経済学研究院）の研究に対する想いと問題認識から始まりました。2020年11月のことです。中本先生から本書の企画書案が届きました。その冒頭には，次のようなメッセージが綴られていました。

　　　世界の大学で採用されているテキストに書かれていることは，研究者が考えた机上の空論でもなければ，絵空事ではない。それらは，実際に存在した実践を調査に基づいて書かれている。しかし，多くの講義では，そこまで深められるだけの時間がない。主要なトピックを簡単に紹介するだけになってしまいがちである。

　この頃は，私たちが，他の筆者も含めた4人で『イノベーション・マネジメント（ベーシック＋）』の原稿を書き終えたタイミングでもありました。同書は，一般的なイノベーションの「教科書」（入門書）であり，取り上げた研究の背景や調査内容まで深く掘り下げて執筆することを目的としていたわけではありません。イノベーションの基礎を学んでもらうための教科書でした。

　この教科書の執筆の過程で，注意深く説明を試みた研究がありました。それは，Katz and Allenの *"Investigating the Not Invented Here（NIH）syndrome: A look at the performance, tenure, and communication patterns of 50 R & D Project Groups"* です。同論文で有名なフレーズは，タイトルにある「NIH症候群」です。一般的には，企業や技術者が自前主義を貫くことであると紹介されています。しかし，論文を辿ると，「エンジニアが長期間在籍すると，研究開発のパフォーマンスが落ちる」という現象をNIH症候群と名付けたという指摘があるため，そのように説明を付け加えました。

　表出されたフレーズやフレームワークだけが教科書で説明されると，本来の研究結果を飛び越えて解釈が「一人歩き」してしまいかねないことに，そして，それが論文などのレビューで取り上げられていることに，ある種の「危うさ」を覚えたのです。また，その一方で，学部生の卒業論文や大学院生の修士論文

を指導しているときなどに，実際の研究の事例をもとにした研究の問いの立て方や研究の手順といった「研究のお作法」や，調査方法の妥当性を包括的に学ぶことのできる教科書の必要性を感じてもいました。

　そのような折，中本先生から届いた本書の企画は，「我が意を得たり」という提案でした。そして，中央経済社の納見伸之編集長に，このような（中本先生曰く）「少し変わったテキスト」を出版することの快諾をいただいたわけです。こうして，中本先生と分担しての本書の執筆が始まりました。

　しかし，その執筆過程では，困難を極めました。研究者やコンサルタントなどの提唱者の学術的バックグラウンドを辿り，それぞれの思考や研究スタイルを整理し，どのような認識のもとで研究手法が選択されたのかにまで遡る必要があったからです。一方で，このような教科書が必要であるということの議論と，それを水野が筆者として担当することの妥当性の議論とは，また別の議論であることも痛感していました。水野の所属大学の異動も重なり（2021年4月），正直，「私が筆者の1人でよいのだろうか」と考えたことも少なくありませんでした。

　そうは言っても，中央経済社の企画会議に通していただき，本書の計画が実際に走り出したら，もう後には引けません。最後は覚悟を決めて，時間を作っては先人の著書や論文を探して隅々まで読み，整理して執筆を続けました。このようにして，水野の担当パートが出来上がっていきました。

　執筆しながら水野が考えていた本書の使い方としては，読者と想定されるであろう論文を執筆する前の学部生や大学院生には，本書を片手に，それぞれの研究の結論が導出されるまでのプロセスを原著で追ってもらい，自身の研究スタイルを探索してもらいたいということです。一方で，そのもう一歩先を行く学部生や大学院生には，研究の再現性や追試（replication）の可能性を探る機会にしてもらえればと思っています。

　書籍の価値は，出版されてから読者の方々が判断するものです。中本先生の想いと問題認識から始まった本書が，特にこれから研究を蓄積していく若手研究者にとって有意義な書物として受け入れられれば，筆者の1人として，これに勝る喜びはありません。

　最後に，このような風変わりなテキストの出版にお力添えくださった納見伸

之編集長，そして，このような教科書の執筆の機会をくださった中本龍市先生に，心からお礼を申し上げます。中本先生，本書の共著者（「相棒」）に水野を選んでくださって，ありがとうございました。

2022年6月

水野　由香里

索　引

■著者紹介

中本　龍市（なかもと　りゅういち）

　　　　　　　　　はじめに，第Ⅰ部，第Ⅲ部（第14章2・3節を除く）

九州大学大学院経済学研究院産業・企業システム部門准教授。京都大学博士（経済学）。

2006年　京都大学経済学部経営学科卒業
2008年　京都大学大学院経済学研究科修士課程修了
2012年　京都大学大学院経済学研究科指導認定退学
2011年　公益財団法人医療科学研究所研究員
2012年　椙山女学園大学現代マネジメント学部専任講師
2018年　九州大学大学院経済学研究院准教授

主著：「顧客は資源蓄積と組織成果にどのような影響を持つのか：中国特許事務所の定量研究」
　　　『日本経営学会誌』39巻，50-60頁，2017年。「顧客ポートフォリオと個人の成果：特許
　　　事務所の弁理士を題材に」『研究 技術 計画』33巻1号, 65-72頁, 2018年。『イノベーショ
　　　ン・マネジメント（ベーシック＋）』（共著）中央経済社，2021年。

水野　由香里（みずの　ゆかり）

　　　　　　　　　第Ⅱ部，第Ⅲ部（第14章2・3節），あとがき

立命館大学大学院経営管理研究科教授。東北大学博士（経営学）。

1998年　聖心女子大学文学部歴史社会学科卒業
2000年　一橋大学大学院商学研究科修士課程修了
2005年　一橋大学大学院商学研究科博士後期課程単位修得退学
2005年　独立行政法人中小企業基盤整備機構リサーチャー
2007年　西武文理大学サービス経営学部専任講師，同准教授
2016年　国士舘大学経営学部准教授，同教授
2021年　立命館大学大学院経営管理研究科教授

主著：『小規模組織の特性を活かすイノベーションのマネジメント』碩学舎，2015年（中小
　　　企業研究奨励賞）。『戦略は「組織の強さ」に従う：“日本的経営”と小規模組織の生
　　　きる道』中央経済社，2018年。『レジリエンスと経営戦略：レジリエンス研究の系譜
　　　と経営学的意義』白桃書房，2019年。『イノベーション・マネジメント（ベーシック＋）』
　　　（共著）中央経済社，2021年。『経営学の基礎知識』（共著）中央経済社，2021年。

エビデンスから考えるマネジメント入門

2022年8月1日　第1版第1刷発行

著　者　中　本　龍　市
　　　　水　野　由　香　里
発行者　山　本　　　　　継
発行所　㈱中　央　経　済　社
発売元　㈱中央経済グループ
　　　　パブリッシング

〒101-0051　東京都千代田区神田神保町1-31-2
電話　03 (3293) 3371 (編集代表)
03 (3293) 3381 (営業代表)
https://www.chuokeizai.co.jp
印刷／三　英　印　刷　㈱
製本／誠　製　本　㈱

ⓒ 2022
Printed in Japan